中国社会科学院院际合作系列成果·厦门

顾问：李培林　黄　强　主编：马　援　张志红

THE STRATEGY AND PATH OF XIAMEN'S
INTERNATIONALIZATION

厦门城市国际化的策略与路径

黄　平　田德文　等　著

社会科学文献出版社
SOCIAL SCIENCES ACADEMIC PRESS (CHINA)

中国社会科学院和厦门市人民政府
科研合作项目组

顾　问

李培林　中国社会科学院副院长

黄　强　厦门市委常委、常务副市长

丛书编委会主任

马　援　中国社会科学院科研局局长

张志红　厦门市发展和改革委员会主任

中国社会科学院总协调组

组　长：王子豪　中国社会科学院科研局副局长

成　员：孙　晶　中国社会科学院科研局科研合作处处长

　　　　任　琳　中国社会科学院科研局科研合作处干部

厦门总协调组

组　长：傅如荣　厦门市发展和改革委员会副主任

成　员：戴松若　厦门市发展研究中心副主任

"厦门城市国际化的策略与路径"课题组

课题组组长

张志红　厦门市发展和改革委员会

黄　平　中国社会科学院欧洲研究所

课题组副组长

傅如荣　厦门市发展和改革委员会

田德文　中国社会科学院欧洲研究所

课题组成员

徐祥清　厦门市发展和改革委员会

黄永光　中国社会科学院信息情报院

杨　帆　厦门市发展和改革委员会

戴松若　厦门市发展研究中心

赵　晨　中国社会科学院欧洲研究所

张金岭　中国社会科学院欧洲研究所

孙彦红　中国社会科学院欧洲研究所

徐秀军　中国社会科学院世界经济与政治研究所

贺之杲　中国社会科学院欧洲研究所

赵继周　中国社会科学院欧洲研究所

黄萌萌　中国社会科学院欧洲研究所

谢　鹏　中国电子科学院

赵秀玉　装甲兵工程学院

丹　彤　中国社会科学院欧洲研究所

林汝辉　厦门市发展研究中心

序　言

厦门是一座美丽而富含文化底蕴的城市，素有"海上花园""海滨邹鲁"之称。作为我国改革开放最早的四个经济特区之一，三十多年来，厦门人民始终坚持先行先试，大力推动跨岛式发展，加快城市转型和社会转型，深化两岸交流合作，努力建设"美丽中国"的典范城市和展现"中国梦"的样板城市，造就了厦门今天经济繁荣、文明温馨、和谐包容的美丽景象。

2014年11月，按照习近平总书记密切联系群众、密切联系实际、向地方学习、向人民学习的要求，中国社会科学院院长、党组书记、学部主席团主席王伟光率中国社会科学院学部委员赴厦门调研。在这次调研中，中国社会科学院和厦门市人民政府签订了《战略合作框架协议》和《2015年合作协议》，合作共建了"中国社会科学院学部委员厦门工作站"和"中国社会科学院国情调研厦门基地"。中国社会科学院与厦门市的合作在各个层级迅速、有序和高效地开展。

中国社会科学院和厦门市具有持续稳定的良好合作关系。此次双方继续深化合作，是中国社会科学院发挥国家级综合性高端智库优势作用，为地方决策提供高质量智力服务的一个体现。通过合作，厦门市可以为中国社会科学院学者提供丰富的社会实践资源和科研空间，能够使专家学者的理论研究更接地气，更好地推进我国社会科学理论的创新和发展，也能为厦门市科学、民主、依法决策提供科学的理论指导，使双方真正获得"优势互补"的双赢效果。

习近平总书记在哲学社会科学工作座谈会上指出：坚持和发展中国特色社会主义，需要不断在实践和理论上进行探索、用发展着的理论指导发展着的实践；广大哲学社会科学工作者要坚持人民是历史创造者的观点，树立为人民做学问的理想，尊重人民主体地位，聚焦人民实践创造。实践是创新的不竭源泉，理论的生命力也正在于创新。只有以我国实际为研究起点，才能提出具有主体性、原创性的理论观点。正是厦门人民在全国率先推动"多规合一"立法、在全国率先实施"一照一码"等许多创新性实践，为我们这套丛书中的理论闪光点提供了深厚的社会实践源泉。在调研和写作过程中，我们自始至终得到厦门市委、市政府、发改委、发展研究中心、自贸片区管委会、金融办、台办、政务中心管委会、社科院、海沧区政府等许多单位的支持和帮助，得到许许多多厦门市专家和实际工作部门同志的指点。在此，向他们表示由衷的感谢和真诚的敬意。

祝愿中国社会科学院和厦门市在今后的合作中更加奋发有为、再创佳绩，推出更多更好的优秀成果。

中国社会科学院副院长

2016 年 8 月 23 日

目　录

附　录

第一编
厦门城市国际化理论思考

第一章 城市国际化比较研究指标体系

赵秀玉*

一 城市国际化比较研究指标体系构建的意义和原则

(一) 城市国际化比较研究指标体系构建的意义

在现代经济全球化背景下，城市国际化成为城市发展的一大趋势，也是世界经济发展的必然要求。城市的国际化，是与世界经济发展的国际化、区域化、集团化相伴而行的。第二次世界大战以来，世界经济逐步趋于一体化，劳动分工国际化、金融贸易国际化、经济区域集团化推动了城市国际化的发展。对于普通城市而言，城市国际化是城市在经济、政治、文化等领域越来越多地参与国际交流，实现与国际城市逐步接轨、与世界融为一体的过程。这一过程的目标，不一定是作为世界或者区域中心地位的世界城市或国际城市，而可以是用各种方式，在适合的领域，更多地参与世界经济、文化交流，促进城市的发展，实现城市发展利益的最大化。影响城市国际化发展因素主要有如下几个。

---

* 赵秀玉，中国人民解放军装甲兵工程学院讲师。

1. 地缘优势和城市功能的辐射效应

城市发展初期，在一定程度上首先由城市的地理位置决定了该城市参与世界经济活动的程度，随着城市的发展，城市功能经历了从单一到多样的转变，城市空间也经历了从分散到集中再到向外辐射等优化调整的阶段。为了实现国际化城市经济效益和环境效益的协调发展，在城市空间布局上，以国际化城市为中心，形成城市经济带，经济和社会活动在广阔的范围内实现全方位流动，国际化城市具备巨大的辐射功能，与周边城市群和城市带的发展相互支持、相互依托。

2. 科技实力和产业结构

科技实力体现在新技术、新产品、新工艺、新管理、新制度的创新等方面，国际化城市在科技实力方面具有国际领先性，城市从劳动密集型向技术密集型、知识密集型升级，是实现跳跃性发展的动力。以科技实力推动发展高新技术产业发展，主要体现在工业生产设备、人才结构、教育水平、科研与开发投入等几个方面。新兴产业的发展，尤其是生产服务业和金融保险业的发展决定着城市市场体系的发达程度。国际化城市发达的第三产业具有全方位、多元化的服务功能，不仅能为世界各国、各阶层人员提供优良的就餐、住宿、旅游等服务，而且为各项涉外工作提供方便。

3. 吸引国际化公司的优惠政策和符合国际惯例的管理法规

在经济全球化的大趋势下，跨国公司扮演着越来越重要的角色。跨国公司尤其是大型跨国公司占城市利用外商投资非常大的比重，而且它们的投资规模大、技术含量高，对城市经济发展和城市向国际化方向发展起着重要的作用。许多世界知名城市经济的起飞是通过赋予经济自由区以免除关税等优惠政策，建立商品集散中心（也称为自由港或自由贸易区）来加快发展进出口贸易或转口贸易。在贸易功能的拉动下，继续利用优惠政策和劳动力成本低廉等有利条件，通过引进国外资本和技术，建立和发展出口加工工业和以出口贸易为主的自由经济区，推动城市经济的起飞。国际化城市在经济、金融、商贸、科技、文化、信息等方面的国际交流非常频繁，对涉及经济、商事和民事的管理法规必须是符合国际惯例的。

4. 基础设施和城市特色

良好的基础设施是城市发展潜力的关键因素。尤其是在信息化建设快速发展、人们追求健康生活的今天，连通世界的通信、网络，方便快捷的交通体系，生态环保的办公和生活设施成为国际化城市的基本保障。数据改变生活，大数据背景下的国际化城市，通信网络和交通设施一样成为基础设施发展的双核心。生态环境的优劣是影响城市居民生活质量水平高低的重要方面，在强调"以人为本"的城市发展理念下，生态环境因素成为评价投资环境的重要因素。创建良好的城市环境可以更多地吸引各种机构包括金融公司、国际组织进驻。支持城市经济发展的软实力是人文环境和城市特色，良好的人文环境离不开科技和教育的支持。城市国际化是建立在政治、经济、科技、文化、环境等综合实力基础上的，从目前的城市分布和城市发展来看，一个城市不可能在所有因素上保持相对优势，只有以相对优势为突破口，准确定位，注重城市自身的特色，才能实现可持续发展。更为重要的是如何充分发挥这些有利因素的作用，建立城市的竞争力，而城市竞争力关键取决于城市的体制创新和技术创新能力①。

城市国际化是一个城市向国际化城市逐步迈进的动态过程，在

---

① 刘立：《城市国际化发展的规律和主导因素分析》，《华东理工大学学报》2003 年第 3 期。

城市各项活动进行跨国界相互往来交流中，城市辐射力、集聚力、吸引力不断增加，城市能级不断提高，与国际化城市逐步接轨。对城市国际化比较研究评价指标的研究刚刚起步，建立完备的城市国际化比较研究指标体系，同时选择科学的计算分析方法，并对数据进行定量比较分析，不仅能深入评估城市的国际化竞争力，还能为城市的政府机关制定科学的城市国际化发展战略提供有益的借鉴和宏观指导。

（二）城市国际化比较研究指标体系构建的原则

构建城市国际化比较研究指标体系遵循以下原则。

1. 科学性和可比较性

指标体系设计是否科学，直接关系到评价结果是否能够准确反映城市的实际国际化水平。这里的科学性包含两层含义：一是城市国际化比较研究指标体系能够全面系统地反映城市国际化各方面的特征和综合情况，指标选择必须有理论和实践依据；二是指标设计在名称、解释、内容、计算范围、计量单位和计算方法等方面必须科学明确，没有歧义，以便减少数据收集及统计中的误差。

可比较性要求所选择的指标容易获取且易于分析计算。对于那些能够很好说明问题，但无法采集也无法在城市之间比较的指标，避免选入城市国际化比较研究的指标体系中。

2. 易量化和准确性

影响城市国际化的因素有很多，有些指标是可以定量的，有些指标是只能定性无法定量的，比如，城市信息化水平、人才指数、人文发展指数等，无法用量化指标来说明。我们尽力选取可以量化的指标，提高客观评价的准确性，减少因主观因素造成的不确定性。

准确性原则，充分考虑已有资料来源的限制及收集资料渠道的准确程度，做到数据来源真实可靠、数据处理准确无误、评价指标符合实际。本文所采用的数据均来自公开发行的各城市经济统计数据。

3. 层次性和可行性

由于城市国际化指标的复杂多样性，在进行城市国际化水平研究、设计评价指标时，需要对众多指标进行层次分解，从不同层面来反映城市国际化水平。

评价指标的设计必须考虑指标值的测量和数据采集工作的可行性。指标是定性和定量的统一，指标的定义必须建立在明确的量的规定上。因此，指标的选取要解决理论上的重要性与实际操作的可行性之间的矛盾。在城市国际化水平评价中，很多方面从理论定性分析的角度看是很重要且不能缺少的，但是没有办法量化，或者量化工作的成本很高，耗时费力，不具有可行性，就无法选其为指标。

4. 实用性与整体协调性

设计评价指标必须具有实用性，城市国际化评价因为涉及的内容很多，每个城市国际化发展都有一定的自身特点与实际情况，评价指标的设计必须要和所评价的这个城市的实际情况相符，这样设计出来的评价指标才能真正地、客观地评价出城市的国际化水平，对城市国际化发展才会起到真正作用。

反映国际化城市特征的指标很多，描述各个子系统的指标要相互适应、相互协调，指标选取应重点突出、比例适当。

5. 扩展性原则

最终建立好的城市国际化比较研究指标体系应该能够在某种程度上考虑到城市国际化未来发展趋势，能够适应未来发展的需求。

二 城市国际化比较研究指标体系构建的方法

（一）城市国际化比较研究指标体系的框架

城市国际化比较研究指标体系从本质上来说是一个信息系统，这是因为它通过从多个视角和层次反映城市国际化的数量规模与数量水平，因此，综合评估指标体系包括系统元素的配置和系统结构的安排两方面，在城市国际化比较研究指标体系这一系统中，单个评估指标属于系统元素而指标之间的关系则属于系统结构，所以，城市国际化比较研究指标体系构造的内容有两个方面。

1. 构造系统元素

明确城市国际化比较研究指标体系的指标构成，包括指标的具体概念、指标的计算范围、指标的计算方法、指标的计量单位等，这些都是城市国际化比较研究指标体系的基础。构造的过程中需要考虑指标定义的目的，并给出理论定义，选择待估指标的标志并给出操作性定义，设计指标计算内容和计算方法等。

2. 构造系统结构

明确城市国际化比较研究指标体系中所有指标之间的相互关系、层次结构关系，事实上对于复杂的城市国际化比较研究指标体系问题，其指标往往是多层次的，弄清楚这些层次关系，对于提高指标的准确性、有效性都有着重要的意义。

最简单的指标体系是双层结构，最底层是由各个单项指标构成的指标层而最顶层就是系统总目标层，这种双层结构并没有对指标进行分类，实际中一般将评估指标体系进行三层描述——系统总目标层、系统子目标层和系统指标层，其中系统子目标层对评估指标进行了分类。

（二）城市国际化比较研究指标体系的构建方法

评价指标体系的初选方法有目标分析法、综合法、交叉法、指标属性分解法等。本文选用目标分析法，这是构造综合评价指标体系最基本、最常用的方法。在初选指标时，要全面系统地反映评价对象，尽量避免一些重要指标遗漏，因此，首先必须对评价对象的内涵和外延做出合理解释，其次从综合评价目标入手，通过对目标进行分解来建立评价指标体系。过程如下。

第一步：划分评价对象概念的侧面结构，明确评价的总目标与子目标，基于对城市国际化本质的把握和内涵的理解，将城市国际化这个总目标分解为经济发展、基础设施、对外交流三大模块。

第二步：根据每一模块的构成要素对该模块进行第二次分解，这一步对于指标层的设计至关重要，越是复杂的问题，这一步的分析就越重要。

第三步：重复第二步，直到每一个侧面或子指标都可以直接用一个或几个明确的指标来反映。这里的"指标"是广义的，既包括一般意义上的可量化指标，也包括一些"定性指标"。

在初选指标时，采取全面系统的选取原则，这种选择方法很可能导致一些相关性很强的指标同时被选入，而这些具有很强相关性的指标提供的信息存在较大的重复，甚至某些指标所提供的信息可能完全包含在其他指标中，为了避免指标的不必要重复，降低运算量，需要剔除信息量重复的指标。

三　厦门城市国际化比较研究指标体系

（一）城市国际化比较研究指标体系影响因素分析

城市国际化的特征主要可概括为以下几个方面。

1. 经济实力雄厚，是国际经济中心

这类国际城市大多具有发达的制造业和较强的加工能力，是跨国生产和经营的中心，而且集贸易中心、金融中心、交通枢纽和通信中心于一体，能产生综合的经济效应，形成强大的经济实力，这些国际化城市对世界经济具有较高的参与度和渗透辐射能力，对国际经济活动有极大的影响作用。以上海为例，经过改革开放，上海的经济总量位居大中华区第一，2009 年上海市的 GDP 达到 2183 亿美元，超越香港。人均 GDP 及人均可支配收入均居全国各省区及直辖市首位。上海是全球第二大股票市场中心，在全球证券交易所排名第二，仅次于同处纽约的股票市场中心纽交所和证券交易所纳斯达克。上海是全球第二大期货市场中心，仅次于芝加哥，并同时跨入全球十大衍生品市场中心行列。上海还是全球最大的黄金现货交易中心和第二大钻石现货交易中心。缺少这些硬件会影响上海市的国际影响力。通常城市的国际影响力越大，城市的国际知名度也越高[1]。

---

① 郭钊：《国家政府对国家外交的作用研究》，上海交通大学硕士学位论文，2011。

2. 城市基础设施完备

城市的基础设施是城市发展的物质基础，拥有完善的城市基础设施，是城市国际化的必要条件和基本特征，也是城市国际化的具体体现。城市国际化是一个内涵丰富、层次多样、类型多样的综合性概念，城市基础设施完备则是城市国际化必不可少的硬件条件[①]。

3. 具有国际水准的城市管理水平

城市管理过程中，自觉运用国际上已经比较通行的管理经验和方法，形成一个公认的秩序良好、安全卫生、健康环保的城市环境，并与国际惯例接轨。

4. 具有显著的国际地位

城市国际化的标志之一是可以经常性地举办重要的国际会议和国际活动。同时，该城市也是重要的外交和国际机构所在地、著名的学术研究机构、重要的金融中心和产业基地，这些机构的决策可以影响到邻近城市、周边地区和国家甚至全世界的经济、文化、政治发展，从而使该城市具备较大的国际地位和影响力。

5. 财富与多元文化共存

世界文化是多元的，国际化城市不仅拥有丰富的物质财富，对多元文化也有很强的包容性。世界上许多国际化城市都有许多长期或短期的国内外移民。移民和人员的交流，对城市社会结构和文化习俗都会产生重大影响，成为城市国际化的重要促进因素。

---

① 周胜滨：《城市国际化背景下哈尔滨市外办角色定位分析》，黑龙江大学硕士学位论文，2012。

（二）城市国际化指标体系发展状况

国际上具有较大影响力的城市国际化评价体系主要有伊斯坦布尔城市年会城市国际化指标体系、全球城市指数以及世界级城市名册等。

1. 伊斯坦布尔城市年会城市国际化指标体系

1996 年，联合国伊斯坦布尔世界城市年会提出了城市国际化指标体系，包括总体经济实力、国际化程度要素、基础设施要素、人文环境要素和政府作用要素等这样方面的 17 项评估指标（见表1）。

表 1　伊斯坦布尔城市年会城市国际化指标体系

序号	伊斯坦布尔城市年会城市国际化指标体系及标准			
	指标名称	初级	中级	高级
1	人均 GDP（美元）	5000	10000	20000
2	人均可支配收入（美元）	4000	7000	15000
3	第三产业增加值占 GDP 比重（%）	60	68	73
4	非农业劳动力比例（%）	75	80	85
5	人均电力消费量（千瓦时）	2000	3000	4000
6	人均公共绿地面积（平方米）	9	14	16
7	每万人拥有乘用车数量（辆）	1000	4000	5000
8	每万人拥有电话数（部）	3000	4000	5000
9	地铁运营里程（千米）	200	300	400
10	常住外籍人口占本地人口的比重（%）	6	10	20
11	入境旅游人数占本地人口的比重（%）	40	70	100
12	市民运用英语交流的普及率（%）	40	60	80
13	国际主要货币通兑率（%）	100	100	100
14	本地产品出口额占 GDP 的比重（%）	40	60	100
15	进口总额占 GDP 的比重（%）	30	50	80
16	外汇市场交易量（亿美元）	150	300	600
17	外商直接投资占本地投资比重（%）	10	20	30

2. 全球城市指数（GCI）

全球城市指数由美国（外交政策）杂志与全球管理咨询公司科尔尼公司、芝加哥全球事务委员会联合发布。从商业活动、人力资源、信息交流、文化体验及政治参与 5 个领域选择评价指标用于反映城市国际化水平。商业活动方面考察大型跨国公司总部数、顶级商务服务公司数、城市资本市场发展、国际会议数以及货物进出口总额等；人力资源方面考察外籍人口数、大学数量、国际学校数量、外国留学生数量以及城市居民接受高等教育比重等；信息交流方面考察电视新闻频道的可获得性、互联网接入水平、国际新闻机构数量、言论自由水平以及宽带速度等；文化体验方面考察城市举办大型运动会数量、博物馆数量、艺术表演场所、饮食多样性、国际旅游者数量以及友好城市数量等；政治参与方面考察外国使馆与领事馆数量、主要智库、国际组织数量以及组织政治会议数量等。该指数采用主观赋权重的方法，通过对上述指标的统计数据进行处理，得到城市的全球化指数取值及其排名。

3. 世界级城市名册（GaWC）

1999 年，全球化与世界级城市研究小组与网络以英国拉夫堡大学为基地，尝试对世界级城市进行定义和分类。该体系基于跨国公司"攻击生产者服务业"供应水平为城市排名，涉及的服务业主要是会计、广告、金融和法律 4 个方面。世界级城市名册确认了城市的 Alpha 级、Beta 级和 Gamma 级 3 个级别及数个副排名，每个级别下再分不同类别。

4. 城市国际化指标体系国内外研究状况

国内外很多学者就如何衡量一个城市的国际化水平进行了研究。对于城市国际化水平的指标体系的研究经历了从单指标判别到综合指标判别的发展。

Reed 首先使用多变量的综合评价指标体系对城市发展进行研究，运用了金融、文化、经济、地理等相关的 50 个变量，在 1900～1980 年研究了 40 多个国家的 76 个城市。

Knox 根据城市的跨国商务活动功能、国际事务功能和文化集聚功能来设置城市的国际化水平评测标准，进而对城市国际化水平进行分类。

吴艳霞、张道宏在对城市发展水平的综合评价实证分析中指出，建立评价指标体系时应遵循科学性、通用性、全面性、可操作性、可比性原则。

邵波、任运鹏、李星洲认为，城市国际化水平评价指标体系的构建，应包括城市国际化质量与国际化职能两个方面，城市国际化质量包括城市经济国际化、城市文明国际化、城市基础设施国际化和城市科技发展 4 个子系统，城市国际化职能包括经济贸易国际化、资本构成国际化、交通和信息国际化、文化交流国际化 4 个子系统。

陆军认为，科学的世界城市判别指标体系应分为城市个体判别指标体系和城际联系判别指标体系两个部分，用以判别指标体系评价城市自身实力及城市辐射能力。

陈怡安、齐子翔在对天津滨海新区国际化水平的实证研究中提出了构建城市国际化水平指标评价体系的系统性、代表性、可比性、可靠性、科学性、操作性原则，并把评价指标体系分为基础指标与核心指标两部分，共列出 8 个二级指标、41 个三级指标。

目前，国内外学者对城市国际化水平的定量衡量已取得一定的研究进展，普遍都采用了多指标的综合评价体系来衡量城市的国际化水平，但是还没有形成一个相对统一的、公认的指标体系。

国外学者的研究，选取的指标数目相对较少，尤其偏好采用易于收集、量化的经济领域指标，对城市的国际化水平考核不够全面。国内的评价指标体系构建相对完善，但指标繁杂重复，有的指标与研究内容关联性不大，部分数据很难收集，可操作性不强。总体来说，不论是国内还是国外，对城市国际化水平研究的理论、方法和指标体系构建都不够成熟，有待于进一步深化和完善。

（三）厦门城市国际化比较研究指标体系

城市国际化发展水平指的是一个城市在国际化发展过程中所达到的程度和所处的阶段，与城市在产业、科技、城市建设、经济外向程度、国际交流等方面的发展程度息息相关。构建正确的城市国际化评价指标体系，有利于我们确定城市在国际化进程中所处的阶段，从而制定对城市国际化具有促进作用的对策。

关于城市的国际化发展和国际城市（世界城市），在国内外并没有一个权威的统一概念和衡量标准。为了对厦门城市国际化现状进行科学评价，本章综合国内外学者的研究成果，参考城市现代化和国际化相关指标，依据《厦门统计年鉴》《中国城市统计年鉴》，结合其他统计资料、网络信息，根据厦门城市发展的实际情况，构建了面向厦门国际化发展的国际化评价指标体系。采用 1 个总目标——厦门城市国际化指数，3 个一级指标——经济发展指标、基础设施指标、对外交流指标，17 个二级指标——人均 GDP、人均可支配收入、第三产业增加值占 GDP 比重、非农业劳动力比例、人均电力消费量、人均公共绿地面积、每百户家庭能拥有轿车数、每百户家庭拥有电话数、地铁运营里程、外籍常住人口比重、入境旅游人数占本地人口比重、市民英语普及率、国际主要货币通兑率、出口总额占 GDP 比重、进口总额占

GDP 比重，外汇市场交易量、外商直接投资占本地投资比重，共 3 个层次，构成整个指标体系[①]（见表 2）。

表 2 厦门城市国际化的主要评价指标

国际化综合指数	一级指标	二级指标	单位	指标特征
城市国际化指数（A）	经济发展（Y_1）	人均 GDP（X_1）	美元	表示城市的经济总体发展水平
		人均可支配收入（X_2）	美元	
	基础设施（Y_2）	第三产业增加值占 GDP 比重（X_3）	%	表示城市的产业结构
		非农业劳动力比例（X_4）	%	
		人均电力消费量（X_5）	千瓦时	表示城市的基础设施建设水平
		人均公共绿地面积（X_6）	平方米	
		每百户家庭拥有轿车数（X_7）	辆	
		每百户家庭拥有电话数（X_8）	部	
		地铁运营里程（X_9）	千米	
	对外交流（Y_3）	外籍常住人口比重（X_{10}）	%	表示城市的社会开放水平
		入境旅游人数占本地人口比重（X_{11}）	%	
		市民英语普及率（X_{12}）	%	
		国际主要货币通兑率（X_{13}）	%	
		出口总额占 GDP 比重（X_{14}）	%	表示城市的对外交流水平
		进口总额占 GDP 比重（X_{15}）	%	
		外汇市场交易量（X_{16}）	亿美元	
		外商直接投资占本地投资比重（X_{17}）	%	

---

① 《厦门推进城市国际化指标体系研究》，厦门市发展研究中心，2015 年第 6 期。

1. 总目标

厦门城市国际化水平测定，是整个指标体系的目的所在，同时也衡量城市在城市国际化进程中处于怎样的程度和位置。

2. 一级指标

将总目标进一步细分，从经济发展、基础设施、对外交流等方面，反映城市国际化水平。

经济发展：雄厚的经济实力是国际城市的基础条件，城市经济实力强劲在吸引国际投资方面具备一定优势。同时，经济实力也反映出城市的聚集能力和辐射能力，是城市发展的重要支撑。

基础设施：城市的基础设施和生态环境是城市发展的硬件基础，是城市发挥国际功能的基础条件之一。国际城市一般都具备良好的基础设施和生态环境。

对外交流：出境人数和国际游客数目反映了城市对外交往能力，世界 500 强企业分支机构反映了城市金融资本影响力与参与国际化程度。

3. 主要二级指标

人均国内生产总值（GDP）也称作"人均 GDP"，常作为发展经济学中衡量经济发展状况的指标，是重要的宏观经济指标之一，它是人们了解和把握一个国家或地区的宏观经济运行状况的有效工具。将一个国家核算期内（通常是一年）实现的国内生产总值与这个国家的常住人口（目前使用户籍人口）相比进行计算，得到人均国内生产总值。人均 GDP 是衡量各国人民生活水平的一个标准，为了更加客观地衡量，经常与购买力评价结合。

人均可支配收入是指个人收入扣除向政府缴纳的个人所得税、遗产税和赠与税、不动产税、人头税、汽车使用税以及交给政府的非商业性费用等以后的余额。个人可支配收入被认为是消费开支的最重要的决定性因素，因而常被用来衡量生活水平的变化情况。

一般来说，人均可支配收入与生活水平呈正比关系，即人均可支配收入越高，生活水平越高。

第三产业增加值占 GDP 比重和非农业劳动力比例：产业结构是城市功能的体现。国际城市的服务业相当发达，特别是生产者服务业具有重要地位。这两个指标可以反映出城市综合服务水平。

出口总额和进口总额占 GDP 比重，即出口额或进口额与国内生产总值之比，是开放度的评估与衡量指标，是反映一个地区的对外贸易活动对该地区经济发展的影响和依赖程度的经济分析指标。从最终需求拉动经济增长的角度来看，该类指标还可以反映一个地区的外向程度。

人均公共绿地面积是衡量一个城市绿化水平的主要指标，花园城市是许多国际化大都市所追求的目标。

入境旅游人数：来我国参观、访问、旅行、探亲、访友、休养、考察、参加会议和从事经济、科技、文化、教育、体育、宗教等领域活动的外国人、华侨、港澳台同胞的人数。不包括外国在我国的常驻机构，如使领馆、通讯社、企业办事处的工作人员和来我国常驻的外国专家、留学生以及在岸逗留不过夜人员。该指标反映城市正式、非正式对外交往及旅游业发展情况，是体现国际交流功能和开放程度的重要指标。

外商直接投资占本地投资比重，即国际直接投资占全社会固定资产投资比重，是反映经济国际化程度的一个重要指标。

（四）厦门城市国际化比较研究指标体系的特点

该指标体系设计时主要体现了三个方面的特点。

一是指标设计尽量保持指标设计的完整性，同时又思路清晰。指标设计在城市国际化内涵和特征研究的基础上，从经济发展、基础设施、对外交流三个方面提出了一套评价指标体系。具体操作时始终围绕一个主线，即城市国际化，同时将经济发展、基础设施、对外交流作为重要支撑内容来构建评价指标体系。

二是通过对前人研究的指标体系中发现，所选取的指标多是定量指标，缺少定性的描述性指标。虽然有的已认识到城市国际化评价指标有不能直接表现和测量的方面，但在具体指标设计时定性指标非常少，有的只有 1~2 个。本文在城市国际化指标设计时，尽量使部分定性指标数量化。

三是指标体系的可比性高。在设计底层指标体系时，参考各城市的统计数据，选取各城市通用的数据信息，使指标体系既能够全面地描述城市国际化，在进行城市国际化的比较时，又能够准确和清晰地进行比较。

四 厦门城市国际化指标体系的评估和比较研究

（一）厦门城市国际化比较研究指标的无量纲化处理

为了消除量纲影响，便于比较，本章采用相对化方法对指标进行无量纲化的标准化处理。

正指标的标准化计算公式：$X_i = 100 \times \dfrac{x_i}{\bar{x}}$

逆指标的标准化计算公式：$X_i = 100 \times \dfrac{\bar{x}}{x_i}$

其中，x_i 为原始数据，$\bar{x}$ 为 2013 年厦门与杭州国际化水平的平均值，X_i 为标准化处理后的指标值。

标准化的指标是原始指标与平均值的相对数，无量纲，可以理解为原始指标达到的平均值的百分比，标准化之后的指标都可以相互比较或加权。

（二）城市国际化综合指数的计算

城市国际化指数由标准化指标的逐级加权平均计算。
如经济发展指数 Y_1：

$$Y_1 = \sum_{i=1}^{4} W_{X_i} \times X_i$$

城市国际化综合指数 A：

$$A = \sum_{i=1}^{3} W_{Y_i} \times Y_i$$

（三）指标权重的确定

对于综合指数计算所需权重的确定方法，常用的有变异系数法和专家打分法。变异系数法利用各分项指标的数据特征——变异系数[1]，根据变异系数的相对大小分配权重，波动性大的指标分配的权重也大。波动性越大的指标所包含的信息量也越大，因此，该方

---

[1] 变异系数是各指标的标准差与均值之比，反映该指标的波动程度。

法也称为信息量权数法。但该方法仅根据数据特征赋权，有可能与指标的内涵不一致。

采用变异系数法计算各项指标 x_i 的权重 w_i。变异系数公式如下。

$$V_i = \frac{\sigma_i}{\bar{x}_i}$$

其中，V_i 为变异系数，σ_i 为标准差，$\bar{x}_i$ 为第 i 项指标的平均数。各项指标的权重计算公式如下。

$$W_i = \frac{V_i}{\sum\limits_{i=1}^{n} V_i}$$

专家打分法根据专家对指标的重要性打分来定权重，重要性得分越高，权重越大。其优点是集中了众多专家意见，能根据指标的经济内涵打分，缺点是主观性较强，容易忽视指标的信息量。

本章综合采用变异系数法和专家打分法。首先，计算各指标的变异系数，提供给打分专家参考。其次，由各专家根据各指标的经济内涵各自打分。最后，对各专家的打分结果取平均值作为最后的权重。

具体各项指标权重如表 3 和表 4 所示。

表 3　厦门城市国际化二级指标的权重

一级指标	二级指标	权重
经济发展 （Y_1）	人均 GDP（X_1）	0.45
	人均可支配收入（X_2）	0.38
	第三产业增加值占 GDP 比重（X_3）	0.08
	非农业劳动力比例（X_4）	0.09

续表

一级指标	二级指标	权重
基础设施 （Y_2）	人均电力消费量（X_5）	0.13
	人均公共绿地面积（X_6）	0.17
	每百户家庭拥有轿车数 $X_{(7)}$	0.43
	每百户家庭拥有电话数（X_8）	0.27
对外交流 （Y_3）	入境旅游人数占本地人口比重（X_{11}）	0.14
	市民英语普及率（X_{12}）	0.02
	出口总额占 GDP 比重（X_{14}）	0.24
	进口总额占 GDP 比重（X_{15}）	0.06
	外汇市场交易量（X_{16}）	0.28
	外商直接投资占本地投资比重（X_{17}）	0.27

表 4　厦门城市国际化指标体系的权重

综合指数	一级指标	权重
城市国际化 综合指数	经济发展（Y_1）	0.3
	基础设施（Y_2）	0.3
	对外交流（Y_3）	0.4

（四）厦门城市国际化指标体系的评估结果分析

1. 达到伊斯坦布尔城市年会城市国际化指标的初级国际化城市标准

以伊斯坦布尔城市年会城市国际化指标的初级国际化城市标准为比较对象，2015 年厦门城市国际化综合指数达到 2.14，达到其定义的初级国际化城市标准，其中，一级指标经济发展、基础设施、对外交流的比较结果如图 1 所示。

2. 城市国际化总体水平加快提升

从厦门城市国际化综合指数来看，2006～2015 年，厦门城市国际化综合指数总体呈现正向增长，国际化指数由 0.820 提高到

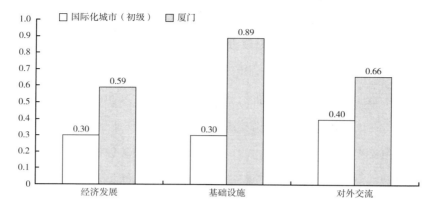

图 1　2015 年厦门城市国际化指标与初级国际化城市比较

1.338，表明自 2006 年以来，厦门市在经济发展、基础设施、对外交流等方面的国际化程度越来越高。

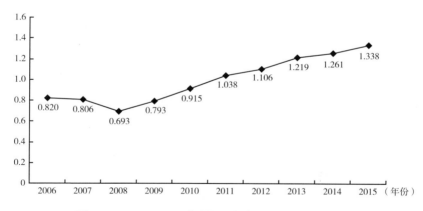

图 2　2006～2015 年厦门城市国际化发展趋势

3. 经济实力显著提升

近几年，厦门市的经济实力得到了较快的提升，经济发展指数呈现逐年上升的趋势，从 2006 年的 0.61 增长到 2015 年的 1.31。从具体指标来看，2015 年，厦门人均 GDP 为 13291 美元，是 2006 年的 2.5 倍，为全国平均水平的 2 倍，按世界银行划分各国贫富程度的标准，厦门已经达到中上等富裕国家水平，与深圳、上海等国际化程度较高的城市的差距逐步缩小。2015 年，厦门的人均可支配收入达到 42607 元，是 2006 年的 2.2 倍。产业结构持续优化，2015 年，厦门第三产业增加值占 GDP 的比重为 56%，较 2006 年上升 10.4 个百分点，达到历史最高水平。非农业劳动力比例持续上升，由 2006 年的 75.3% 上升到 2015 年的 92.9%，随着城镇化和岛内外一体化战略的加快推进，劳动力加速向非农业生产部门转移，有力地推动了厦门的城市国际化升级发展。

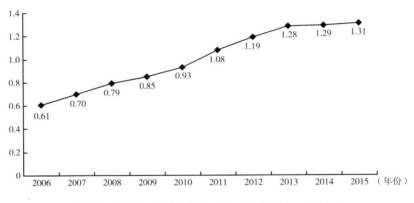

图 3　2006～2015 年厦门经济发展指数情况

4. 基础设施逐步完善

近年来，厦门的基础设施逐步完善，基础设施国际化指数由 2006 年的 0.55 提高到 2015 年的 1.63。从具体指标来看，人均电力消费量由 2006 年的 3584 千瓦时提高到 2015 年的 5474 千瓦时，已经达到国际化水平的高级阶段。人均公共绿地面积由 2006 年的 5.13 平方米提高到 2015 年的 9.1 平方米，城市人居环境得到进一步提升。2015 年，厦门每万人拥有轿车数为 2294 辆，每万人拥有移动电话数为 16312 部，分别是 2006 年的 3.6 倍、2 倍。增长速度

较快。此外，厦门的地铁 1 号线和 2 号线已经相继开工，预计2018
年建成通车，至 2020 年厦门的地铁运营里程将达到 195 公里，城
市的国际化水平将大幅提升。

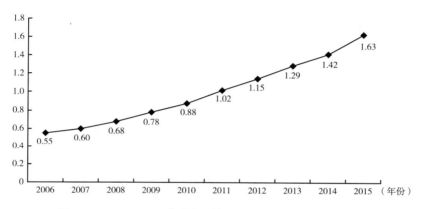

图 4　2006～2015 年厦门基础设施国际化指数情况

5. 对外交流水平不断提升

厦门的对外交流水平波动较大，如图 4 所示，2006～2008 年，
对外交流指数由 1.18 下降到 0.63，此后，大致呈现逐年上升的趋
势，2015 年，厦门的对外交流指数达到 1.14。从具体指标来看，
入境旅游人数占本地人口比重逐年上升，近年来，厦门优美的自然
环境、独特的人文风光吸引了大批国外游客，入境旅游人数由
2006 年的 101 万人次增长到 2015 年的 317.26 万人次，入境过夜游
客 202.63 万人次，大大提升了厦门的国际化程度。市民英语普及
率逐年提高，2015 年达到 75.2%，市民的对外语言交流能力逐步
增强。出口总额占 GDP 比重是衡量本地经济对国际市场辐射力和
竞争力的重要指标，厦门的出口依存度自 2008 年世界经济危机以
来呈现逐年下降的趋势，由 2006 年的 141% 下降到 2015 年的
105%，但依然在国内主要城市中处于较高水平。

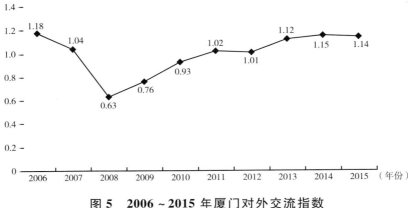

图5　2006～2015年厦门对外交流指数

（五）与其他城市国际化比较分析

厦门与杭州、武汉进行比较，城市国际化指标评估结果如表5和图5所示。

表5　2015年厦门、杭州、武汉城市国际化评估结果

一级指标	厦门	杭州	武汉
经济发展	0.2895	0.327	0.282
基础设施	0.255	0.351	0.294
对外交流	0.660	0.356	0.192
综合指数	1.2045	1.034	0.768

1. 对外交流有明显的优势

从三个城市的评估结果看，厦门通过进口总额、出口总额占GDP比重和入境旅游人数占本地人口比重两项明显的优势指标将对外交流指数提高到一个比较高的水平，导致了最终的城市国际化综合指数与杭州差别不明显。

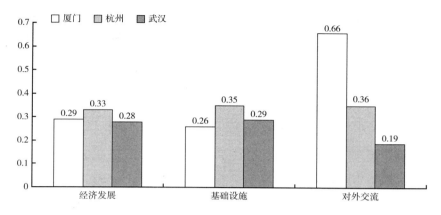

图 6　2015 年厦门、杭州、武汉城市国际化指标比较

2. 国际化综合实力和竞争力有较大差距

从经济总量看，2015 年厦门 GDP 为 3466 亿元，杭州和武汉的 GDP 均约为厦门的 3 倍，分别为 10053 亿元和 10905 亿元，差距较为明显。从人均 GDP 看，厦门为 90379 元，杭州为 112268 元，武汉为 104132 元，均略高于厦门，都达到伊斯坦布尔城市年会城市国际化指标体系中的中级国际城市标准（1 万美元）。

3. 城市基础设施国际化水平有待加强

厦门在城市交通方面，缺乏地铁等运量大、疏散能力强的轨道交通，地铁 1 号线和 2 号线尚处于建设阶段。而相比之下，杭州的地铁建设起步较早，目前 1 号线、2 号线东南段和 4 号线首通段已经开通，长度约达到 81 公里，至 2019 年将建成包括 1 号线、2 号线、4 号线、5 号线和 6 号线，累计约 190 公里。此外，在人均电力消费量、人均公园绿地面积、每百户家庭拥有轿车数这几个指标上，厦门与杭州、武汉均有一定的差距，基础设施建设还有待进一步加强。

4. 对外吸引力有待进一步增强

一方面是旅游吸引力，从接待总量上来看，2015 年，杭州接待入境旅客 342 万人次，厦门约为 317 万人次；从旅游设施来看，厦门市全市共有星级酒店 78 家，其中五星级酒店 19 家，而杭州的星级酒店达到 168 家，其中五星级酒店 24 家；厦门 A 级景区只有 17 家，杭州的 A 级景区达到 54 家，所以，厦门对境外游客的吸引力相比杭州差距较大。另一方面是外资吸引力，2015 年杭州市实际使用外资 73.13 亿美元，累计引进世界 500 强企业 112 家，武汉全年实际利用外资 73.43 亿美元，累计引进世界 500 强企业 230 家，而厦门 2015 年实际利用外资约为 20.93 亿美元，累计引进世界 500 强企业 58 家，差距较为明显。

（六）附件

表 6　2015 年厦门、杭州、武汉城市国际化主要指标

	指标名称	厦门	杭州	武汉
经济发展 （$\mathrm{\check Z}_1$）	人均 GDP（常住人口，元，X_1）	90379	112268	104132
	人均可支配收入（城镇，元，X_2）	39703	42642	32478
	第三产业增加值占 GDP 比重（%，X_3）	56	58	51
	非农业劳动力比例（%，X_4）	92.9	89.9	90.8
基础设施 （$\mathrm{\check Z}_2$）	人均电力消费量（千瓦时，X_5）	5474	5903	5740
	人均公共绿地面积（平方米，X_6）	9.1	16.14	11.12
	每百户家庭拥有轿车数（辆，X_7）	27	38.2	30
	每百户家庭拥有电话数（部，X_8）	204	253.8	245
对外交流 （$\mathrm{\check Z}_3$）	入境旅游人数占本地人口比重（%，X_{11}）	82	38	19
	市民英语普及率（%，X_{12}）	75.2	68.9	67.3
	出口总额占 GDP 比重（%，X_{14}）	105	34	8
	进口总额占 GDP 比重（%，X_{15}）	58	11.2	9
	外商直接投资占本地投资比重（%，X_{17}）	14.3	14.57	9.7

资料来源：数据主要来自《2015 年杭州市国民经济和社会发展统计公报》《2016 年杭州统计年鉴》《2016 年厦门经济特区年鉴》《武汉市 2015 年暨"十二五"期间国民经济和社会发展公报》。

表7　2006～2015年厦门城市国际化主要指标

指标名称	单位	2006年	2007年	2008年	2009年	2010年	2011年	2012年	2013年	2014年	2015年
人均GDP	美元	5249	6232	7363	7754	8871	10962	12252	13166	12769	13291
人均可支配收入（城镇居民）	元	18513	21503	23948	26131	29253	33565	37576	41360	39625	42607
第三产业增加值占GDP比重	%	44.5	45.6	46.2	51.6	49.2	47.9	50.7	51.6	54.67	56
非农业劳动力比例	%	75.3	86.3	87.1	88.2	89.36	91	91.8	91.9	92.1	92.9
人均电力消费量	千瓦时	3584	3910.5	3837.9	3884.2	4266	4689.9	4983.4	5249.3	5474	5474
人均公共绿地面积	平方米	5.13	5.87	6.83	7.92	7.95	8.16	8.46	8.69	9.07	9.1
每百万家庭拥有轿车数	辆	402	466	540	675	807	982	1193	1457	1780	2294
每百万家庭拥有电话数	部	8013	8267	9523.6	10704	12282	14514	15977	16831	16432	16312
入境旅游人数占本地人口比重	%	35	37.2	38.5	41.2	46.3	52.5	62.7	64.54	73.91	82
市民英语普及率	%	67.44	68.41	69.4	70.4	71.4	72.4	73.5	74.53	74.53	75.2
出口总额占GDP比重	%	141	140	1.31	108.8	116.6	108.5	102	107.5	110.4	105
进口总额占GDP比重	%	84.2	78	71.2	61.5	71.66	70	62.4	65.2	61.84	58
外商直接投资占本地投资比重	%	27.8	20.3	14.1	7.48	11.06	12.84	10.7	8.6	12.93	14.3

注：由于地铁运营里程、国际主要货币通兑率这两个指标在2006～2013年的数据并无变化，比较起来无意义，所以未把这三个指标列入指标体系内。市民英语普及率采用的是五普和六普初中以上学历人数占总的常住人口的比重，外籍常住人口由于数据采取难度较大，然后根据十年末年均增长率估算出每年出的数值。

资料来源：数据主要来自《2016年厦门经济特区年鉴》和厦门市发展研究中心《厦门推进城市国际化指标体系研究》。

第二章　厦门城市国际化的历史与现实

赵纪周[*]

随着经济全球化的迅猛、深入发展，世界各国的经济活动日益超越国界，通过对外贸易、资本流动、技术转移、提供服务而形成了相互依存、相互联系的全球范围内的有机经济整体。随着商品服务供给、生产要素配置、经济管理与运行的国际化程度不断提升，城市国际化已成为城市现代化的必然趋势。推进国际化城市建设是积极应对经济全球化时代城市竞争的战略举措。同时，建设国际化城市的竞争也将更加激烈，并将深刻影响今后的城市发展格局和地位。当前，厦门努力在新一轮发展中抢占先机，以在未来的国际产业分工及全球和区域要素配置中占据有利的地位，争取在激烈的城市竞争中以可观的优势胜出。

2013 年 11 月召开的十八届三中全会提出构建开放经济新体制，实施"一带一路"倡议和自由贸易区战略。作为在海峡西岸具有重要战略地位的中心城市和 21 世纪海上丝绸之路的战略支点城市，厦门面临建设国际化城市的重要战略机遇期。总结回顾厦门

＊　赵纪周，中国社会科学院欧洲研究所助理研究员。

在城市国际化进程中的历史与现实，把握当前的时代机遇，发挥厦门自身优势，走出一条独具特色的国际化城市发展道路，成为当前必须着重研究的课题。

一 国际化城市的概念与类型

（一）国际化城市的概念

国际化城市最初是由苏格兰城市规划师格迪斯于1915年提出来的。目前，关于国际化城市尚未形成一个公认的定义，国际上有代表性的解释定义有两种。一是，英国地理学家、规划师彼得·霍尔认为国际化城市应具备以下七个特征：①通常是主要的政治权力中心；②国家的贸易中心；③主要银行的所在地和国家金融中心；④各类人才聚集的中心；⑤信息汇集和传播的地方；⑥大的人口中心，且集中了相当比例的富裕阶层人口；⑦随着制造业贸易向更广阔的市场扩展，娱乐业成为世界城市的另一种主要产业。因此，国际化城市属于对全世界或大多数国家具有全球性经济、政治、文化影响的国际一流大都市。二是，美国学者米尔顿·弗里德曼提出了衡量世界城市的七项标准：①主要的金融中心；②跨国公司总部所在地；③国际性机构的集中地；④第三产业高度增长；⑤主要制造业中心；⑥世界交通的重要枢纽（尤其是指港口与国际航空港）；⑦城市人口达到一定标准。①

---

① 《国际化城市的概念及内涵》，http：//www.cdqydj.gov.cn/Studyvideo/Videolists_shows.php？Aticle_id=392。

根据国内有关研究，国际化城市能在国际交往中发挥出一种对外交流功能，即在人流、物流、资金流、信息流上起到沟通国内与国际的作用，并在国际资源配置中发挥出核心枢纽作用。国际化城市是说现代化城市具备国际交流功能，国际化城市往往处于世界城市发展水平的顶端。[①]

（二）城市国际化的内涵

城市国际化是全球化背景下的城市发展共性，是城市按照国际惯例，在全球范围内运用和配置各种资源、全面参与国际分工和交往的过程和状态。城市国际化是城市化发展的高级阶段，是经济全球化的结果，是现代城市发展的动力。[②] 作为一个城市向国际化城市逐步迈进的动态过程，城市国际化是城市各项活动进行跨国界相互往来交流中，城市辐射力、集聚力、吸引力不断增加，城市能级不断提高，与国际化城市逐步接轨的过程。

大致来说，城市国际化的内涵包括如下几点。

1. 金融国际化

金融国际化即在金融行业无差别非歧视性原则诱导下，按金融国际惯例和基本程序实施公平竞争，实现金融机构和业务中心集聚并向外发展、开拓和延伸的效果，同时使保险、证券等金融行业同步发展，并使银行资本流动与汇兑业务自由化，形成金融大系统的良性循环。

2. 贸易国际化

贸易国际化是指在与国际市场密切协调相连的基础上，形成完

---

① 张骁儒、黄发玉：《国际化城市与深圳方略》，海天出版社，2014，第12页。
② 王莉萍：《城市国际化最重要的是人的国际化》，中国城市网，2016年9月30日，http://www.urbanchina.org/n1/2016/0930/c369519-28754099.html。

整的统一大市场。其中，中介贸易在贸易总量中具有举足轻重的地位，多边复式贸易日益增加，无形贸易（如信息、专利、技术、商标）不断开拓，比重日趋提高。同时，具有国际影响力的商交会、博览会、招商会、洽谈会定期召开。

3. 生产国际化

生产国际化是指在参与国际产业分工和合作的基础上实施社会化大生产，并使城市产品市场向多元化、全天候、国际化方向发展，同时，使生产流程与质量、技术标准走向国际化，或至少采用能被国际社会认可的标准，从而使产业的至少某一方面具有一定的国际竞争力，并在世界经济大系统中产生一定影响。

4. 信息国际化

信息国际化是指在以经济为核心的综合信息资源独立成网并与国际计算机网络并网运作前提下，使地域网和空间网相融合、有线网与无线网互补，实现信息资源的存储、转换、加工、反馈的现代化和迅捷化，并使信息资源商品化，作为生产要素融入世界经济大循环。

5. 科技国际化

科技国际化首先是科技成果完全商品化，使科技生命力在商品化过程中体现其社会性和实用性价值；其次是使科学技术有专利而无国界，使知识产权得到法律保障和社会尊重；最后是实现科学技术的国际分工和合作开发，实现科学技术共同进步。

6. 产业国际化

产业国际化是指第三产业的高度化使国际性城市的金融、保险、商贸、会计、广告、法律、信息等行业比较发达，使交通、运输、通信、网络咨询等设施齐全，各种服务行业都能提供高效、准确、便捷、舒适的服务；同时具有与国际交往相匹配的行政构架及管理体制，从而保障物资流、资金流、技术流、信息流的顺畅。

7. 开放国际化

开放国际化是指国际性城市的社会经济对众多的国家和地区开放，对外贸易和资本国际往来在城市 GDP 中占较大比重，国际交往人员往来频繁，出入境手续简便，经济体制和运行机制与国际经济体系兼容，该城市成为国际政治、经济、文化、旅游等活动的优选场所。

（三）国际化城市的类型①

1. 从国际化城市的功能内容来看，分为综合型与专业型的国际化城市

综合型国际化城市，其政治、经济、文化、旅游等多方面的因素，促使全球人流、物流、资金流、信息流在该城市汇集和交流，如伦敦、纽约、东京、巴黎。

专业型国际化城市，其因为某一方面或少数几个方面的因素而成为国际化城市，比如，日内瓦、布鲁塞尔是因为政治，苏黎世是因为金融，摩纳哥是因为旅游，威尼斯、戛纳是因为文化，梵蒂冈、麦加是因为宗教，鹿特丹是因为交通。再比如，音乐之城维也纳、电影之都戛纳、服装之城米兰等都是专业型国际化城市。

2. 从国际化城市的影响力所及范围来看，分为全球性、区域性、一般性的国际化城市

全球性国际化城市是指影响力遍及全世界、具有全球意义的国

---

① 长骁儒、黄发玉：《国际化城市与深圳方略》，海天出版社，2014，第 13~14 页。

际化城市，如伦敦、纽约、东京、巴黎。

区域性国际化城市是指在全球的影响力主要体现在世界上一片比较大的地理区域，如中国香港、新加坡的影响主要在亚太地区，孟买主要是在南亚次大陆和印度洋沿岸，圣保罗主要是在南美洲，而洛杉矶、温哥华等主要是在北美洲。

一般性国际化城市是指正在形成中的国际化城市，如中国的北京、上海、广州等大城市，迅速发展中的深圳与厦门等，环渤海城市群的经济中心城市天津等，以及韩国的首尔、澳大利亚的悉尼、墨西哥的墨西哥城等，这些城市都属于潜在的或正在崛起的国际化城市。

（四）厦门推进国际化城市建设的意义

1. 推进国际化城市建设，是厦门积极应对经济全球化时代城市竞争的战略举措

当今世界已经进入全球化时期，核心城市间的竞争成为国家竞争的重要体现。从全球来看，许多都会城市都在制定未来 30～50 年的发展战略。厦门作为中国改革开放的前沿，正处于国际化发展的关键阶段，必须以加快国际化城市建设为契机，在更高起点上取得新进展，实现新突破，迈上新台阶。

2. 推进国际化城市建设，是厦门经济特区引领新一轮改革开放的必然选择

在厦门经济特区建立近 40 周年之际，作为在海峡西岸具有重要战略地位的中心城市和 21 世纪海上丝绸之路的战略支点城市，厦门确立了建设国际化城市的战略目标，始终坚持"先行先试"，包括：对国家深化改革、扩大开放的重大举措先行先试；对符合国际惯例和通行规则、符合我国未来发展方向的需要试点探索的制度设计先行先试；对厦门经济社会发展有重要影响，对全国具有重大示范带头作用的体制创新先行先试；对国家加强内地与台湾经济合作的重要事项先行先试。厦门继续发挥改革开放的试验田作用，立足当前、着眼长远、引领未来，争取通过国际化城市建设引领新一轮改革开放，为我国城市化发展探索新路。

2. 推进国际化城市建设，是厦门建设科学发展新特区的有效途径

加快建设国际化城市是深入贯彻落实科学发展观、加快转变经济发展方式、突破"土地有限、资源短缺、人口不堪重负、环境承载力严重透支"等制约因素、促进经济社会发展的重要举措。这有利于以转型发展推动经济结构战略性调整、以创新发展加快国家创新型城市建设、以和谐发展建设民生幸福城市、以协调发展加快经济特区一体化进程、以低碳发展构建资源节约型和环境友好型社会，进一步提升厦门城市发展水平。

二　厦门城市国际化的历程

厦门素有"鹭岛"之称，地处我国东南沿海——福建省东南部，面对金门诸岛，与宝岛台湾和澎湖列岛隔海相望。厦门市地处亚热带地区，全年气候宜人，风景秀丽，环境整洁。因此，厦门拥有"联合国人居奖""国际花园城市""全国文明城市""国家卫生城市""国家园林城市""国家环保模范城市""中国优秀旅游城市""全国最宜居城市""中国最浪漫休闲城市""中国城市科学发展典范城市"等众多特殊荣誉。"城在海上，海在城中"更是成为厦门无可争议的特色，而美国前总统尼克松曾称赞厦门为"东方夏威夷"。因此，厦门的美誉可谓蜚声海内外。

回顾厦门发展与改革开放的历程，实质上就是厦门城市国际化程度不断深入、不断提升的过程。厦门市是中华人民共和国 15 个副省级城市之一、5 个计划单列市之一，享有省级经济管理权限并拥有地方立法权。厦门既是中国最早实行对外开放政策的 4 个经济特区之一，又是 10 个国家综合配套改革试验区之一（即"新特区"）。厦门是东南沿海重要的中心城市、现代化国际性港口风景旅游城市。《中华人民共和国国民经济和社会发展第十二个五年规划纲要》及国务院批复的《厦门市深化两岸交流合作综合配套改革试验总体方案》明确提出加快推进两岸区域性金融服务中心、东南国际航运中心、大陆对台贸易中心、两岸新兴产业和现代服务业合作示范区建设。在《2006－2010 中国城市价值报告》中，厦门名列全国第六（2002 年曾位居全国前五）。在《2011 中国城市发展综合评价报告》中，厦门名列全国第一。在 2012 年的"中国城市综合竞争力排行榜"上，厦门位居中国大陆和港澳台地区三十强之列。[①]

作为首批经济特区、中国改革开放和现代化建设的"窗口"和"试验田"——厦门，国际化发展本来就是其发展的题中之意。30 多年来，厦门坚持对外开放，充分吸收利用外资，引进先进技术和管理经验，大胆"走出去"利用全球市场和全球资源，使城市的综合实力与国际化程度不断提升。同时，厦门吸引了一批具有较强竞争力的跨国企业和优秀人才，打造了国际化交流平台，初步具备了区域性金融、物流、航运中心功能，全市上下齐心协力打造

---

① 参见厦门市简介 http：//www.fjsnw.cn/sxgk/84929.jhtml。

国际一流营商环境。经过 30 多年的改革开放建设，厦门已成为中国经济发展最具活力，人居环境最温馨、和谐的海峡西岸重要中心城市，并于 2013 年与深圳、广州等两座城市共同荣膺中国对外开放"金牌城市"。如今，厦门是国家对外对台的战略支点，是辐射区域协调发展的重要中心，是交通网络中心职能快速提升的枢纽城市，是充满创新精神、美丽宜居的先进城市。可以说，对外开放成就了厦门这座魅力四射、欣欣向荣的城市，厦门已朝国际化城市迈出了坚实的步伐。

因此，实际上，厦门很早就进行了国际化。厦门城市国际化的历史，就是其近 40 年来走过的改革开放之路。例如，改革开放以来，厦门就以建设国际性港口风景旅游城市为目标，着力推进经济开放、设施联通、人文交流，获得了"联合国人居奖""国际花园城市"等荣誉称号。2011 年底，国务院正式批准厦门实施《厦门市深化两岸交流合作综合配套改革试验总体方案》，赋予厦门市推进改革的政策措施 80 多项，支撑长远发展的平台建设十多个。这是厦门特区建设以来，涉及领域最广、政策措施最多、改革力度最大的一个综合改革方案，为厦门未来发展注入了新活力、新动力，因此又被称为厦门的"二次开放"，厦门从此迈入"新特区时代"。这使厦门又站在国际化进程的新起点，面临前所未有的发展新机遇。

近年来，厦门正阔步走向城市国际化。例如，2013 年，厦门通过组织专家反复论证和广泛征求全市市民意见，制定了《美丽厦门战略规划》，明确了城市的发展目标、发展定位与发展战略，以科学的、具有广泛共识的、法制化的战略规划来引领厦门城市经济社会的发展，为厦门的长远发展提供了全局性、长期性、决定性指导。《美丽厦门战略规划》的升级版将国际化战略列为新三大战略之一。历届市领导多次强调，要在全球化战略中找到厦门的定位，打造国际化城市。2015 年 3 月，国务院发布《推动共建丝绸之路经济带和 21 世纪海上丝绸之路的愿景与行动》，提出"支持福建建设 21 世纪海上丝绸之路核心区"；2016 年 2 月国务院关于厦门市城市总体规划的批复（国函〔2016〕35 号）进一步明确"厦门是我国经济特区，东南沿海重要的中心城市、港口及风景旅游城市"，"逐步把厦门市建设成为经济繁荣、和谐宜居、生态良好、富有活力、特色鲜明的现代化城市，在促进两岸共同发展、建设 21 世纪海上丝绸之路中发挥门户作用"。2015 年底召开的厦门市委十一届十一次全会正式做出了"不断提高城市国际化水平"的战略部署，并将其写入厦门市国民经济和社会发展第十三个五年规划。

当前，厦门城市国际化正迎来新一轮发展机遇。2017 年是党的十九大召开之年，是金砖会晤在厦门举办之年。2017 年 1 月 10 日，厦门市发展和改革委员会在《关于厦门市 2017 年国民经济和社会发展计划草案的报告》中提到，2017 年厦门将以举办金砖会晤为契机，全面提升城市国际化水平，以"新城 + 基地 + 众创"为载体，加快产城融合，推动产业转型升级，推动经济社会平稳健康发展，努力为建设"五大发展"示范市开好局、起好步。有理由相信，2017 年的厦门将全面提升城市国际化水平。

可以说，国际化将是厦门未来发展的关键词之一。在落实"十三五"规划过程中，厦门要突出深化对台交流合作，更好地发挥厦门对台战略支点作用，在全球化战略中找到厦门的定位，打造国际化城市。特别是在当今全球经济一体化不断深入的大背景下，加快融入全球化、全面推进城市国际化，是厦门未来发展的必然趋势，也是厦门经济社会保持又好又快发展的强大动力。这要求厦门以国际化的视野和开放的眼光审视厦门的发展，紧紧抓住 21 世纪海上丝绸之路战略支点城市和自贸试验区建设的机遇，以城市国际化为推手，打造国际一流营商环境，加快推进与各国在经贸、文化、教育、旅游等各领域的国际合作与交流，不断提升开放度和国际知名度，着力将厦门打造成一座国际性城市。

三　厦门城市国际化的基础与条件

经过近 40 年的改革开放之路，厦门在经济、社会等方面的发展成就为其打造国际化城市奠定了良好基础。厦门应该利用独特的优势，为中国的发展树立样板；开展国际化交流，最终成为国际化大都市的"排头兵"。目前，厦门城市国际化已具备诸多有利条件，主要体现为如下几点。

（一）经济开放程度较高

早在 20 世纪初，厦门凭借港口和侨乡优势，成为我国重要的航运贸易中心、金融中心以及侨汇集中地，是福建最大的金融贸易中心。目前，厦门已和世界上 200 多个国家和地区建立了良好的经贸关系，2014 年，厦门外贸进出口总额为 836 亿美元，进出口总额约占全省的50%，经济外向度达 158%。至 2014 年底，厦门实际利用外资累计294.7 亿美元，共有 13 个国家和地区的 57 个世界 500 强公司进驻，广泛吸引了美国、法国、新加坡、日本、中国香港、中国台湾等地区的行业龙头企业来厦投资。厦门拥有外资金融机构 15 家，是全国少数几个拥有全部类型海关特殊监管区的城市之一，并且获准设立自由贸易试验区，试验区面积为全省最大，达 43.78 平方公里。

改革创新是厦门一以贯之的城市品质。设立经济特区以来，厦门始终以开放进取、奋勇先行的姿态探索改革创新路径。厦门坚持把创新作为引领经济社会发展的第一动力，主动融入全球创新体系，推动产业转型升级。2016 年，厦门成功获批福厦泉国家自主创新示范区，研发投入占 GDP 的比重为 3%，是全省水平的 2 倍；规模以上高新技术产业增加值占规模以上工业增加值的 59.4%；每万人拥有有效发明专利 18.4 件，为全国平均水平的 2.3 倍。人才集聚效应凸显，全国首个科技领军人才创新创业基地加快建设，引进各类双创团队 3700 多个、3.6 万余人，新培育成长型中小微企业 492 家。

厦门积极打造现代产业发展新高地，产业集聚效应显著，已有平板显示、金融服务、旅游会展、现代物流、软件信息等 5 条超千亿元产业链；已形成光电、软件、生物与新医药、电力电器、钨材料、视听通信等 6 个国家级产业基地和产业集群，是全球触控屏组件最大的研发和生产基地、最大的高端 LED 球泡灯制造和出口基地和亚太最大的航空维修基地。龙头总部企业汇集，戴尔、ABB、GE、亚马逊等 60 家世界 500 强企业 109 个项目落户厦门，中国移动、建设银行、中国烟草等大型央企在厦门设立研发总部，建发集团、国贸集团、象屿集团等 3 家服务业总部企业进入全国 500 强，安踏、七匹狼、鸿星尔克等知名民企在厦设立总部或营运总部，京东、阿里巴巴、腾讯等知名互联网企业积极推进在厦门战略布局。现代服务业快速发展，第三产业占 58.2%，居全省首位。文化创意、服务外包、网络零售等产业大幅增长。2016 年软件和信息服务业总收入突破 1100 亿元，增长 19.3%，厦门在动漫制作、电子竞技、VR设备和游戏等方面形成国内优势地位；国家健康医疗大数据中心和产业园落地厦门。拥有逾10亿用户的美图移动2016年12月在港交所上市。

金融服务方面，预计2016年全年总收入1300亿元。台湾中国信托银行、海峡银行、泉州银行厦门分行、翔业集团财务公司开业。浦发银行、邮储银行、建设银行在厦门设立两岸人民币业务、跨境同业金融服务等5个职能总部中心。加快金融创新，厦门开设78个人民币代理清算账户，清算金额739亿元，做大做强对台跨境贷款、跨国集团双向资金池业务。修订推进企业上市政策，新增上市公司4家、新三板挂牌企业88家、两岸股权交易中心挂牌企业近300家。

厦门对外开放程度较高，是中国大陆最早实行对外开放政策的经济特区之一，已形成以台商投资区、保税区、火炬高新技术产业开发区、出口加工区、保税港区以及软件园、创业园等各类投资园区为框架的多层次、全方位的外向型经济发展格局，为境外资本的聚集和海外企业的发展创造了良好环境。

（二）对外交通联系较便捷

厦门是具备交通网络中心职能的枢纽城市，是东南重要的区域性航空枢纽。厦门逐步构建了便捷高效的综合交通体系，枢纽地位逐渐突出。厦门是国家确定的综合交通枢纽城市；厦门东南国际航运中心建设获国家支持；厦门是海峡西岸经济区的铁路干线枢纽、我国东南沿海大通道上可以实现陆海空联运的重要交通枢纽；此外，厦门还获批国家现代物流创新发展城市、智慧物流城市与物流标准化试点。

现阶段，厦门已经是具备交通网络中心职能的枢纽城市，初步形成了以铁路、高速公路为主骨架，以海空港为主枢纽，集多种运输方式于一体的综合交通网络。

在空港方面，厦门高崎国际机场是华东地区重要的区域性航空枢纽、中国大陆五大口岸机场之一。厦门空港已开辟国际航线 18 条，与 20 个国际城市（含香港、澳门、台北、高雄）通航，2014 年国际旅客吞吐量为 244.73 万人次，厦门机场已经成为我国东南重要的区域性航空枢纽，是国内重要的干线机场和国际定期航班机场。厦门机场已开通运营城市航线 182 条，其中，国内航线 145 条，国际及地区航线 37 条，25 家境内航空公司及 15 家境外航空公司在厦运营。2016 年，空港旅客吞吐量为 2273.7 万人次，增长 4.2%，在全国机场排第 11 位；厦航还开通了墨尔本、温哥华、西雅图洲际航线。目前正在规划新建的翔安新机场是我国重要的国际机场、区域性枢纽机场、国际货运口岸机场、两岸交流门户机场，近期规划年旅客吞吐量 4500 万人次，远期可达 7500 万人次。

在海港方面，厦门港是我国沿海主要港口之一、国家综合运输体系重要枢纽、集装箱运输干线港和对台航运主要口岸，被列入国家四大国际航运中心——国家"十三五"规划明确将厦门与上海、天津、大连四个城市定位为国际航运中心。目前，厦门港已拥有生产性泊位 152 个，167 条航线连接全球 57 个国家和地区（包括台湾和香港），可直达 128 个国际港口，基本形成了辐射全球的集装箱快速航运网络，2014 年完成集装箱吞吐量 857.24 万标箱，名列中国大陆港口第 8 位，进入世界 20 大港口排行榜。2016 年全年旅客吞吐量为 985 万人次，接待邮轮 79 艘次，其中母港邮轮 66 艘次，同比分别增长 19.7% 和 36.3%。在航运物流方面，预计 2016 年全年总收入 1040 亿元，同比增长 11.2%；厦门港完成货物吞吐量 2.1 亿吨、集装箱吞吐量 960 万标箱，排名全国第 8 位、全球第

16 位，增幅居国内沿海主要港口首位。

在陆运方面，厦门是东南沿海重要的铁路枢纽城市，福厦、龙厦、厦深铁路以及建设中的京福、渝长厦高铁在厦交汇，前场铁路大型货物铁路作业区建成投用。2016 年全年旅客发送量 2365 万人次。全面构建中欧（厦门）班列国家物流新通道，班列开行列数和运量稳步提升。2016 年厦门被列入国家中欧班列发展规划 43 个枢纽节点之一，中欧（厦蓉欧）班列新开通德国纽伦堡和荷兰蒂尔堡两个终点站。厦门是国家公路运输枢纽之一，沈海高速、厦安高速、厦成高速以及"四桥一隧"跨海通道建成，中心城市对外辐射能力显著提升。目前，厦门市域内有国家高速公路 3 条、国道 3 条、省道 5 条，公路通车总里程达到 2065 公里，建成了以高快速公路、城市主干路和国省道为主骨架的路网体系，紧密连接珠三角、长三角和内陆各城市组团。

（三） 国际交流合作较密切

长期以来，厦门就是我国走向国际开放的重要平台。其一，历史上厦门就是我国对外交流的窗口。第一次鸦片战争后，厦门成为南部沿海五个通商口岸之一，鼓浪屿逐渐成为华侨远赴海外的始发地和中西方文明交汇地，在 20 世纪初便已通商四洋，与世界先进文明接轨，成为我国重要的航运、贸易、金融中心以及侨汇集中地，鼓浪屿英文名"Amoy"蜚声海外；目前，鼓浪屿申报世界文化遗产项目工作正在紧锣密鼓地开展中，美丽的鼓浪屿也即将再次叩响世界舞台之门。其二，厦门独具国际化优势。厦门是典型的外向型城市，具有浓烈的对外开放与合作的情怀与优势。在近 20 年中，九八投洽会从专注"引进来"到如今"引进来""走出去"并举，乃至为双多边、第三方投资贸易洽谈搭建舞台，吸引多国元首、部长级官员、国际组织领导、国际资深专家学者等来厦交流；厦门是中国"会展名城"，每年召开各类国际贸易会议、专业会展、人文会议，2016 年厦门就举办展览 200 余个、会议 6000 余场，外来参会者超百多万人次。这些无一不在展示厦门特有的开放怀抱。

在国际交流与合作组织方面，厦门建立了国际友城交流渠道，举办了十届国际友城市长论坛，拥有投洽会、国际石材展海峡论坛、台交会等国际交流与合作的平台、窗口。特别是每年 9 月 8 ～ 11 日在厦门举办的中国国际投资贸易洽谈会（简称"投洽会"），吸引了许多外国政要和企业高管参会。投洽会以"引进来"和"走出去"为主题，以"突出全国性和国际性，突出投资洽谈和投资政策宣传，突出国家区域经济协调发展，突出对台经贸交流"为主要特色，是中国目前唯一以促进双向投资为目的的国际投资促进活动，也是通过国际展览业协会（UFI）认证的全球规模最大的投资性展览会。而中国厦门国际石材展是世界最大的石材展览会，在《中国会展业行业发展报告 2014》中，厦门排名第 12。此外，厦门国际马拉松比赛已连续多年被评为国际金牌赛事，并且厦门成功举办国际女子高尔夫公开赛、国际武术大赛，国际海洋周和中国国际钢琴比赛已永久落户厦门。目前，厦门拥有厦门国际学校和岷厦国际学校两所国际学校、11 个中外合作办学机构、5 个中外合作办学项目，总计聘请外籍文教专家 128 名。新加坡、菲律宾、泰国在厦门设立总领事馆。目前，厦门拥有国际友好城市 17 个、国际友好交流城市 10 个、国际友好港口 21 个，建立经常性联系的国家（地区）75 个，国际影响力日益提升。

2016 年，厦门展览总面积 215 万平方米，同比增长 13%，会展业经济效益 365 亿元，同比增长 15%。厦门获评首批国家旅游休闲示范城市、最具创新力国际会展城市，被列入国家全域旅游示范区创建名单。厦门成功举办了 G20 财政和央行副手会议，投洽会、海峡论坛、两岸企业家峰会以及海峡旅游博览会等重大活动。厦门建成香格里拉酒店、万豪酒店等一批高星级饭店。

如今，厦门还是对外交流展示的国家客厅。2016 年 10 月，中国国家主席习近平宣布中国将于 2017 年接任金砖国家轮值主席国，并于 2017 年 9 月在福建省厦门市举办金砖国家领导人第九次会晤。作为 2017 年中国重要的一次主场外交，金砖会议的举办将会使厦门成为继北京、上海、杭州之后又一个在国际舞台上闪亮登场的中国城市，促使厦门成为展现中国发展模式的"国家客厅"。

（四）多元人文相互融汇

厦门是五口通商口岸之一，作为近代新兴的海港风景城市，更是多元荟萃、对外开放的海洋文明代表。厦门是著名侨乡，具有明显的侨乡优势。厦门侨务资源丰富，是著名爱国华侨领袖——陈嘉庚先生的故乡，更是海外华侨华人和港澳同胞出入境的重要口岸，历来是增进福建 1000 多万海外华侨华人乡谊的大本营。厦门旧城的骑楼建筑、集美学村和厦门大学的嘉庚风格建筑，是融汇东南亚侨乡风情的代表。鼓浪屿的"万国租界"建筑极具异国情调，闽南大厝是闽南特色建筑代表。厦门以侨乡风情、闽南文化、异国情调、温馨现代为特色，历史文化传统和现代城市气息交融，具有多元融合、中西融会的文化特征。厦门人宽和温馨、诚毅从容、温文尔雅，独特的中西合璧、多元文化造就了多元包容的城市精神。

海峡西岸经济区地处长三角和珠三角之间，连接祖国大陆和台湾地区，是国家区域发展格局的重要组成部分，发挥着承接南北、贯通东西的节点作用，既是促进国内两大重要经济带融会衔接的桥梁纽带，也是加强两岸交流合作的重要平台，建设海峡西岸经济区有利于促进全国区域经济布局的完善，有利于形成服务中西部发展的东南沿海新的开发综合通道，有利于加强两岸交流合作、推动两岸关系和平发展。

对外开放的海洋文明是厦门城市发展的时代烙印，铸就了今天厦门人文积淀深厚、文化多元荟萃。厦门古称嘉禾屿，明初修筑城墙号厦门城，意寓"祖国大厦之门"；在鸦片战争后厦门正式开埠，遂成为华侨远赴海外的始发地和中西方文明交汇地，独特的港口和侨乡优势，造就了鼓浪屿独特的"万国租界"的建筑文化、富于"琴岛"美誉的音乐文化、中外汇聚的名人文化和宗教文化，也产生了"忠、公、诚、毅、闯"嘉庚精神。如今，厦门已经形成以侨乡风情、闽南文化、异国情调、温馨现代为特色，历史文化传统和现代城市气息交融的多元荟萃的文化特征，社会风尚文明友善、市民素养文雅大方，厦门是一座亲切友好的温馨家园、包容互助的幸福家园。

（五）人居环境温馨和谐

厦门拥有美丽的自然环境、深厚的历史积淀和健康发展的经济社会，宜居竞争力在全国 289 个城市中排名第二，公共服务满意度全国第三，政务效能高，法治环境好。厦门是国家级生态市，2016 年空气质量在全国 74 个主要城市中排名第四，获全国文明城市四连冠、中国科学发展典范城市、十大低碳城市、联合国人居奖等一系列荣誉。

素有"海上花园"美誉的厦门，具有"山海相融"的景观特色和"处处显山见海"的城市意象；为维护优美的自然风貌，厦门不断加强环境保护、推动生态文明的建设，城市特色更加凸显，海湾生态更加美丽。厦门拥有国家级风景名胜 1 个、省级风景名胜 2 个、公园 100 个，建成区绿化覆盖率为 41.87%，全年空气质量优良天数达 348 天，达标天数位居全省第一。多年来，厦门市生态环境质量名列中国城市前茅，先后获得联合国人居奖、国际花园城市、中国十大宜居城市、国家环境保护模范城市、国家森林城市、全国绿化模范城市、中国十大低碳城市、国内外籍人才眼中最具吸引力的十大城市之一等多项荣誉称号。在国际生态环境可持续发展城市 100 强排行榜中①，厦门位列第 17。

表 1　国际生态环境可持续发展城市 100 强排行榜

排名	城市	国家和地区	生态指数	安全指数	环境指数	经济指数	置业指数	服务指数	综合指数
1	苏黎世	瑞　士	29.98	19.98	9.87	9.89	9.88	19.95	99.55
2	巴　黎	法　国	29.95	19.96	9.82	9.95	9.85	19.74	99.27
3	温哥华	加拿大	29.94	19.97	9.67	9.87	9.69	19.75	98.89
4	维也纳	奥地利	29.95	19.96	9.75	8.99	9.65	19.82	98.12
5	日内瓦	瑞　士	29.89	19.93	9.83	9.39	9.45	19.56	98.05
6	悉　尼	澳大利亚	29.92	19.98	9.78	8.96	9.63	19.62	97.89
7	哥本哈根	丹　麦	29.92	19.92	9.76	8.85	9.45	19.56	97.46
8	都柏林	爱尔兰	29.88	19.95	9.75	8.74	9.35	19.58	97.25
9	赫尔辛基	芬　兰	29.87	19.93	9.79	8.72	9.32	19.54	97.17
10	大　连	中　国	29.85	19.91	9.75	8.86	9.55	19.13	97.05
17	厦　门	中　国	28.65	19.68	9.16	8.78	8.89	19.67	94.83

① 国际生态环境可持续发展城市 100 强排行榜是由《世界华人报》周刊联合国际绿色环保管理委员会、美国俄克拉荷马州立大学、台湾逢甲大学、加拿大皇后城学院、中国科学院老专家技术中心、中国政法大学商学院、中国人民大学商学院、蒙代尔国际企业家大学等 108 家大学、学术理论科研机构等组成的"世界华人经济品牌实验室"负责国际生态环境可持续发展城市 100 强的资料收集和最终测评工作，对全球城市进行筛选和测评，选出国际生态环境可持续发展城市 100 强。

厦门已经具备建设国际化旅游城市的基础，厦门市旅游接待总人数、旅游总收入均占全省近 1/3，入境旅游人数和旅游创汇两项指标均占全省四成以上。2015 年，厦门游客数量达到 6035.8 万人次，增长13%；旅游总收入达到 832.3 亿元，增长 15.2%。厦门已经获得外国游客来厦 72 小时过境免签政策。2016 年，预计全年旅游总收入达 965 亿元，同比增长 16%；接待境内外游客 6760 万人次，同比增长 12%。

历年来，厦门市政府高度重视科技创新与人才引领，完善人才国际化的政策环境，逐步加大扶持力度，从人才工作生活、就业创业等方面出台了一系列政策支持国际化人才发展。厦门连续多年被评为中国十大海归创业热门城市和外籍人才眼中最具吸引力十大城市。厦门的思明区筼筜街道官任社区是厦门市境外人士聚集最集中的区域之一，共有来自 42 个国家和地区的境外人士 1300 多人次居住在社区内。目前，官任社区初步形成了建设国际化社区的硬件设施和软件环境。

近年来，厦门不断加大力度引进国际化人才。2010 年出台引进海外高层次人才、领军型创业人才的"双百计划"，2013 年出台"海纳百川"人才计划，均提供了全方位的人才引进激励措施，加大了财政人才投入的保障资金。针对"双百计划"，市财政每年投入 1.5 亿元资金给予补助和扶持。台湾科技人才集聚效应显著。厦门建成了首个国家级"对台科技合作与交流基地"，制定了《台湾特聘专家制度暂行办法》，对台人才交流合作特色明显。厦门开展了"海外中青年华商海峡西岸行""海外人才为国服务博士团""厦门人才政策介绍会"等一系列国际交流活动，不断深化拓展国际交流与合作，有力地推进了人才的国际化进程。

人才自主创新较为活跃。厦门各类高层次人才计划的实施，为厦门经济转型和产业升级提供了强有力的支撑，人才自主创新较为活跃，科研成果和专利申请量稳定增长。厦门火炬高新区是海外高层次人才创新创业基地，由一大批海归人才创立的具有自主知识产权项目、技术创新水平高、产业化前景好的高科技企业飞速成长。

（六）厦门是两岸融合发展的战略支点

厦门是唯一"因台而设"的经济特区，长期以来一直是两岸交流合作的前沿平台，在服务祖国和平统一战略中具有不可替代的重要作用。2011年，国务院批复《厦门市深化两岸交流合作综合配套改革试验总体方案》，厦门被中央确定为全国唯一以深化两岸交流合作为主题的综合配套改革试验区；2015年，福建自贸试验区厦门片区揭牌成立，厦门成为中国（福建）自贸试验区的重要片区，以对台为最大特色，对台先行先试政策最为集中。2016年，《中华人民共和国经济和社会发展第十三个五年规划纲要》出台，要求"深化厦门对台合作支点建设"。

近年来，厦门以实施综改方案为抓手，充分发挥两岸交流合作的"窗口"、"试验田"和"排头兵"的优势，在推动两岸产业合作和金融贸易、深化两岸交流合作方面的作用愈发突出。

1. 两岸往来方面

厦门率先实现海上货轮直航台湾、厦金"两门对开"和两岸"大三通"。目前，厦台空中客运直航每周66班次；厦金"小三通"每日36班次，累计客运量近1780万人次，占两岸"小三通"客运总量的90%。厦门成为祖国大陆年接待台胞过夜数和大陆居民赴台游经由口岸人数最多的城市。

2. 经贸合作方面

厦门拥有大陆最大最多的台商投资区，累计实际利用台资突破

97.7 亿美元，联芯、佳格、鼎利丰等一批台资大项目相继落户，台企工业产值占全市工业总产值的比重达 35%。大陆 13 个对台小额贸易口岸中厦门占 4 个，大嶝对台小额商品交易市场是大陆第一家对台贸易专业市场。对台进出口贸易额达 5153 亿美元，台湾保持厦门第二大贸易伙伴、第一大进口市场，厦门口岸的台湾水果、酒类、图书、大米等的进口量稳居大陆第一。厦门赴台投资额占全省的 82%，居大陆前列，厦台电子商务和海运快件业务量居大陆前列。中欧班列（厦门）已通过海陆联运延伸到台湾，台湾产品到欧洲比海运省一半时间，成本为空运的 1/7。

3. 交流交往方面

厦门成功承办了七届海峡论坛，海峡论坛成为两岸规模最大、参与人数最多、形式最多样、内容最丰富的民间交流盛会。厦门打造了台交会、文博会、保生慈济文化节等 40 多个重大涉台交流活动平台。

4. 两岸融合方面

在厦台胞数量达 12 万人，其中，就读厦门的台湾籍学生达 1500 人。厦门着力打造两岸最有影响力的青年创业聚集区，全市 22 个两岸青年创业基地共入住各类台湾创业团队 400 多个，创业和就业台湾青年超过 1000 人，国台办授牌的海峡两岸青年创业基地达 4 家，居大陆前列。

四　厦门城市国际化面临的短板

（一）国际化综合实力有待加强

国际化城市往往具备雄厚的经济基础，对区域经济、国际经济的发展会产生重要影响。从经济总量看，2014 年，香港、新加坡的生产总值都在 2900 亿美元左右，深圳为 2605 亿美元，厦门为 533 亿美元，与其他三个城市相比差距较为明显。从人均 GDP 看，2014 年，厦门为 14135 美元，仅为深圳的 58%、香港的 37%、新加坡的 1/4，差距较大。从国际贸易来看，2014 年，厦门进出口总额为 835.5 亿美元，仅为深圳的 17.1%、新加坡的 10.8%、香港的 7.4%。从外商直接投资来看，2014 年，厦门实际利用外资 19.71 亿美元，仅为深圳的 34%、香港的 1.9%。从境外投资来看，2014 年，厦门境外实际投资额为 5.6 亿美元，深圳境外实际投资额为 39.8 亿美元，青岛为 10.8 亿美元，宁波为 8.4 亿美元，大连为 5.9 亿美元，厦门位于五个计划单列市末位，与香港、新加坡差距则更大（见表 2）。在 2012 年 GaWC 的世界级城市排名[①]中，厦门仅位于第四级世界城市，而香港、新加坡均位于第一级世界城市，深圳位于第二级世界城市。

表 2   2014 年厦门、深圳、新加坡、香港经济指标对比

城市	GDP（亿美元）	人均 GDP（万美元）	第三产业占 GDP 的比重（%）	进出口总额（亿美元）	实际利用外资（亿美元）	对外投资（亿美元）
香　港	2933	37777	94.0	11248.90	1030	1430
新加坡	2891	54776	75.0	7760.40	—	226*
深　圳	2605	24337	57.3	4877.65	58.05	39.8
厦　门	533	14135	56.6	835.50	19.71	5.6

注：* 数据为 2011 年度数据。

资料来源：香港、新加坡数据来源于世界经济信息网和联合国贸发会议《2015 年世界投资报告》，深圳、厦门数据来源于其发布的统计公报。

---

① GaWC 城市排名是由全球化与世界级城市研究小组与网络（Globalization and World Cities Study Group and Network）以英国英格兰莱斯特郡拉夫堡的拉夫堡大学为基地，尝试为世界级城市定义和分类而做出的。GaWC 的名册确认了世界级城市的 3 个级别及数个副排名。目前 GaWC 的世界级城市名册是全球关于世界一、二、三、四级城市最权威的排名。

整体竞争力有待加强，特别是第三产业发展相对滞后，现代服务业功能不强以及工业结构不够优化，创新能力不强。表现在如下方面。

第三产业发展相对滞后，现代服务业功能不强，批发零售业、运输仓储业等传统服务业仍占据主导地位，生产性服务业比重偏低，金融、计算机服务与软件、研发设计、服务外包等高端业态规模偏小。服务业市场化水平还不够高，缺乏大型骨干企业和全球化的外向型服务企业。服务功能薄弱，现代服务业尚未成为支撑厦门服务业发展的主力；工业结构不够优化，创新能力不强，高新技术产品出口占 31%，比重偏低。从工业产品结构看，档次、附加值和知名度低等问题仍较突出。从产业关联看，除电子、机械等部分传统支柱行业具备较强的协作和配套能力外，产业间关联度不够紧密，综合配套能力较弱。科技经费投入不足，大部分中小型企业研发力量较弱，创新能力不强，缺乏核心技术的支撑，市场竞争力较弱。此外，厦门国际开放度水平有待提升。

（二）资源全球配置能力有待提升

资源全球配置能力是体现国际化水平的重要标志和关键能力，而资本配置是资源配置的核心。厦门对资本的全球性配置能力仍然较弱，首先是对金融资本的配置能力较弱，仅有各类银行业金融机构主体 40 家，其中外资银行 15 家，缺乏全国性金融机构总部和证券交易所等金融市场交易场所，石油交易中心、两岸股权交易中心、市股权托管交易中心、碳和排污权交易中心等要素市场基本上都还在起步阶段，在金融资本控制能力和资本获得便利性上较为薄弱，与香港、新加坡、深圳等城市差距较大。伦敦金融城公司的全球金融中心指数第十一期报告显示，香港位居第三，定位为全球领先的金融中心；新加坡位居第四，定位为"全球多元化"金融中心（上海也属于此类）；深圳位居第32，定位为"跨国专业性"金融中心，厦门未进入该排名。其次是对投资资本的配置能力较弱，跨国公司是国际投资资本流动的控制主体，跨国公司总部越多，对国际投资的控制力越强。香港共有1367个跨国公司总部，在新加坡设立总部或区域总部的跨国公司有4200多家，深圳投资入驻的世界500强企业数近200家，而厦门目前仅为57家，其中总部仅3个，差距较为明显。

对外投资是城市国际化的重要指标之一。当前，厦门市企业对外投资遇到的问题主要包括对投资国不熟悉，文化差异、政策法律等非市场因素影响较大，国际人才不足等。另外，海外侨团在助推厦门市企业"走出去"方面作用有待提升。

（三）对外交通辐射能力仍须加强

世界著名的国际化城市都是国际国内交通枢纽，尤其是国际航空交通枢纽和周转中心，对城市国际化发展的作用举足轻重。在国际航空方面，目前，厦门国际客运航线主要集中在港澳台和东南亚地区，到欧、美、澳的客货直飞航线很少，目前仅有厦门至阿姆斯特丹一条洲际客运直航航线，对外辐射能力有待提升。在海港方面，厦门港口交通运输功能强大，但对城市国际化的整体带动作用仍然不强，尤其是国际性的港口服务业、海运服务定价等功能较弱，如伦敦是全球航运定价中心和管理中心，并通过海事服务创造出比传统港口业更大的收益，有力地提升了城市的国际服务功能。

表3　2014年厦门、深圳、新加坡、香港对外交通指标对比

城市	空港			海港		
	国际航线（条）	国际城市通航数量（个）	空港旅客吞吐量（万人次）	国际班轮航线（条）	可直达港口（个）	集装箱吞吐量（万标箱）
香　港	133	180	6337	350	510	2228
新加坡	—	127	5409.31	250多	600多	3390
深　圳	20	21	3627.25	238	300多	2403
厦　门	18	20	2086.38	167	128	857.24

　　资料来源：香港、新加坡、深圳数据来源于互联网，厦门数据来源于《厦门市情2015》。

（四）基础设施和居住环境国际化水平尚须提高

　　完善的基础设施既是城市现代化的要求，也是国际化城市的应有之义。近年来，厦门基础设施不断完善，国际化水平不断提高，但与国际上衡量国际化城市水平的标准以及国际发达城市相比，厦门基础设施国际化程度还存在一定差距。例如，轨道交通占公共交通比重、航空港年旅客吞吐量等指标尚未达到国际化水平。港口国际化水平有待提升，机场对外辐射能力有待增强，综合通道能力存在不足，交通管理体制机制尚未理顺，信息共享尚待进一步拓展，国际高端会展配套设施有待完善。

　　完善的基础设施是人居环境国际化的基本要求。在城市交通方面，目前厦门地铁1号线和2号线尚处于建设阶段，厦门还缺乏地铁等运量大、疏散能力强的轨道交通，而香港、新加坡、深圳已开通运营的地铁总长度均超过100公里。随着道路交通量的持续增长，交通拥堵由"点""线"向"面"扩散，跨岛交通和

厦门岛交通已不堪重负。交通管理水平与国际化城市相比差距较大。虽然厦门的地铁 1 号线、2 号线以及翔安国际机场正在建设中，但城市化进程的加快、城市经济飞速发展和居民生活水平的提高，对城市交通的快捷与便利提出了更大的挑战，也对人居环境国际化程度提出了更高要求。

随着经济全球化、城市化进程的加快和科学技术水平的提高以及经济社会的发展，城市的人居环境也随之不断拓展和深化，集中表现在其人居环境是否具有国际吸引力上。一流营商环境有了优质的国际化医疗服务作为保障，才能使高端客户引得进、留得住、用得好。因此，加快推进厦门人居环境国际化建设，对于助力厦门建成美丽中国典范城市具有重要的现实意义。目前，在公共服务方面，厦门在外籍人士的教育、医疗和卫生保健、保险等方面的需求仍有很大制约；城市国际化直接催生国际化社区形成，国际化社区是展示城市形象的重要窗口，对城市国际化有着重要支撑作用，为城市国际化发展奠定了坚实基础。目前，厦门还没有专门的国际化社区，影响了厦门人居环境国际化水平的提高。厦门还存在路牌等公共场合外语标识不规范的情况，缺乏英语标识相关标准。此外，国际高端会议配套设施方面如专机停机位、大型国际展会场馆、大型国际酒店等服务设施的不足，也在阻碍厦门成为国际会议目的地。

表 4　2014 年厦门、深圳、新加坡、香港已开通地铁里程对比

单位：公里

城市	香港	新加坡	深圳	厦门
开通地铁里程	218	118.9	178	正在建设

资料来源：香港、新加坡、深圳数据来源于互联网，厦门数据来源于《厦门市情 2015》。

从总体上说，近年来厦门的人居环境不断得到改善，城市人居环境状况在不断变好，国际化水平在逐步提高。目前，厦门市正朝着城市人居环境国际化的方向稳步迈进，城市人居环境国际化水平在《美丽厦门战略规划》的引领下得到不断提升。虽然目前厦门在很多方面距离人居环境国际化尚有一定的差距，仍处于城市人居环境国际化的初期阶段，但厦门城市人居环境国际化还是具有较大的提升空间，特别是在生态环境、国际开放与交流等方面仍极具国际吸引力。因此，厦门应充分发挥自身优势，坚持以人为本，加强国际化生态环境和城市软硬环境建设，着力打造具有国际吸引力的人居品牌，提升人居环境国际化影响力，从而带动厦门人居环境国际化水平的不断提升。

（五）社会人文国际交流水平有待提升

目前，厦门拥有投洽会、国际石材展等国际知名展会，但总的来说国际性知名展会数量少、规模小，仍然缺乏重量级的国际合作项目和平台。相比而言，在国际影响力方面，香港拥有国际组织总部和地区代表处 128 个，新加坡拥有 118 个，而厦门目前只有 1 个。在交流平台方面，深圳培育了高交会 IT 展、文博会等 9 个获得国际展览业协会（UFI）认证的国际性品牌展会，而新加坡、香港在全球更是享有"国际会展之都"的美誉，国际大会与会议协会（ICCA）2012 年的统计数据显示，新加坡和香港排名全球前 20 名。此外，市民素质是城市建设的决定因素和城市形象的重要反映，提升市民素质是厦门城市国际化进程的重要一环。厦门市民英语普及率较低，仅为 34.7%，熟练掌握外语的人才不多，制约着对外交流水平的提升。在国际开放与交流方面，厦门的外籍人口占比仍很低。从外籍人口来看，据不完全统计，2014 年，厦门外籍人口约为 5000 人，占常住人口的比重为 0.13%，低于新加坡、香港、深圳。从国际游客看，2014 年厦门国际旅游入境人数为 240.74 万人次，占常住人口的比重为 48%，与香港、新加坡、深圳的差距较为明显。

表 5　2014 年厦门、深圳、新加坡、香港国际交流指标对比

城市	国际组织总部和地区代表处（个）	国际会展年举办次数（次）	外籍人口占常住人口比重（%）	国际游客占常住人口比重（%）
香　港	128	96	7.3	837.5
新加坡	118	150	28.2	275.8
深　圳	0	22	0.2	109.7
厦　门	1	12	0.13	48.0

资料来源：新加坡、香港、深圳的数据来源于《深圳国际化城市建设指标体系研究报告》，厦门数据来源于《2014 年厦门城市国际化评价报告》及有关部门。

（六）国际化人才较为缺乏

与国内外先进城市相比，厦门人才国际化尚处在初级发展阶段，在国际化人才数量、研发人员数占从业人员的比例、外籍常住人口占全市人口比重、跨国公司数量等方面都存在一定差距。

1. 国际化人才呈现结构性总短缺

尽管厦门在引进海外人才方面力度不断加大，但国际化人才资源在专业结构、层次与行业分布等方面，仍然存在结构性矛盾。以外国专家为例，在厦门的大部分外国专家主要集中在教育领域，产业领域内的现代服务业人才、金融服务人才、高新技术人才和高层管理人才还十分缺乏。本土人才中取得国际化执业资格的高级人才，能够熟练运用一门甚至多门外语的专业技术人员，熟悉国际运作规则、具备国际视野、有自主创新能力的人才还十分缺乏。

2. 人才创业创新环境活力不足

厦门在引进国际化人才的过程中，为人才创办的企业提供专业化的社会中介服务相对不足，孵化创业场是所不足，致使许多高成长性的创业创新项目初创期困难重重，甚至难以落地。科技创新公共服务体系建设较为薄弱，为各种研发创新活动提供设计、检测、标准化等专业技术服务的公共平台不健全，成为创业创新人才在厦门发展的一个重要瓶颈。此外，厦门薪酬水平相对较低，跨国公司数量少，产业关联度和集聚度不高，事业发展空间相对有限，也降低了对国际性人才的吸引力。

3. 人才国际化机制体制尚待完善

海外人才、智力引进工作涉及组织、人事、教育、科技、对外经贸、统战等多个部门。尽管厦门建立了"海纳百川"人才计划联席会议制度，但在人才引进的过程中，尚存在政府部门之间、政府与用人单位之间缺乏有效的沟通，引智部门对亟须引进的技术项目和外国人才很难做出快速反应和决策，人才扶持资金难以落地，政策效应尚未有效发挥等问题。

4. 国际化人才流动、信息交流等方面还存在一定的政策限制

本地人才出国出境进行交流学习的困难较大，地方没有出境培训立项资格，减少了人才国际交流的机会。人才评价和使用标准还不够科学完善，人才激励措施还不够到位。国际化人才的培养机制还不健全，缺乏全市国际化人才培养的总体规划与管理，培养资源、渠道较为分散；缺乏对国际化人才需求信息的采集和汇总渠道，尚未建立有效的国际化人才预测分析和需求评估制度。人才国际化的基础环境尚待提升。国际化教育、医疗服务设施不到位，基础设施和居住环境国际化程度还不够高；社会人文国际交流平台不足，为国际性人才提供的专业化、社会化服务发展相对滞后等，使厦门在增强城市对人才的吸引力、提高人才引进效率方面都有较大的局限性。此外，政府服务效率还有待提高，外国专家来厦门工作办理相关证件要走五个环节，涉及四个部门，审批手续烦琐，流程长，人性化程度不够，影响国际化人才落地。

综上所述，当前厦门城市国际化面临的主要问题是在经济发展和经济实力方面存在短板。由于现在经济增长面临较大压力，供给侧改革难度较大，对外依存度较高，厦门城市国际化的发展仍须得到国家政策上的扶持。今后，应以推进厦门城市国际化为契机，加快发展厦门经济，尽早实现厦门城市国际化的更高战略目标。需要强调的是，目前来看，厦门在推进城市国际化进程中尽管尚存某些短板，但同时必须要明确和坚定一种认识，即厦门城市国际化除了要补短板，更需要立足现实、挖掘潜力、发扬优势、做出特色。

五　厦门城市国际化的时代机遇

在过去近40年的改革开放历程中，厦门不断抓住历史机遇，勇于开拓，敢为人先，凝心聚力，屡创佳绩。可以说，厦门在走向国际化城市中的成就显著、亮点纷呈，诚为海内外各界所共瞩。

2017年秋，金砖国家峰会在厦门举办，这是厦门城市国际化进程中的一件大事。在当前全市上下团结一致推进厦门城市国际化的背景下，厦门市委、市政府以及相关各部门一方面以百倍的信心和魄力继续"先行先试"，另一方面，决心紧紧抓住难得的时代机遇，牢固树立并切实贯彻创新、协调、绿色、开放、共享的发展理念，通过推进城市国际化开创厦门的更美好明天。

未来，厦门城市国际化必将在继续推进改革开放的时代中趁势而上、再创辉煌。而在"一带一路"建设大背景下，在推进厦门城市国际化的进程中，厦门将立足自身优势，弥补现有短板，同时借鉴国内外知名城市国际化的经验，走出一条具有厦门特色的城市国际化之路。可以相信，厦门借助推进城市国际化的契机，必将探索出一条切合自身实际的发展道路，从而带动厦门改革开放的新一轮高潮。

参考文献

张骁儒、黄发玉：《国际化城市与深圳方略》，海天出版社，2014，第 12 页。

厦门市发展研究中心：《2015－2016 年厦门发展报告》，厦门大学出版社，2016。

黄平、田德文等著《"一带一路"倡议下厦门全方位对外开放策略与路径》，社会科学文献出版社，2016。

第二编
厦门城市国际化发展策略

第三章　厦门城市信息化建设

谢　鹏[*]

2014 年 1 月，厦门市十四届人大三次会议审议通过了《美丽厦门战略规划》。该规划明确了信息化在推进厦门经济社会发展和现代化建设中的作用，以信息化引领城市发展空间的拓展、产业结构调整和发展方式转变，并提出了"美丽厦门"城市目标。规划提出厦门要营造国际化的城市环境，即"具备国际水准的交通、信息等硬件环境，与国际接轨的开放包容文化、公共管理软件环境"，使厦门成为在经济、文化、旅游、人居环境等方面具有国际影响力的城市。规划为厦门制定了新的发展目标，带来了新的发展机遇。厦门地处连接中国台湾和东南亚国家的核心位置，信息产业较为发达，应进一步推进信息化建设，提升信息产业的活力和国际竞争力，营造与国际接轨的一流营商环境，进而提升城市总体的国际化水平。

一　全球信息技术发展趋势

人类社会经历了农业革命、工业革命，正在经历信息革命。自

* 谢鹏，中国电子科学研究院管理研究中心，法学博士。

人类社会进入工业时代以来，全球范围内历次重大技术革命都为人类经济社会的发展提供了巨大动力。当前，人类社会迎来了信息技术引领的新一轮技术革命浪潮，以云计算、大数据、物联网及移动互联网等为代表的新一代信息技术正使人们的社会生活悄然发生深刻变化。

当前，"融合、创新、变革"已成为信息技术和产业发展的主旋律。信息技术不断突破原有技术架构和发展模式，从感知、传输、计算到信息处理的各主要环节均进入代际跃迁的关键时期，信息技术正步入体系化创新和群体性突破的新阶段。全球信息技术的发展趋势主要包括以下五个方面。①

1. 信息技术各主要领域均处于更新换代的重大变革期，信息技术整体正处于群发性突破和颠覆性变革前夜

随着泛在获取、高速传输、海量存储、数据挖掘和知识共享等需求的相互叠加与促进，集成电路、基础软件、通信网络、互联网应用、信息处理等核心技术不断取得突破，原有技术架构和发展模式不断被打破，信息技术各主要领域开始步入代际跃迁的关键时期。云计算、大数据与物联网、移动互联网深度融合，共同推动信息处理方法以及应用模式的根本性变革。

2. 信息技术正从单点创新向体系化创新模式转变，跨界融合与垂直整合成为技术创新和产业竞争的主要模式

互联网促进了多技术、多系统的深度集成与综合，促进了平台、产品、内容的多层面融合，促进了网络、业务、内容和终端的

---

① 国务院发展研究中心课题组：《信息化促进中国经济转型升级》（上册），中国发展出版社，2015，第62~86页。

互动式发展，开辟了技术扩散、知识共享和开放获取的新模式，缩短了技术发现、技术发明和技术创新的周期，推动了知识创造和管理服务走向一体化。

3. 信息技术的深化应用加速信息技术产业融合，并通过向传统产业的快速渗透重构现代产业体系

信息化与全球化相互交织，推动着资本、信息、人才在全球范围内加速流动，研发设计、生产制造、业务重组等资源配置的全球体系加速演进，产业创新模式加速向高效共享和协同转变。信息技术产业边界日益模糊，新型商务模式和服务经济加速兴起，衍生和催生着新的业态。

4. 信息技术自主可控能力成为提升国家综合竞争力、促进经济社会长期可持续发展的重要标志

信息技术的广泛应用和深度融合，信息产业的巨大带动性和广泛渗透性，以及信息基础设施的基础性和关键载体地位，决定了信息技术产业在促进经济发展、转变发展方式、促进社会就业等方面的重要作用，信息技术和产业的自主可控决定了国家的综合竞争力和发展主动权，构建信息优势成为"后危机时代"国际竞争的战略制高点。

5. 信息技术成为维护网络空间国家安全和战略利益的重要着力点，国际上的技术角逐日趋激烈

2016 年 7 月发布的《国家信息化发展战略纲要》明确提出，"随着世界多极化、经济全球化、文化多样化、社会信息化深入发展，全球治理体系深刻变革，谁在信息化上占据制高点，谁就能够掌握先机、赢得优势、赢得安全、赢得未来"。当前，随着互联网的发展，网络空间已成为继陆、海、空、天之后的国家第五疆域，自制空权、制海权之后，制网权成为各国激烈角逐的新的安全领域，维护网络空间安全成为捍卫与维护国家主权的重要内容。

二　信息化提升厦门城市国际化水平的有利条件与挑战

信息技术的价值在于其对经济、社会发展产生巨大的推动作用。由于信息技术在不断更新迭代，因此，信息化只有起点没有终点，它是一个不断深化、提升的过程。厦门地处连接中国台湾和东南亚国家的核心区域，信息化发展水平在国内各大城市中处在前列，通过信息化促进城市国际化水平的提升具有三方面的有利条件。

（一）　推进信息化建设符合中央对厦门的定位和总体要求

自 2013 年国家提出共建"一带一路"倡议后，得到了"一带一路"沿线很多国家的积极回应和广泛关注。2015 年 3 月，国家发改委、外交部、商务部联合发布了《推动共建丝绸之路经济带和 21 世纪海上丝绸之路的愿景与行动》，文件明确提出将福建定位为建设 21 世纪海上丝绸之路的核心区。2016 年 7 月，中共中央办公厅、国务院办公厅印发了《国家信息化发展战略纲要》，文件提出要"支撑'一带一路'建设实施，与周边国家实现网络互联、信息互通，建成中国－东盟信息港，初步建成网上丝绸之路"。

在国家提出共建"一带一路"倡议以及推出相关配套支撑战略的大背景下，厦门以国家建设中国－东盟信息港和网上丝绸之路重要决策部署为契机，以推进本市信息化建设为突破口，提升本市信息产业的活力和国际竞争力，并将自身打造成 21 世纪海上丝绸之路和中国－东盟信息港的区域信息枢纽城市，符合中央对厦门新时期的定位和总体要求。同时，厦门是我国对外开放的前沿示范区，地处连接中国台湾和东南亚国家的核心区域，在全面深化对外开放的今天，立足厦门探索围绕以信息化推进城市治理体系和治理能力现代化建设，提升城市国际化水平，既可展现厦门城市快速、绿色发展的国际形象，也可对国家大力发展网信事业起到良好的示范作用。

一方面，厦门通过运用新一代信息技术进行城市信息化建设，加快城市治理体系和治理能力现代化，提高城市运营管理水平，以市场化、法制化、国际化的理念和更加开放的姿态融入全球发展中，可大大提升厦门的国际城市品牌知名度。

另一方面，当前国际政治、经济、军事格局复杂，我国面临着复杂严峻的网络安全形势。2016 年 4 月 19 日，习近平总书记在参加网络安全和信息化工作座谈会时强调，要树立正确的网络安全观。"在信息时代，网络安全对国家安全牵一发而动全身，同许多其他方面的安全都有着密切关系。"[1] 厦门地处新时期军事斗争的前沿，直接面临各种网络安全问题。在厦门建立先进的信息网络基础设施，不仅可有针对性地增强对网络空间的管控能力，助力国家网络强国建设，而且还可作为一个重要屏障，阻断来自各方向的网络安全威胁。

（二）厦门信息产业基础良好，信息化发展环境优越

据厦门市发展研究中心发布的《2015 － 2016 年厦门发展报

---

[1]　习近平：《在网络安全和信息化工作座谈会上的讲话》，人民出版社，2016，第 16 页。

告》，厦门软件和信息技术服务业收入增速持续提升，产业规模稳步增长。2014 年，厦门软件和信息技术服务业收入达到 749.2 亿元，增长 24.3%。2015 年 1~6 月，实现业务收入 359.07 亿元，同比增长 22.33%，高出全国 5.23 个百分点，高出全省 3.83 个百分点，增速在全国 15 个副省级城市中排名第 4。其中，软件产品收入、信息技术服务收入、嵌入式系统软件收入分别为 83.35 亿元、211.80 亿元和 63.92 亿元。嵌入式系统软件收入增幅扩大，同比增长 37.95%，厦门电子制造业基础优越，软硬件融合发展加快。同时，厦门的电子商务产业发展迅速，动漫游戏产业保持匀速增长，移动互联网产业集群效应凸显，技术实力雄厚、估值过亿元的互联网企业数量近 30 家。

（三）厦门智慧城市发展水平较高，排名处在全国各城市前列

据中国社会科学院信息化研究中心发布的《第五届（2015）中国智慧城市发展水平评估报告》，通过对全国 151 个城市的智慧城市发展水平的全面评估，具体包括智慧基础设施、智慧管理、智慧服务、智慧经济、智慧人群、保障体系和加分项 7 个维度，总体评价出我国整体智慧城市发展水平。2015 年智慧城市评估满分为 105 分，平均得分为 40.05 分。其中，得分最高的城市是无锡，总分 80.20 分。厦门得分 61.81 分，排在全国第 9 位，处在全国各城市前列。

厦门信息化发展环境十分优越，具体可从信息产业园区载体建设和政府政策扶持力度两个方面来看。据厦门市发展研究中心发布的《2015-2016 年厦门发展报告》，在信息产业园区载体建设方

面，厦门全市形成了以软件园二期、三期为核心载体，以湖里区高新园、海沧区信息消费产业园等区级园区为特色产业基地的空间布局，产业集聚效应突出。2014 年新增办公用房面积达到 130 万平方米，累计达到 300 万平方米。在政府政策扶持方面，近年来，厦门市政府高度重视推进互联网产业发展，先后被工信部列为部省市协同创建"中国软件名城"、信息消费试点城市等。厦门着力落实 2015 年 3 月出台的《福建省人民政府关于加快互联网产业发展十条措施的通知》，并在此基础上，突出特色，强化措施，于同年 6 月出台《厦门市人民政府关于加快互联网产业发展的意见》。此外，厦门还出台了多项涵盖互联网产业的软件和信息服务业、电子商务等方面的扶持政策措施，从 2016 年起，各专项扶持资金均扩大对互联网产业企业的覆盖面，给予重点倾斜。

厦门通过信息化推进国际化城市建设虽然前景光明，但是现实存在的体制机制等问题亟待解决，不容忽视。

一方面，在传统信息化建设模式下，全国各地方、各部门、各行业各自为政的现象较为明显，缺少有效沟通与合作。全国各地建成了当前众多"烟囱"式的信息系统，形成了诸多"信息孤岛"共存的格局，既不利于形成一体化的信息化服务，又浪费了大量资金。此类问题在厦门同样存在，打破非技术壁垒，整合政府各部门、各行业现有技术资源、数据资源，成为厦门真正深入推进城市信息化建设的关键。

另一方面，目前新一代信息技术中许多核心关键技术被美国、日本、欧盟等发达国家和地区所掌控，厦门由于在优秀高等教育和科研机构数量方面，与北京、上海、广州、深圳等一线城市相比，存在明显劣势，信息技术专业人才后备资源不足，发展环境相对薄弱，这将在很大程度上制约厦门的城市信息化建设。此外，在信息化领域有影响力的企业数量方面，厦门与北京、深圳、杭州等城市相比，也存在较为明显的劣势。吸引更多信息化领域优秀企业落户厦门，并形成规模效应，也是当前厦门决策层需要重点关注的问题。

三 信息化提升厦门城市国际化水平的策略

当前，随着信息技术的广泛普及，信息化建设的重要价值和意义已经得到社会各界的普遍认同。信息化建设为通过信息化促进城市可持续发展提供了一个很好的技术、人才与市场环境，也是构建新一代信息技术及其信息化、促进城市国际化水平提升的战略框架的基础条件。制定信息化提升厦门城市国际化水平的战略架构，应从厦门实际情况出发，选择符合厦门当前市情和未来发展方向的策略。

（一）以建设新型智慧城市为突破口，提升厦门城市国际化水平

人类社会进入 21 世纪以来，各国城市管理者均面临经济、社会等方面发展不平衡带来的各种问题，持续增长的需求与日益紧缺的资源之间的矛盾要求城市发展走智慧、集约、绿色、可持续的道路。随着信息技术的日益普及和深化，智慧城市作为未来城市发展的新方向，已被世界上许多国家认可和接受。当前，智慧城市建设已然成为我国解决城市发展难题、实现城市可持续发展的重要途径。

近年来，云计算、大数据、物联网及移动互联网等新一代信息技术催生了经济社会的又一次革命，以"互联网＋"为核心驱动力的智慧城市建设，在提供智慧化社会服务的同时，对我国提升城市治理体系与治理能力现代化水平产生了深远影响，智慧城市建设正在向更高层次的"新型智慧城市"发展。

2016 年 7 月发布的《国家信息化发展战略纲要》明确提出，要"加强顶层设计，提高城市基础设施、运行管理、公共服务和产业发展的信息化水平，分级分类推进新型智慧城市建设"。新型智慧城市强调以人为本，注重市民体验和服务成效，以信息化引领城市创新发展，全面推进新一代信息技术与城市战略融合发展，提高城市治理能力现代化和国际化水平，实现城市可持续发展的新路径、新模式、新形态。

2016 年 3 月，十二届全国人大四次会议审议通过了《中华人民共和国国民经济和社会发展第十三个五年规划纲要》，其中提到要建设一批新型示范性智慧城市。由此可见，推进新型智慧城市建设是党中央、国务院立足我国信息化和新型城镇化发展实际，为提升城市管理服务水平、促进城市科学可持续发展做出的重大决策，根本目的是要使人民生活更幸福、城市运行更顺畅、发展更安全。新型智慧城市建设即将进入黄金发展时期。厦门应牢牢抓住国家建设新型智慧城市的黄金发展期，做好顶层规划，统筹资源，分步实施。

（二）推动信息化军民融合发展，提升厦门信息产业国际竞争力

当前，信息化深刻地影响着世界各国的经济社会发展和人们的

生产生活。面对信息化时代带来的各种战略机遇，各国政府无不高度重视，陆续制定了相应的国家发展战略，并通过出台优惠政策、税收减免、政府投资等多种形式支持本国新一代信息技术产业的发展。及时抓住信息化机遇，实现经济社会协调发展，已经成为世界各国抢占未来全球竞争制高点、争夺世界主导权的关键因素。

当今世界，在信息技术产业的竞争格局上，美国、日本、欧盟、韩国等处于第一梯队，并且在核心技术、中高端产品和品牌上占据优势地位。信息技术作为一项通用性技术，一个显著特征是属于军民两用技术。自 2008 年全球金融危机爆发以来，随着世界政治、经济、军事格局发生深刻变化，我国经济实力逐步提升，国防实力不断强大，以及军队信息化建设的加速发展，国家信息化建设走军民融合发展①之路既是社会发展的必然，也是顺应当前形势发展的结果。

党的十八大报告提出："坚持走中国特色军民融合式发展路子，坚持富国和强军相统一，加强军民融合式发展战略规划、体制机制建设、法规建设。"2016 年 7 月发布的《国家信息化发展战略纲要》提出："积极适应国家安全形势新变化、信息技术发展新趋势和强军目标新要求，坚定不移把信息化作为军队现代化建设发展方向，贯彻军民融合深度发展战略思想，在新的起点上推动军队信息化建设跨越发展。"2017 年 1 月，党中央设立了中央军民融合发展委员会，由习近平总书记担任主任，显示了中央对推进军民融合

---

① 信息化军民融合是指在信息资源、信息技术、信息产业、信息系统等领域实现国家经济建设与国防建设的协调，兼顾地方与军队的实际需求，加强顶层设计，通过政策扶持、计划引导、市场调节等措施，实现军地之间的信息共享、系统互联、技术设施共用、人员交流顺畅，实现富国和强军的统一。

发展的高度重视。把军民融合发展上升为国家战略，是国家探索经济建设和国防建设协调发展规律的重大成果，是从国家安全和发展战略全局出发做出的重大决策。

当前，信息化在我军的现代化建设中发挥着主导性作用，是形成体系战斗能力的基础。因此，信息化军民融合是整个军民融合中最重要的组成部分。厦门应积极落实国家军民融合发展战略和信息化发展战略，加快推动本市信息化军民融合发展，实现信息化领域军工与民口资源互动共享、先进军用技术在民用领域转化和应用以及社会资本进入军工领域，进而推动本市军民融合高技术产业规模不断扩大，国际竞争力不断提升，并拉动其他产业发展。

厦门推进信息化军民融合发展不仅要在基础设施、信息资源、信息技术、信息人才等方面实现更高层次、更广范围、更深程度，还要在新的形势下，拓展新的内容，使军民之间、军政之间、军企之间，共建共享、分建合用、双向转移、相互促进。

（三）积极落实《国家信息化发展战略纲要》，参与中国－东盟信息港和网上丝绸之路建设

厦门应结合自身地理和人文优势，继国家设立中国－东盟信息港（南宁）基地之后，力争将自身打造成中国－东盟信息港的另一个信息枢纽城市和21世纪海上丝绸之路核心区的战略支点城市，以助力国家网上丝绸之路建设。

厦门市委、市政府可与中央网信办、国家发改委等有关主管部门沟通，借助厦门对台湾地区和东南亚国家的独特影响，整合软件园二期、三期现有资源，推动国家参照中国－东盟信息港（南宁）基地的运作模式，设立中国－东盟信息港（厦门）基地。

中国－东盟信息港（厦门）基地将建立信息共享和经验交流平台，汇聚中国－东盟投资、贸易、应急、公共管理等方面信息，开展商贸服务、应急联动等方面的信息共享和交流合作。引领和带动中国与东盟网络领域全面交流，掀起互联网企业合作热潮，出台政策鼓励国际、国内知名互联网企业在中国－东盟信息港（厦门）基地落户，使之成为推动厦门信息化建设的又一强劲动力。

中国－东盟信息港（厦门）基地除面向东南亚国家提供各类信息服务外，还应量身定造面向台湾地区的信息服务产品。对台工作是厦门新形势下全方位对外开放的重点工作之一，与国内其他省市相比，厦门对台湾地区拥有独特的地理和人文优势，而台湾地区的信息产业十分发达，将为中国－东盟信息港（厦门）基地的建设和未来发展带来机遇。

四　构建新型智慧城市，提升厦门城市国际化水平

厦门拥有良好的信息化发展环境，其新型智慧城市建设，应从经济社会和信息产业发展的实际出发，不能盲目跟风。厦门新型智慧城市建设应顺势而为，以需求为驱动，而不应以技术为驱动。厦门新型智慧城市建设的目标应该是将厦门打造成一个信息产业高度发达、信息技术应用高度普及的真正意义上的智慧城市，并为厦门跻身有国际影响力的现代化城市行列贡献力量。

（一）新型智慧城市的新内涵

城市是人类创造和延续文明的重要载体。在我国新型城镇化快

速发展的时代背景下，智慧城市正在成为统筹城市发展的物质资源、信息资源和智力资源，实现与城市经济社会发展深度融合的重要发力点。当前，我国的智慧城市建设存在"智慧城市不智慧、不安全"的问题，症结在于建设初期"缺统筹谋划、缺分类指导、缺标准规范、缺共享机制、缺安全保障"，背离了智慧城市的初衷。

与传统的以行业"烟囱"式信息系统林立，信息交互存在壁垒，行业数据无法融合、共享，网络空间安全存在较大隐患为特征的智慧城市相比，以云计算、大数据、物联网及移动互联网等新一代信息技术为核心的新型智慧城市具有如下特点。[①]

第一，为城市居民提供无处不在的服务，使城市成为"所愿即所见、所想即所得"的智慧居住环境，让百姓生活得更加便捷、更加满足、更加幸福。

第二，让城市管理具备无为而治的能力，消灭信息孤岛，杜绝治理孤地，"提升服务效率，让百姓少跑腿、信息多跑路，解决办事难、办事慢、办事繁的问题"。[②]

第三，使城市发展焕发无所不能的活力，优化区域经济发展的资源禀赋，让城市发展更加健康、更加绿色、更加文明。

第四，给城市安全提供无微不至的保障，打造物理空间和网络空间安全保障体系，让城市安全基础更加人性、更加坚实、更加持久。

总之，新型智慧城市能够打通信息壁垒，实现互联互通；跨行业大数据融合，实现真智慧；体系化设计，保障网络空间安全。它具有更高效地利用资源、更广泛地提供服务的特点，能够让人民群

[①]　黄平等：《"一带一路"倡议下厦门全方位对外开放策略与路径》，社会科学文献出版社，2016，第105~106页。

[②]　习近平：《在网络安全和信息化工作座谈会上的讲话》，人民出版社，2016，第6页。

众在生活上享受到更多幸福和更大便捷，让企业在运营过程中体会到更高效率和更优质量，让城市管理者在工作中感受到治理能力和治理水平的大幅提升。

因此，建设新型智慧城市就是要发挥新一代信息技术的创新驱动和引擎作用，通过信息化与城市建设的有机融合，建设基于信息系统的智慧化、现代化、法制化、安全化的城市运营管理中心。打破政府各部门、各行业的信息壁垒，运用大数据技术对城市各类信息进行分点采集和汇总分析，为城市发展的体制机制优化和政策制度建设提供有效支撑，其最终目标是提高城市治理水平、促进城市文明、推动城市可持续发展，进而提升城市的国际化水平。

（二）厦门新型智慧城市建设的主要思路

近年来，我国智慧城市建设取得了积极进展，但也暴露出缺乏顶层设计和统筹规划、体制机制创新滞后、网络安全隐患和风险突出等问题，一些地方出现思路不清、盲目建设的苗头，亟待加强引导。我国城市运营管理存在的问题可以概括为五个方面：第一，难以全面及时掌握城市运行状态，突发事件预警预测能力不足；第二，跨部门业务协同能力弱，缺乏以信息流为驱动的联运处置能力；第三，基于大数据的信息服务不足，无法实现对城市的精细化管理；第四，城市规划辅助数据缺乏，无法提供全面的决策支撑；第五，缺少城市网络管理的有效手段，无法实现网络空间的整体安全。①

2014年8月，为贯彻落实《国家新型城镇化规划（2014 - 2020年）》和《国务院关于促进信息消费扩大内需的若干意见》

---

① 中电科新型智慧城市研究院有限公司：《新型智慧城市——城市运营中心》，第3～4页。

有关要求，促进智慧城市健康发展，经国务院同意，国家发改委联合工业和信息化部、科学技术部、公安部、财政部、国土资源部、住房和城乡建设部以及交通运输部共同发布了《关于促进智慧城市健康发展的指导意见》，文件提出，"智慧城市是运用物联网、云计算、大数据、空间地理信息集成等新一代信息技术，促进城市规划、建设、管理和服务智慧化的新理念和新模式"。

2015年12月16日，习近平总书记在出席第二届世界互联网大会开幕式上的讲话中，提出了关于推进全球互联网治理体系的四点原则和构建网络空间命运共同体的五点主张，指明了新型智慧城市的关键所在，我国智慧城市建设开始向新型智慧城市转型。同年，国家选择部分地方先行先试，形成了分级分类树立标杆、标准引领体系化推进、加快建设新型智慧城市的初步构想。国家确立的三个新型智慧城市示范市是深圳、福州和嘉兴，分别代表了超大型、大型和中小型城市。

厦门应以深圳、福州、嘉兴三个示范市的新型智慧城市建设为对标，进行经验教训的总结和概括。[①] 如果不能采取切实有效措施，找到"一揽子"解决办法，那么厦门在推进新型智慧城市建设过程中，难免会出现"各自为政""信息孤岛"等城市信息化建设的老问题，增加新型智慧城市建设失败的风险。新型智慧城市建设是一项复杂的系统工程，设计一套符合厦门市情的建设方案，明确主要建设思路是确保成功的前提条件。

厦门新型智慧城市建设主要思路应围绕国家对城市运营管理的具体要求展开。2015年12月，习近平总书记在出席中央城市会议

---

① 深圳、福州、嘉兴新型智慧城市建设的智慧服务亮点和发展方向详见本章附录。

时，提出，"要加强城市管理数字化平台建设和功能整合，建设综合性城市管理数据库，发展民生服务智慧应用"。2016 年 4 月，习近平总书记在参加网络安全和信息化工作座谈会时，强调，"要以信息化推进国家治理体系和治理能力现代化，统筹发展电子政务，构建一体化在线服务平台，更好用信息化手段感知社会态势、畅通沟通渠道、辅助科学决策"。2016 年 10 月，习近平总书记在主持中共中央政治局就实施网络强国战略进行第三十六次集体学习时，指出，"以推行电子政务、建设新型智慧城市等为抓手，以数据集中和共享为途径，建设全国一体化的国家大数据中心，推进技术融合、业务融合、数据融合，实现跨层级、跨地域、跨系统、跨部门、跨业务的协同管理和服务"。

据此，厦门新型智慧城市建设的主要思路是：将新一代信息技术应用与厦门的城市现代化深度融合、迭代演进，"通过技术与体制机制双轮驱动，打通信息壁垒、跨行业异构大数据融合，建设城市运营管理中心，实现政府治理'真'智慧，通过体系化设计保障网络空间安全，增强网络空间安全防御能力，最终实现'为民服务全程全时，城市治理高效有序，数据开放共融共享，经济发展绿色开源，网络空间安全清朗'的新型智慧城市建设目标"。[①]

（三）厦门新型智慧城市建设顶层设计

"新型智慧城市顶层设计[②]针对智慧城市建设，从全局出发，

---

① 中电科新型智慧城市研究院有限公司：《新型智慧城市——顶层设计》，第 7 页。
② 顶层设计来源于系统工程学概念，其本质内涵是站在全局高度，着眼从根本上解决问题，做出战略性和系统化的总体安排和部署，确立科学的发展战略和解决思路，集中系统资源，整合系统要素，调整系统结构，协调系统功能，形成自上而下层层衔接、环环相扣的合力，高效快捷地实现目标。

进行总体架构的设计，对整个架构的各个方面、各个层次、各种参与力量、各种正面的促进因素和负面的限制因素进行统筹考虑和设计。新型智慧城市顶层设计作为新型智慧城市建设的总纲，连接需求分析和技术实施，依据建设总目标，从全局的角度，自顶向下对体制机制变革和系统体系建设进行统筹考虑，描述新型智慧城市的建设蓝图，提出目标愿景、总体架构、建设重点和内在逻辑关系、计划进度，提出运营管理体系、体系机制保障措施，指导各部门、各区开展新型智慧城市建设。"[①] 因此，厦门推进新型智慧城市建设应首先做好顶层设计工作。

厦门新型智慧城市建设顶层设计应紧紧围绕为人民服务这条主线，着力破解资源整合和网络安全两大难题，以标准促规范，以改革破壁垒，以应用带产业，以安全保发展，开拓出一条有中国特色的新型智慧城市发展道路，让新一代信息技术成果惠及全体市民。具体来说，厦门应采取"六个一"的建设思路作为新型智慧城市建设的核心要素，即一个开放的体系架构、共性基础"一张网"、一个通用功能平台、一个数据体系、一个高效的运营管理中心以及一套统一的标准体系。[②]

一个开放的体系架构是指通过打牢共用、整合通用、开放应用，搭建一个开放的体系架构，指导各类新型智慧城市的建设和发展；共性基础"一张网"是指构建一张天地一体化的城市信息服务栅格网，支持各类感知、计算设备的即插即用和稳定传输；一个通用功能平台是指实现对各类信息资源的调度管控融合，支撑城市

---

① 中电科新型智慧城市研究院有限公司：《新型智慧城市——顶层设计》，第1页。
② 中电科新型智慧城市研究院有限公司：《新型智慧城市——城市运营中心》，第5~6页。

管理与公共服务的智慧应用；一个数据体系是指通过数据规范共享和数据开放，实现数据的融合共用，提升基于数据的决策能力；一个高效的运营管理中心是指实现城市资源的汇集共享和跨部门的协调联动，为城市的高效管理提供支撑；一套统一的标准体系是指建立健全涵盖技术标准、评价标准和体制机制三方面内容的标准体系，规范智慧城市建设。

厦门应以建设城市运营管理中心为新型智慧城市运营管理的"超级司令部"和"最强大脑"。这个"最强大脑"将通过各个"神经末梢"全面收集厦门城市交通、基础设施、公共安全、生态环境、社会经济等城市发展数据，通过数据整理全面感知，在智慧"大脑"内部勾画出完整的"城市运行图"，基于"大脑"深度的数据挖掘和决策研判，对城市运行状态进行态势预测和突发事件预警，实现城市管理从"被动反馈型"到"主动出击型"的转变，实现城市治理体系和治理能力的真正智慧。

此外，城市运营管理中心的信息系统还能进行事件深度学习和决策模型自动训练，实现以数据和认知驱动的城市运营管理新模式，完成真正的城市智慧治理，有效解决"城市病"。

厦门城市运营管理中心的定位是以政府数据为基础，整合社会数据资源形成城市大数据，通过跨域的数据融合，实现对城市运行状态的全面感知、态势预测、事件预警，为决策层提供辅助决策，为政府部门提供业务协同服务，为城市治理提供数据资源和信息服务，打造新型智慧城市运营管理新模式。[①]

厦门城市运营管理中心服务对象主要分为三类：第一类是市、

---

① 中电科新型智慧城市研究院有限公司：《新型智慧城市——城市运营中心》，第 7 页。

区领导，主要是辅助决策层对厦门城市运行进行总体掌控和科学决策；第二类是委办局，重点为委办局提供厦门城市运行预测预警服务、跨部门业务协同服务和联动指挥服务；第三类是城市运营中心业务人员，着重面向城市治理业务进行数据挖掘，并提供日常综合管理和应急协同调度服务。[①]

厦门城市运营管理中心提供的服务内容主要涵盖五个领域。[②]

第一，城市运行展现与监测预警服务。具体包括城市状态全面感知，精准量化城市状况和政府绩效；城市规律全面洞察，把握城市运行趋势，突发事件先知先觉。

第二，协同处理与联动指挥服务。城市日常事件管理与重大事件联动指挥相结合的业务协同新模式，可实现城市运行指挥全过程的"情报可知、事件可知、事态可控"，为全体市民提供参与城市治理的渠道与平台。

第三，运行仿真与辅助决策服务。主要包括实现城市重大决策与重大事件的运行仿真模拟，辅助科学决策；提供统一的规划服务，科学精准评估城市规划，支撑城市可持续发展。

第四，数据开放与信息服务。具体包括对数据进行分点采集、综合分析，面向政府部门提供数据深度加工与信息服务；提供各类业务信息资源的统一融合、展现与发布服务，增强信息资源服务化共享能力。

第五，网络空间综合保障服务。实现网络空间的感知预警和溯源反制，以及跨网系的纵深防御与安全管理。

[①]　中电科新型智慧城市研究院有限公司：《新型智慧城市——城市运营中心》，第11～12页。

[②]　中电科新型智慧城市研究院有限公司：《新型智慧城市——城市运营中心》，第13～17页。

五 结语

信息化水平是一个城市拥有比较优势的衡量标准之一，是一个城市综合实力与发展潜力的重要标志，同时也是影响一个城市国际化水平的核心要素。当前，厦门应及时、准确把握信息化带来的重大发展机遇，实施通过信息化提升城市国际化水平的战略。厦门可依托软件园二期、三期现有资源，筑巢引凤，申请建立厦门信息化军民融合产业园，成立国防科学技术转化研究机构和军民融合创新服务平台，推进军民技术双向转移和转化应用，促进信息化军民融合发展，并借此带动全市各行各业的现代化建设。同时，厦门应以举办第九届金砖国家领导人峰会为契机，加快全市信息基础设施升级改造，尽快制定和完善鼓励信息化建设的配套政策措施，并以建设新型智慧城市、参与中国-东盟信息港和网上丝绸之路建设为具体抓手，大力推进城市信息化建设，提升城市国际化水平。

附录一 深圳新型智慧城市建设的智慧服务亮点和发展方向[①]

一 智慧服务亮点

（一）电子公共服务水平持续提升

深圳市以政府在线门户网站、网上办事大厅、社区家园网为基

---

① 国家智慧城市标准化总体组评价工作组：《新型智慧城市评价指标试评价验证报告（2016）》，2016，第 97~101 页。

础，通过网站、APP、微信公众服务号等渠道，初步整合社保、医疗、教育、公积金、税务、水电气等涉及民生领域的公共服务信息，建立了面向个人和企业的统一电子公共服务门户，完善市民个人网页和企业专属网页，实现公共服务一体化、便捷化、个性化。完成广东省网上办事大厅深圳分厅（一期）建设，提供信息公开、投资审批、网上办事、政民互动、效能监察等板块服务，突破了申报材料和证照电子化等瓶颈问题，有效整合跨部门网上办理事项，优化办事流程，推进全流程网上办理，推动市区两级实体性行政办事大厅和网上办事大厅资源补充和共同发展，为"一号、一窗、一网"政务服务奠定坚实基础。2015 年实现行政许可事项网上办理率达 90％，非行政许可事项网上办理率达 80％。符合新型智慧城市对惠民服务的要求。

（二）区域卫生基本实现跨部门业务协同

深圳市以居民电子健康档案为核心，实现区域人口健康信息的互联互通与共享，增强了业务协同能力，如通过社康中心与医院间的数据共享，实现社康中心与医院间的双向转诊；通过卫生与计生之间的部分数据共享，支持计生全员人口信息校核工作。同时，借助深圳市"织网工程"实现与市其他部门的信息共享，如为公安局提供嫌疑人或被害者的诊疗信息，为案件的侦破提供帮助；为教育局提供学生入学的网上计生证明，解决了每年入学高峰材料审核等待时间长、市民满意度低的难题，同时保证了信息的准确性及唯一性。符合新型智慧城市对医疗卫生公共信息开发共享的要求。

（三）网格化城市管理服务效率显著提升

深圳数字城管实行的是统一接入、分布受理、分级处置、重心下移的管理模式。案件信息统一接入市级平台，再按照属地管理的原则，由系统自动分派到各个区级平台，在区级平台审核立案之后，再分派到相关的主管部门和责任单位，责任单位再按照规定的时限去处理，然后将结果反馈到各区中心。就这样通过市区街道的三级分工协作，各施其责，紧密合作。2015年数字城管受理案件的统计图：受理案件数有132万多宗，立案数达到126万多宗，总体结案率为99.77%，实现第一时间发现问题、第一时间解决问题，个案的平均处理时间大幅缩短，全面提升网格化城市管理服务效率。符合新型智慧城市对城市精准治理的要求。

（四）安全管理综合信息服务水平提升

市应急办于2011年启动开发"深圳市安全管理综合信息系统"，目前系统已在各区（新区）及市各部门及下级单位全面推广使用。截至2015年6月，全市共采集71177家重点企业的安全生产基础数据库、7687家职业病危害用人单位信息库、59家141处重大危险源备案数据库、1721条安全生产事故数据库、自查自报隐患274973条、政府巡查隐患219323条、692家企业标准化评审数据库、400条法律法规标准库、3778种危化品MSDS库等数据库，为城市安全管理提供全面的信息服务。符合新型智慧城市对安全管理公共信息资源的共享和服务要求。

（五）立体化的社会治安防控成效显著

基础设施方面，建成公安部一级信息中心，整合存储 24 个单位（分局、警种）2212 类、300 亿条、12T，数据日增 9100 万条。建立 4 套基础网络，350M 数字集群系统，通过自建和租用建成延伸到社区警务室的计算机网络，建成覆盖全局有线通信网络，建立会议电视网络。公安指挥领域，深圳市指挥中心于 2007 年 1 月 10 日开始实行"三台合一"，日接警电话 1.8 万多个（2007 年数据），指挥系统具有 4 个特点：一是分区域设置、扁平化指挥、点击式调度，包括市局指挥中心、宝安和龙岗分指挥中心、消防和交通专业指挥中心；二是警情分级管理、分类调度处理；三是可视化操作和图上作业；四是开发路灯杆报警定位系统，对 11 万根路灯杆进行编号。视频综合应用方面，推进以视频为核心的"科技围村"工作，在 41 个城中村应用，治安形势明显好转，荣获第四届公安基层技术一等奖。符合新型智慧城市对社会治安综合防控的要求。

（六）交通运输管理信息化水平国内领先

具体表现在：一是"建体系、立模式、编规划、树标准"，全面谋划了智能交通发展，开展智能交通顶层设计；二是建立了智能交通数据中心；三是建立了交通应急指挥中心（TCC）和轨道交通线网控制中心（NOCC），构建了智慧交通系统、设施全生命周期管理系统、交通运输行业视频监控系统、公交政府监管平台、交通运输车辆 GPS 综合应用监管系统等业务应用；四是推出道路交通和公交运行指数，建立交通信息服务，其中"交通在手 APP"获得全国"十佳交通信息服务手机软件 APP"荣誉，为城市交通运输管理和居民出行提供了智慧交通服务。符合新型智慧城市对交通领域的智慧管理和服务的要求。

二 发展方向

深圳新型智慧城市建设距离深圳市经济社会发展需求以及党和国家提出要求仍有差距。"面向部门业务需求"的建设模式难以满足市民和企业的服务要求；社会管理和公共安全防范治理水平不高，城市安全隐患问题仍突出；快速城市化遗留问题凸显，水环境污染、交通拥堵成为制约城市发展短板；互联网与制造业等行业融合创新有待加强，区域优势互补的产业集群发展格局尚未形成；资源整合利用程度有待提高，新兴技术尚未与城市发展深度融合；条块分割管理体制难以满足以数据融合和部门联动为基础的智慧城市的建设要求。未来，深圳新型智慧城市建设将围绕如下发展方向持续推进。

（一）建立民生服务新模式

进一步推动信息惠民，建立"一号、一窗、一网"政务服务体系，推进与市民生活密切相关的公共服务信息化，优化教育、医疗、社会保障等信息服务体系，推进服务均等化公平化；根据人口结构特点，提升基层服务能力，实现医疗卫生、教育、文体、养老、住房、就业等基本公共服务领域的资源配置的及时调整和优化，补齐民生领域的短板，让老百姓更多、更公平地享受到改革发展的"红利"，提升对深圳的归属感、认同感。

（二）提高城市运营管理水平

进一步提升政务数据开放共享水平，基于大数据的宏观决策能力明显提升，建立"互联网＋"条件下的政府扁平化管理，社会大众广泛参与社会治理。规划和建设完善城市运营管理体系，构建"城市态势一张图"，跨部门协调、城市发展筹划能力进一步提高。健全社区网格化管理，强化流动人口综合管理和服务水平，提升城中村等重点区域社会治安共管共治能力；建成统一应急机制，食药监、安监、公安、应急等部门应急信息全面共享，余泥渣土受纳场、危险边坡、危旧楼房、地面坍塌、危化品储运、高层建筑消防等城市安全隐患的防范治理能力提高，城市突发事件响应速度与处理能力明显提升。

（三）建设创新驱动信息经济

围绕深莞惠和河源、汕尾"3＋2"经济圈、深港澳协同发展，构建起全程全域的创新创业环境，促进"互联网＋"与高新技术、金融、物流、文化等领域充分融合创新，形成以政府为主导、以企业为主体、大众参与的城市建设新格局，激发创新活力，培育信息经济新兴业态，形成"大众创业、万众创新"的新局面，实现"创新、创业、创投、创客"四创联动。

（四）打造低碳绿色新环境

促进规划、环保、水务、交通、城管、气象各领域信息共享，多规合一，通过信息技术有效支撑城市资源管理和节约利用，特区一体化取得实效，提升城市水生态系统治理、城市交通运行、偏远街道城市管理、大气质量提升等生态环境治理能力。

附录二 福州新型智慧城市建设的智慧服务亮点和发展方向①

一 智慧服务亮点

（一）电子政务成绩斐然，惠民水平持续提升

福州市优化行政审批及管理流程，建立前台综合受理、平台业务整合、后台数据资源共享的运行机制，创新并联审批机制，推广应用电子证照，初步实现了跨部门、跨系统、跨层级审批的"一口式"受理、"一站式"服务和"一表制"审批，实现了网上办事服务的全流程电子化，既减轻了群众负担，又提高了政府机关办事效率与服务水平。12345 服务热线在福州深入人心，成为福州市为民惠民服务的一张靓丽"名片"，荣获"中国十佳电子政务公共服务优秀应用案例（地市级）"称号，被国家信访局确定为"全国网上信访"试点单位。同时，作为信息惠民国家试点城市，社保、教育、医疗、卫生、旅游、气象等各方面的惠民信息服务水平持续提升。符合新型智慧城市对无处不在的惠民服务的要求。

---

① 国家智慧城市标准化总体组评价工作组：《新型智慧城市评价指标试评价验证报告（2016）》，2016，第 49~54 页。

（二）网格化管理持续推进，城市管理数字化水平显著提升

通过两期数字城管建设，市、区两级共 171 家处置单位接入系统提供服务，数字化城市管理覆盖全市五城区 208 平方公里范围，并将向县（市、区）拓展延伸。福州市制定了《福州市数字化城市管理实施办法（试行）》和《福州市数字化城市管理部件和事件立案结案规范（试行）》等制度规范，提高了城市管理效率。在数字城管系统基础上，福州市启动以"两个中心、一个总平台、九个子系统"为主要内容的"智慧福州"综合管理服务平台建设，整合了全市涉及城市管理服务相关的信息化系统。此外，福州市在自然灾害防控与应急能力建设、气象精细化预报预警、安全生产管理、社会治安防控、就业保障服务等方面充分运用数字化手段，提高各方面治理能力，管理水平显著提升。符合新型智慧城市对提升城市运行效率的要求。

（三）生态文明先行示范，生态建设领跑全国

福州是国家首批创建生态文明典范城市，以国家环保模范城市复核和生态市建设为抓手，积极推进环保各项重点工作，生态环境质量指数多年保持优良水平，位居全国省会城市前列，空气质量一直位居全国 74 个重点城市前列。目前全市已创建 10 个省级生态县（市、区），5 个县（市、区）获批国家级生态县（市、区），3 个县区通过国家级生态县区技术评估，118 个乡镇获批国家级生态乡镇。同时，为抵御强降雨和山洪灾害，福州市建设防汛指挥决策支持系统，提高灾害预警、处置能力，保障人民生命财产安全；在垃圾无害化处置、降低主要污染物排

放总量等方面，取得实际成效。符合新型智慧城市对生态宜居的要求。

（四）创新能力不断提升，信息经济快速发展

福州市抓住国家鼓励"大众创业、万众创新"的契机，加快发展众创空间，出台了《关于贯彻落实省政府大力推进大众创业万众创新十条措施的实施意见》，不断健全完善创新创业的成长链、服务链、产业链，帮助解决创业者面临的资金需求、市场信息、技术支撑、公共服务等瓶颈问题。福州市涌现出优空间、橘园创意广场、福州九宫格纸制品公司等一批创业主体和创业基地，形成支持创业、鼓励创业、尊重创业的良好氛围，把福州打造成为创新创业的福地和沃土。福州先后获批创建"信息产业国家高技术产业基地""两岸产业合作无线城市试点城市""国家火炬计划软件产业基地""国家现代服务业产业化基地"等，成为全国首个以地级市身份启动部省市协同创建"中国软件名城"的城市，在信息产业规模持续壮大的同时，逐步优化信息产品结构，服务方式不断创新。符合新型智慧城市对信息经济发展的要求。

（五）公共信息汇聚共享，开发利用水平较高

福州市作为电子政务建设方面全国领先城市，已初步建成各类公共基础库和行业数据库，整合了政法委、卫计委、人社局、教育局、地税局、民政局、住房公积金中心、市残联、自来水公司等多家业务部门的大量数据项，将人口、法人、空间地理信息、电子证照、城市部件、气象、交通、建设、环保等公共信息汇聚共享，通

过政务信息资源目录管理系统和政务信息资源交换共享平台，实现政务信息资源目录的统一管理、发布、查询、定位服务和政务信息资源的动态管理和交换共享。通过市级政务云计算平台一期项目，共为 20 多家市直党政机关的 40 多个应用提供云资源服务。初步实现了各类信息资源的融合应用，借助"大数据"分析应用，创新公款消费监管、税收征管、服务业统计调查监测等方面的方式和手段。符合新型智慧城市对公共信息资源的采集、开放共享、开发利用水平的各项要求。

（六）智能化基础设施建设高速发展，奠定城市运营管理坚实基础

福州市作为三网融合第二阶段试点城市、"宽带中国"示范城市，具有较好的宽带网络基础，已基本实现县（市、区）、乡镇的全光网络覆盖，商务楼宇光缆通达率达到 100%，行政村光缆通达率达到 100%，建成全国首条连接大陆与台湾本岛的直达通信链路"海峡光缆 1 号"；全市 4G 网络覆盖率已达 98% 以上，实现市区三环内区域、县城城关、主要乡镇、高校、重要风景区的连续覆盖，大众类 WiFi 热点基本覆盖五区八县的主要热点地区。经过多年的建设，福州市电子政务计算存储平台建设与应用水平大幅提升，形成了各单位共享机房、共享网络出口、共享公共应用（政务邮件平台、政务短信平台和网站生成平台等）和安全管理，实现了基础设施的初步整合，目前全市已有三个市级机房，在建的数字福建云计算中心可满足未来 10 年所有省直部门所有应用系统的部署需求。同时，福州市在重大危险源监测、社会治安视频监控、机动车防控等 15 个领域部署了感知系统，较大范

围地获取了城市的鲜活信息。符合新型智慧城市对智能化基础设施的要求。

（七）体制机制不断完善，信息安全水平不断提升

福州市将"智慧福州"建设纳入《福州市国民经济和社会发展第十二个五年规划纲要》，成立"智慧福州"项目推进领导小组，统筹推进"智慧福州"信息化战略的实施；成立了福州市新型智慧城市建设推进工作领导小组，加快推进福州市新型智慧城市标杆市创建工作，负责研究解决新型智慧城市建设的合作计划机制、项目、模式等重大问题。先后出台了《福州市政务信息资源交换共享管理办法》等一系列政策法规及发展规划，为福州市智慧城市发展营造了良好的政策环境。在新型智慧城市建设中，福州市尤其重视信息安全，成立了网安领导小组，对重大网络与信息安全事件的应急响应工作进行宏观决策和应急指挥；开展容灾平台与政务云平台的对接，实现业务系统数据的容灾备份；针对重要信息系统和关键数据资源，启动政务内外网网络运维管理系统项目建设，针对各大机房建设统一的网络安全管控体系。符合新型智慧城市对组织机制创新、信息安全的各项要求。

二　发展方向

福州智慧城市建设距离新型智慧城市的要求仍有差距，新一代信息技术如物联网、云计算和大数据等应用尚待深入和普及，城市数据资源、信息经济的潜力尚未充分发挥，城市治理与公共服务的信息化技术支撑水平仍须提升，对产业转型升级的支撑能

力亟待提升。未来，福州新型智慧城市建设将围绕如下发展方向持续推进。

（一）提升全程全时惠民服务水平

围绕市民最关心、最直接、最现实的问题，综合利用移动互联网、云计算、大数据等技术，加快整合民生领域服务内容，提高教育、医疗、人社、养老等服务的智能化水平，拓展信息惠民的深度与广度，实现全程全时、无处不在的惠民服务，促进城乡公共服务均等化、普惠化，使全体人民有更多获得感。

（二）创新现代城市精准治理方式

以构建现代化治理体系、提高城市治理能力为出发点，推进体制机制改革，加强大数据应用，加快数据开放共享和开发利用，以科技创新和体制机制变革双轮驱动推进"互联网＋"条件下的政府扁平化管理，实现政府应用大数据支撑宏观决策，多元主体参与社会治理。

（三）促进信息经济快速转型升级

对接《中国制造2025》、"互联网＋"。推进产业转型升级，实现发展动力向创新驱动转变，发展模式向内涵集约质量效益型转变，产业结构向更加协调与优化转变，制造模式向智能化、网络化、服务化转变，资源利用方式向高效、清洁、安全转变，推动三次产业创新发展、融合发展、绿色发展，打造福州产业升级版。

（四）助推生态文明先行区建设

针对福州发展面临的急切、重大难题，以构建人与自然和谐发展的生态环境体系、提升人居环境舒适性、实现低碳减排为目标，强化信息技术在城市资源管理和节约等方面的利用，提升城市获取、控制和转化资源的能力，推进规划、环保、气象、水利、能源等领域智慧化建设，夯实城市发展基础。

（五）构建安全清朗网络空间

加强网络空间安全防护体系建设和机制创新，推动网络空间安全保障从被动防御向主动预防转变，从分散保障向动态、协同、体系化保障转变。全面提升智慧福州基础设施、重要系统和数据资源安全保障能力，形成完善的网络空间和网络社会治理体系。

附录三　嘉兴新型智慧城市建设的智慧服务亮点和发展方向①

一　智慧服务亮点

（一）机制保障持续完善，顶层设计统筹规划

顶层设计是对智慧城市建设的战略性、前瞻性、导向性的公共

---

① 国家智慧城市标准化总体组评价工作组：《新型智慧城市评价指标试评价验证报告（2016）》，2016，第55~59页。

政策，对指引智慧城市发展具有十分重要的引领地位。嘉兴市委、市政府牵头组织建立了嘉兴市新型智慧城市建设领导小组，开展全市新型智慧城市的顶层设计工作，成员单位由市级相关部门、各县（市、区）政府主要负责人组成，建设领导小组统筹协调有关智慧城市发展的政策制定、专项规划、统筹协调、督促检查、考核指导等工作，充分发挥市级有关部门及各县（市、区）的作用，明确分工，落实责任，形成上下联动、分工协作的工作网络体系，稳步推进新型智慧城市建设。

同时，明确了嘉兴市新型智慧城市的建设重点在数据的开放、融合、共享、交换、互用等方面，要打破部门利益的藩篱，要填平数据的鸿沟，打破数据的壁垒，最大限度地发挥数据的价值，便于今后在大数据技术的引导下，进行数据的深度加工和挖掘，让数据说话，让数据决策，最大限度地为嘉兴的城市治理、政府管理等方方面面服务，让数据为地区发展插上科学决策的翅膀。

（二）网络安全不断升级，信息安全全面提升

嘉兴市相继出台了《关于成立嘉兴市网络与信息安全协调小组的通知》（嘉委办〔2012〕64 号文件）、《嘉兴市人民政府关于印发嘉兴市网络与信息安全应急预案的通知》（嘉政办发〔2007〕5 号文件）、《关于组建嘉兴市网络信息安全保障队伍的通知》（嘉信安办〔2014〕1 号文件）、《关于开展嘉兴市 2014 年网络与信息安全演练的通知》以及嘉兴市 2014 年网络与信息安全应急演练的方案等相关网络安全文件，全面构建城市网络安全综合保障体系，提升网络安全技术防范、基础支撑和综合治理能力，强化网络安全监督和应急处置，加强与国家网络安全保障体系和城市安全与应急

管理体系的服务对接。

建立健全智慧城市标准规范体系以及安全管理体系。以强化智慧城市基础安全设施、重点工业控制系统感知安全、传输安全、计算安全、应用安全、数据安全、身份认证、访问控制、安全审计、边界防护等为重点。完善安全监控、安全检测、安全加固、运维自动化等安全运维机制。提升预警监测平台、应急基础平台、灾难备份平台等基础设施支撑能力，全面落实风险评估、等级保护、分级保护、应急管理等监管制度，培育发展安全测评、电子认证、安全咨询、灾难备份等社会化服务，加强网络空间综合治理，通过网络空间监测预警平台、网络安全风险防范平台从网络空间舆情及风险层面进行实时态势感知，提高全民网络安全意识，营造安全可信的网络社会环境。

（三）基础设施不断改善，城市互联全面推进

2014 年和 2015 年连续两年嘉兴市信息化发展指数位居全省第三，仅次于杭州和宁波两个副省级市，嘉兴乌镇通信基础网络设施水平遥遥领先国内各乡镇。嘉兴市 3G 网络实现全覆盖，4G 网络覆盖率达到 95% 以上，镇（街道）以上区域已实现全覆盖，电信系统全面开通 FDD – LTE 混合组网。无线网络建设步伐加快，市区及各县（市）城区部分公共区域实现全覆盖，开通免费 WiFi 上网服务。光纤宽带建设全面推进，全市城域出口总带宽已达 880G，接入网光缆长度 7 万余皮长公里，固定宽带用户约 135 万余户，已全部实现城市家庭 20Mbps、农村 4Mbps 宽带接入速率，光纤宽带普及到所有自然村。

同时以现有电子政务系统、公共事务系统和城市管理系统为基础，运用物联网、云计算、移动互联网等新一代信息技术，按照

"统一规划、统一标准、分类采集、分类管理、分级共享使用、稳步推进"的原则，本着服务政府、社会、行业、市民的目标，建设城市综合治理大数据中心，打造智慧嘉兴城市公共信息平台。一方面，为"产业创新、公众服务、综合治理"的智慧应用输送"鲜活"的数据；另一方面，为省、国家提供实时、海量数据，支撑国家核心决策系统，实现"数据归心"。

（四）公共服务急速发展，惠民服务无处不在

嘉兴市依托"中国嘉兴"，推进网上办事大厅的建设，通过互联网、微信、短信等多种方式，为企业、个人提供办事指南、网上申报、在线业务办理、进度查询等服务。稳步推进互动交流，把信息推介、互动交流融入对外服务中，为各类企业、个人提供上报的入口，支持对一些基础材料、标准的报送。接受公众投诉、监督，加强政府信息公开发布，提高政府公信力和公众的满意度。

同时秉承以人为本的理念，细分服务群体，梳理不同对象的全生命周期中重要节点，通过城市治理大数据中心，开放必要服务数据，充分引入社会资源，利用社会现有第三方信息工具和信息平台，大力发展智慧社保、智慧社区、智慧医卫、智慧交通、智慧旅游、智慧文教等与市民生活息息相关的领域，不断丰富完善服务内容，打通服务"最后一公里"，通过互联网、移动终端、信息亭、电话、市民卡、微信等多种信息化手段，整合"一卡、一号、一页、一窗、一屏"，为不同类型的服务对象提供均等化、优质化、个性化公众服务，实现全程全时式服务，让老百姓随时随地获取所需信息，实现"所愿即所见、所想即可得"。

二　发展方向

（一）建立健全产业体系，培植新兴智慧产业

智慧产业是指利用物联网、云计算、移动互联网等新一代信息技术数字化、网络化、信息化、自动化、智能化程度较高的产业，是智力密集型产业、技术密集型产业，而不是劳动密集型产业。与传统产业相比，智慧产业是人类在技术领域的革新，是经济结构转型升级的一场革命，它更注重在效率、产品质量与环境可持续之间寻求平衡，强调运用集成化的高新技术，使生产过程更加精确、高效与环保。

智慧产业作为环境协调型的战略性新型产业，既符合全球应对气候变化、保护生态环境的要求，又有利于经济、社会、环境、资源的可持续发展，是城市实现可持续发展的必然选择。近年来，嘉兴市在经济总量实现跨越的同时，城乡居民收入不断迈上新台阶，城乡居民的消费规模明显扩大，消费领域不断扩展，消费内容日益丰富，消费质量不断提高。作为国内首批国家信息消费试点城市和信息惠民示范城市，嘉兴市在以基于市民卡建立的嘉兴市公民个人信用管理系统为代表的智慧公共服务，以优化电子病历与创建院际云数据中心为基础的智慧医疗，通过推进智慧教育线上课堂、"网络教师"在线直播建设的智慧教育等特色民生"互联网＋"应用方面成效突出。嘉兴智慧电网、智慧交通作为浙江省智慧城市建设示范试点项目初显成效。智慧旅游、智慧社区、智慧养老、智慧安居等民生"互联网＋"应用得到广泛运用。

但是，与全国其他城市发展智慧产业一样，嘉兴市也存在诸如钾智慧产业发展缺乏国家层面的设计和宏观指导、智慧产业的内涵和精髓未能透彻领会、智慧产业的核心技术创新和研发能力不足等问题。因此，通过加快推进云计算、大数据、移动互联网等产业发展，探索"互联网＋"新模式，推进智慧企业试点建设，完善智慧产业支撑服务体系是智慧产业健康、稳定、高效发展的未来方向。

（二）优化提升创新能力，全力助推智慧经济

创新是经济发展的重要原动力，而创业是经济活力的重要助推器。城市创新创业水平主要评估城市研发水平与创新能力。2015年嘉兴市政府为深入实施创新驱动发展战略，落实贯彻国家有关文件精神，发布了《关于大力推进大众创业万众创新若干政策措施的实施意见》（嘉政发〔2015〕91号），2016年嘉兴市发改委为进一步加强统筹协调，形成工作合力，经市政府同意，建立嘉兴市推进大众创业万众创新部门联席会议制度，并且发布了《推进大众创业万众创新部门联席会议制度》《嘉兴市2016年推进大众创业万众创新工作要点》等相关文件，构建了良好的城市创新创业基础环境和政策保障。

下一步应加强技术研发、应用试验、评估评测等方面的公共服务平台建设，务实推进企业、高校和科研院所的产学研合作，营造良好的各平台运营商之间的合作和竞争环境，推动智慧城市技术创新的软硬件环境。

同时，加强智慧城市专业人才培养，为智慧城市发展提供强有力的智力支持，积极整合国内研发力量，加强针对智慧城市建设重

点领域的关键技术研究，培养壮大一大批掌握先进技术的专业人才队伍，出台更有竞争力的人才引进、项目支持、创新奖励和住房福利等激励政策。

参考文献

陈潭等：《大数据时代的国家治理》，中国社会科学出版社，2015。

国务院发展研究中心课题组：《信息化促进中国经济转型升级》（上、下册），中国发展出版社，2015。

冯亮、朱林：《中国信息化军民融合发展》，社会科学文献出版社，2014。

国家智慧城市标准化总体组评价工作组：《新型智慧城市评价指标试评价验证报告（2016）》，2016 年 9 月。

黄平等：《"一带一路"倡议下厦门全方位对外开放策略与路径》，社会科学文献出版社，2016。

习近平：《在网络安全和信息化工作座谈会上的讲话》，人民出版社，2016。

厦门市发展研究中心：《2015－2016 年厦门发展报告》，厦门大学出版社，2016。

中电科新型智慧城市研究院有限公司：《新型智慧城市——城市运营中心》。

中电科新型智慧城市研究院有限公司：《新型智慧城市——顶层设计》。

中国社会科学院信息化研究中心：《第五届（2015）中国智慧城市发展水平评估报告》，2015 年 11 月。

第四章 厦门城市国际化产业结构优化

孙彦红[*]

近年来，在经济全球化的推动下，"国际化"已成为城市现代化发展的必然趋势。城市国际化指一个城市向国际化城市逐步发展的动态过程，是城市各项活动进行跨国界相互往来交流中，城市辐射力、集聚力、吸引力不断增加，城市能级不断提高，与国际化城市逐步接轨的过程。从现代经济社会发展的逻辑上看，"国际化"既是城市现代化发展的必然结果，也是不断提高城市现代化程度的必经之路，城市国际化与城市现代化互为重要的推动因素。因此，城市在国际化进程中找到适合自身的发展定位，将对其在未来全球资源配置中所处的位置，进而对城市竞争力产生重要影响。

在城市国际化，也即城市各项活动国际化的进程中，经济活动的国际化具有基础性的地位，它在很大程度上决定着其他活动国际化的深度和广度。因而，推进产业（也即聚集各类经济活动的部门）发展的国际化，进而带动科技、教育、社会、文化等各

* 孙彦红，经济学博士，中国社会科学院欧洲研究所科技政策研究室副主任，副研究员。

项活动的国际化，应是推进城市国际化这一系统工程的关键一环。

作为在海峡西岸具有重要战略地位的中心城市，同时也是21世纪海上丝绸之路的战略支点城市，当前厦门面临建设国际化城市的重要战略机遇期。如何抓住机遇，挖掘自身优势，摸索出具有厦门特色的国际化发展道路值得深入研究。在推进厦门城市国际化的进程中，产业结构升级的重要性毋庸置疑。一方面，国际化意味着厦门本地的产业与企业将更加全面深入地融入全球价值链，为产业结构升级创造更多机遇与可能；另一方面，只有产业结构逐步升级，才能反过来提升厦门在全球价值链中的位置，同时带动科技、教育、社会、文化各领域进一步扩大开放合作，提高厦门的整体国际化程度与综合竞争力。从这个意义上说，产业发展的进一步国际化与产业结构升级的确是厦门推进国际化进程需要重点考虑的领域。

本报告将聚焦厦门城市国际化的产业维度，探讨如何更好地在促进产业结构升级、提升产业竞争力与推进厦门城市国际化之间形成良性互动，使厦门的国际化进程具备更加坚实的产业基础，更具前瞻性与可持续性。

一 厦门产业国际化发展与竞争力现状

（一）厦门产业国际化发展状况分析

某一地区的产业国际化是一个动态的发展过程，会随着该地区产业参与国际分工和国际交换的程度而逐步提高，最终成为整个国际分工体系和世界产业体系的组成部分。由于国际分工体系错综复杂，各地区参与国际分工的形式又各不相同，学界至今并无公认的衡量一个地区产业国际化的指标。通常而言，一个地区的对外贸易规模和经济外向度（或称"经济对外依存度"）可以作为衡量该地区产业国际化程度的粗略指标，至少可以给出该地区参与国际经济分工程度的较为直观的印象。表 1 列出了 2015 年包括厦门在内的五个计划单列市的对外贸易规模与经济外向度对比。观察表 1 不难发现，与同类城市相比，无论从对外贸易绝对规模还是从经济外向度上看，厦门的产业国际化水平都不低，尤其是经济外向度高达 149%，仅略低于深圳，远高于宁波、青岛和大连。实际上，早在 20 世纪初，厦门凭借港口和侨乡优势，就已成为我国重要的航运贸易中心以及侨汇集中地，是福建最大的金融贸易中心。近年来，厦门已和世界上 200 多个国家和地区建立了良好的经贸关系，并于 2014 年底正式获批设立自由贸易试验区，面积为全省最大，达 43.78 平方公里。2015 年，厦门外贸进出口总额为 5169.5 亿元，约占福建省进出口总额的 50%。可以说，厦门的产业国际化程度居福建省主要城市之首。

表 1　2015 年厦门与其他计划单列市经济外向度比较

单位：亿元，%

城市	进出口额	地区 GDP	经济外向度
厦门	5169.5	3466.1	149
深圳	27516.0	17500.0	158
宁波	6239.9	8011.5	78
青岛	4361.3	9400.0	47
大连	3476.4	7800.0	45

资料来源：各地统计公报。

此外，吸引外商直接投资与对外直接投资的情况也有助于说明产业的国际化水平。近年来，厦门吸引外资速度加快。至2014年底，厦门实际利用外资累计额为294.7亿美元，共有13个国家和地区的57个世界500强公司进驻，广泛吸收了美国、法国、新加坡、日本、中国香港、中国台湾等地区行业龙头企业的投资，且拥有外资金融机构15家。

表2列出了2014年包括厦门在内的五个计划单列市吸引外资和对外直接投资的规模以及与本地生产总值之比例。就绝对规模而言，与其他四个计划单列市对比，厦门的情况似乎并不乐观。从吸引外商直接投资来看，2014年厦门实际利用外资总额19.7亿美元，明显低于青岛和深圳，也低于宁波和大连。从对外直接投资来看，厦门与其他单列市的差距也较为明显。2014年厦门对外直接投资总额10.5亿美元，深圳对外直接投资额28亿美元，青岛22.8亿美元，宁波18.4亿美元，大连28.5亿美元，厦门位于五个计划单列市末位。虽然绝对额明显偏少，但是考虑到厦门自身的人口与经济规模，厦门吸引外资与对外直接投资的相对规模并不小。2014年，厦门实际利用外资总额与GDP之比为3.7%，在计划单列市中排名第二，仅低于青岛（4.3%）。同年，厦门对外投资额与GDP之比为2%，仅低于大连（2.2%）（见表2）。这表明，总体而言，虽然厦门产业国际化的绝对水平偏低，但是相对于其经济规模而言并不低。鉴于近几年厦门对外贸易的增长势头较为平稳，加之自由贸易试验区的效应将逐步发挥，未来推动产业国际化发展的努力方向重点应是在保证"量"的同时提升"质"，也即不断深挖本地企业参与国际分工的潜力，提升本地产业在全球价值链中的位置，提升产业的国际竞争力。

表2　2014年厦门与其他计划单列市吸引外资与对外直接投资对比

单位：亿美元，%

项目	厦门	深圳	大连	宁波	青岛
实际利用外资总额	19.7	54.7	25	40.3	60.8
对外直接投资额	10.5	28	28.5	18.4	22.8
利用外资额/GDP	3.7	2.1	1.9	3.3	4.3
对外投资/GDP	2.0	1.1	2.2	1.5	1.6

资料来源：据厦门市发展研究中心"提升厦门产业国际竞争力研究"中相应数据计算整理。

（二）厦门产业国际竞争力分析

有关当前厦门产业的国际竞争力状况，厦门当地研究机构已经做了较为细致的研究。2015年厦门市发展研究中心基于对一系列统计指标的测算与分析，对厦门与其他四个单列市的产业国际竞争力做了对比研究，结果显示，厦门产业国际竞争力水平处于第四位，高于宁波。深圳产业国际竞争力水平最高，大连与青岛分别位居第二、第三。该结果与现实情况基本符合。整体上看，厦门、大连、青岛大致处于同等水平，结果相差不大。基于此，厦门市发展研究中心总结了该市产业国际竞争力的优势与不足，笔者择其概要列举如下。[①]

从优势方面看，近年来厦门产业结构持续优化，三次产业结构由2005年的2∶55.6∶42.4调整为2014年的0.7∶45.8∶53.5。先进制造业和现代服务业成为经济增长的主要支柱。

一是先进制造业地位不断增强。电子、机械、光电等支柱产

---

① 厦门市发展研究中心："厦门打造国际化城市研究"，2015年10月。

业，以及新材料、生物与医药产业等战略性新兴产业等得到了较好的发展，且不断延伸拉长产业链条，产业配套能力不断强化，为打造海峡西岸强大的先进制造业基地打下了基础。

二是创新能力不断增强。"十二五"以来，厦门市以创新型城市建设为载体，大力推进科技创新，建立以企业为主体、以市场为导向、产学研结合的技术创新体系，鼓励风险投资，积极培育创新型中小企业。重视鼓励内外资企业在厦门设立研发中心。鼓励企业增加技改投入，应用高新技术和先进适用技术改造提升传统产业。重点支持科技创新公共平台建设，扶持拥有自主知识产权的重大产业科技项目。

三是服务业带动作用不断增强。从结构上看，物流、旅游、金融等支柱服务业作用更加凸显，增加值占 GDP 的比重达到 18% 以上。第三产业占 GDF 比重、入境旅游人数占本地人口比重、金融机构存款占 GDP 比重在五个同类型城市中处于中上水平。软件和信息服务业、文化创意等服务业进一步壮大。电子商务、服务外包等新兴业态发展迅速。从综合带动作用看，第三产业对经济增长的贡献率为 34.2%，第三产业完成地方税收占全部地方税收的 63%，服务业就业人数占全社会从业人员的比重达到 52%。建设了一批产业特色明显、规模效应突出的服务业集聚区。从龙头企业上看，培育了建发集团、象屿集团等一批服务业龙头企业。

从不足方面看，一是整体竞争力不强。厦门市第三产业发展相对滞后，现代服务业功能不强以及工业结构不够优化，创新能力不强，表现在如下方面。第三产业发展相对滞后，现代服务业功能不强，批发零售业、运输仓储业等传统服务业仍占据主导地位，生产性服务业比重偏低，金融、计算机服务与软件、研发设计、服务外包等高端业态规模偏小。服务业市场化水平还不够高，缺乏大型骨干企业，全球化的外向型服务企业服务功能薄弱，现代服务业尚未成为支撑厦门服务业发展的主力。工业结构不够优化，创新能力不强，高新技术产品出口占比为31%，比重偏低。从工业产品结构看，档次、附加值和知名度低等问题仍较突出。从产业关联看，除电子、机械等部分传统支柱行业具备较强的集群、协作和配套能力外，产业间关联度不够紧密，综合配套能力较弱。科技经费投入不足，大部分中小型企业研发力量较弱，创新能力不强，缺乏核心技术的支撑，市场竞争力较弱。

二是国际开放度有待提升。在国际开放度七个指标中，四个指标排在最后一位，特别是实际利用外资总额、对外直接投资额、服务外包执行合同金额指标偏低。

笔者认为，上述优劣势分析是厦门当地机构多年来跟踪研究本地产业发展状况得出的颇有价值的认识，是分析与规划厦门产业发展及其前景的重要基础。然而，如若考虑到当前中国整体处于产业结构转型升级的进程中这一大背景，厦门的产业竞争力优劣势还可以换一个角度进行观察与分析。

第一，与其他计划单列市相比，厦门面临的资源约束更为明显，单纯"拼规模"并非上策。除了占地面积也不大的深圳借助最早对外开放的政策优势已发展成为有一定影响力的国际化城市外，与青岛、大连、宁波相比，厦门市的土地与人口资源约束是显而易见的，因而单纯"拼规模"并不现实。此外，目前其他计划单列市也面临着调整产业结构、适应新的国际竞争形势的挑战，都在积极探索转型道路。厦门在学习其他先进城市的产业国际化经验时，更应立足于自身特色，积极向集约型发展模式转型，开拓专业化差异化的市场空间，努力打造更具可持续性的长期优势。

第二，制造业综合实力不强，产业布局不全面，的确是厦门产业国际化发展与竞争力提升的不足之处，然而，从另一个角度看，此前产业布局不够全面，规模不够大，却也因此不需要剥离过剩产能。由于在产业布局上没有包袱，厦门在新一轮科技与产业革命浪潮下可以轻装前进，反倒有可能化劣势为优势，实现弯道超车。当然，缺少知名品牌的确是厦门产业国际化发展与竞争力提升的一大"短板"，当前与未来一段时间如何努力打造广受市场认可的知名品牌需要政府与企业共同努力。

第三，要扬长避短，可进一步深挖"绿色厦门"与"生态厦门"的潜力，使之转化为实实在在的产业优势。2016 年，厦门被环保部正式命名为"国际生态市"，成为全国第二个通过验收的副省级城市。未来厦门可积极考虑将"绿色"与"生态"打造成城市国际化进程中的一张名片，除了在经济社会活动中积极推广节能环保外，抓住当前世界与中国产业结构调整的机遇，将"绿色"与"生态"理念落实到产业发展与竞争力上，既有利于厦门产业与经济的可持续发展，又能充分体现厦门的城市特色。若能在这方面取得突出成绩，厦门有望在新一轮的全国城市竞争乃至国际城市竞争中处于领先地位。

二　厦门城市国际化的产业发展构想

（一）厦门产业与城市国际化发展的机遇与挑战

当前厦门产业与城市国际化发展面临着重要机遇。首先，作为在海峡西岸具有重要战略地位的中心城市和 21 世纪海上丝绸之路的战略支点城市，当前厦门面临着新一轮对外开放、产业深度融入全球价值链的难得机遇。2014 年 11 月，为贯彻落实党中央提出的"一带一路"倡议，厦门市委市政府发布《关于贯彻落实建设丝绸之路经济带和 21 世纪海上丝绸之路战略的行动方案》，提出充分发挥厦门在融入 21 世纪海上丝绸之路（以下简称"海丝"）中的口岸、贸易、投资、华侨华人、人文历史、民间交流等方面的独特优势，通过在"一带一路"沿线重点国家、重点领域推动重点项目的实施，以点带面，不断创新合作机制，拓展合作领域，深入参与国际区域合作，不断推进投资环境国际化。2015 年 4 月，继福建省自由贸易试验区获批后，厦门市提出的《中国（福建）自由贸易试验区厦门片区实施方案》获福建省政府批复同意，进一步扩大开放，建设两岸新兴产业和现代服务业合作示范区、东南国际航运中心、两岸区域性金融服务中心和两岸贸易中心成为厦门市发展的明确任务。2015 年 12 月，为全面贯彻落实党的十八大和十八届三中、四中、五中全会精神，厦门市委市政府制定《关于构建开放性经济新体制的实施方案》，提出要坚持使市场在资源配置中起决定性作用和更好地发挥政府作用，坚持改革开放和法制保障并重，坚持"引进来"和"走出去"相结合，坚持与世界融合和保持厦门特色相统一，坚持深化改革和全面深化相促进。上述一系列新政策无疑为厦门进一步扩大对外开放、厦门产业深度融入地区乃至全球价值链开辟了新空间。

其次，新一轮科技与产业革命也为厦门产业与城市国际化发展创造了契机。进入 21 世纪以来，尤其是国际金融危机爆发后的最近几年，"新产业革命"的概念在美欧兴起并迅速向全球传播。有关新产业革命的内容与愿景，涌现出多种有代表性的论述，有的侧重于能源部门与经济发展模式的低碳化转型，有的侧重于制造业生产方式的根本性变革，归结起来，经济——尤其是工业部门的智能化与绿色化发展似乎可较好地概括当前这一轮产业革命的最核心特征。为抢占新产业革命先机，更好地依靠科技创新、管理创新与制度创新，促进工业的智能化与绿色化发展，进而打造新的经济增长点与更具可持续性的经济发展方式，成为当前世界各国各地区面临的共同任务。2015年，厦门市委市政府发布《贯彻落实中共福建省委福建省人民政府关于进一步加快产业转型升级若干意见的实施意见》，对进一步优化产业结构做出规划。可以说，当前及未来一段时间全球产业链与价值链的深度重组也将为厦门产业与城市国际化发展创造前所未有的新机遇。

当然，厦门产业与城市国际化发展也需要克服一些现实困难。首先，自2008年国际金融危机爆发以来，世界经济始终未实现强劲复苏，欧美国家经济增长明显减速，全球贸易形势随之低迷，经济全球化趋势甚至有倒退风险，这些都为厦门产业与城市国际化发展的外部大环境蒙上阴影。

其次，厦门面积偏小，土地容纳力有限，人口规模不宜过度膨胀，这也是厦门产业与城市国际化发展的重要制约因素。当然，换一个角度看，这也使集约式发展成为必然选择，若能抓住机遇，很有可能打造出更具可持续性的新发展模式。

（二）厦门城市国际化的产业发展构想

结合前文对厦门产业与城市国际化发展的优劣势分析，未来厦门产业发展可立足于自身特点与特色，积极向集约型发展模式转型，开拓专业化、差异化的国际市场空间，努力打造更具可持续性的长期优势。

第一，从产业参与国际竞争与合作的地域范围上看，厦门产业国际化的定位一方面需要立足于对台合作，努力建设两岸新兴产业和现代服务业合作示范区、两岸区域性金融服务中心、两岸贸易中心和东南国际航运中心，另一方面还可进一步拓展、深入与东南亚地区以及世界其他地区的产业合作。

作为对台工作支点城市，在进一步扩大对外开放的背景下，厦门一方面可以继续巩固对台产业合作，另一方面可以积极争取国家与省级层面上级主管部门的支持，将一些对台合作优惠措施扩展至东南亚乃至更外围的"一带一路"沿线国家，扩大外部市场，争取以对台合作带动更大范围的对外合作，以更大范围的对外合作夯实对台合作，使本地产业参与国际分工的路径更加多样化。

第二，从产业功能类型上看，厦门既可通过进一步国际化促进支柱产业发展，还可以借助参与国际合作培育战略性新兴产业，而产业转型升级反过来又会促进城市的国际化。

近年来，厦门加大了经济结构调整和经济增长方式转变的力度，努力提高经济增长的质量和效益。先进制造业和现代服务业逐步成为经济增长的主要支柱。目前，电子、机械、光电等产业年产值已超过或接近千亿元，已成为名副其实的支柱产业。同时，上述支柱产业的国际化已达到较高水平。今后，可考虑着力加强新材料、生物与医药产业等战略性新兴产业的国际化，包括国际合作研发、引进国外前沿技术、开拓周边国外市场等。

第三，从产业结构上看，厦门应着力推进先进制造业与现代服务业齐头并进发展，打造制造业与服务业相互促进、紧密融合的

"大制造业"基地，使厦门城市国际化发展具备坚实的产业竞争力支撑，提高厦门在国际化进程中抵御外部风险的能力。

制造业与服务业唇齿相依。迈克尔·波特（Michael Porter）所做的大量研究表明，一国（地区）在产业结构升级上获得的捷足先登的优势经常是由制造业和服务业携手创造的。[①] 制造业既是服务业的重要供给来源（包括物质、技术和知识供给），也为服务业创造出大量需求。现代服务业的最重要特征是以生产性服务为主，包括金融、信息与通信服务、现代物流、生产咨询服务等，这一特征使服务业对制造业（或工业）的依赖性很强。有专门研究产业结构的欧洲学者将制造业与生产性服务业合并，提出了"广义制造业"（或"大制造业"）的概念，认为只有制造业份额的下降为生产性服务业份额（而非消费性服务业）的上升所抵消，一国或地区的产业竞争力才能得以保持。[②] 虽然自 2012 年起，厦门第三产业增加值已稳定地超过 50%，但是从内部结构上看，第三产业发展还相对滞后，现代服务业功能不强，批发零售业、运输仓储业等传统服务业仍占据主导地位，生产性服务业比重偏低，金融、计算机服务与软件、研发设计、服务外包等高端业态规模偏小。鉴于此，在推进城市国际化的进程中，厦门应将打造先进制造业基地与发展现代服务业通盘考虑，使两者齐头并进，相互促进。

第四，从融入全球产业链来看，无论是发展支柱产业还是新兴产业，结合当前全球产业变革的大趋势，具有前瞻性地培育特色优势，应是厦门产业与城市推进可持续的国际化的战略选择。

---

① 〔美〕迈克尔·波特：《国家竞争优势》，李明轩、邱如美译，华夏出版社，2002，第 242 页。

② Karl Aiginger & Susanne Sieber, "The Matrix Approach to Industrial Policy", p. 575.

考虑到厦门地理空间偏小，人口容纳力有限，发展技术与资本密集型的产业或产业环节，不断提高劳动生产率，提高产品与服务的人均附加值是较为现实，也是有前瞻性的选择。当前正在推进的新一轮全球产业变革以产业智能化绿色化发展为主要内容，这为世界各国各地区创造了难得的产业升级机遇。产业智能化发展有利于节省人力，适合厦门土地规模小、人口承载力弱的特点，同时有利于培养可持续发展的长期优势。产业绿色化发展既有助于厦门抓住全球价值链升级重组的新机遇，也符合厦门继续保持"生态厦门""美丽厦门"形象与地位的目标。鉴于此，未来厦门应结合全球产业变迁趋势与自身优劣势，将促进工业智能化绿色化发展及与之适应的现代高端服务业作为核心目标，走出一条"创新＋特色"的厦门产业升级与国际化之路。

三　厦门城市国际化的产业发展策略

2014 年，厦门市提出构建"5＋3＋10"的现代产业支撑体系，即以加快发展先进制造业、大力发展现代服务业、优化提升传统产业、着力培养战略性新兴产业、做精做优现代都市农业为战略重点，以龙头大项目、园区载体、创新环境为主要抓手，培育打造平板显示等十大千亿产业链。这一战略构想是厦门市基于世界产业结构大调整的趋势、中国产业结构转型升级的形势以及厦门自身现状提出的产业发展目标与实施框架。总体而言，这一目标和框架与厦门推进城市国际化是相辅相成的。产业是城市发展的基础，也是城市地位和竞争力的决定性力量。未来如何更好地将产业转型升级与城市国际化结合起来，促进两者之间形成良性互动，是厦门应着力思考之处。以下尝试从几个方面提出对策建议。

（一）打造国际一流营商环境，助力产业升级与城市国际化发展

打造国际一流营商环境既是新常态下推进产业转型升级的必然选择，也是提升城市国际化水平的内在要求。近几年，与中国其他地区类似，厦门也开始步入经济新常态。新常态下实现产业转型升级的根本出路在于从主要依靠要素投入向依靠创新驱动转变，更多地依靠人力资本质量的提高和技术进步。在此背景下，通过打造国际一流营商环境，吸引各类高端生产要素集聚到厦门，实现从成本优势向以人才、资本、产品质量、服务、品牌为核心的综合竞争优势转变，具有格外重要的意义。另外，厦门要积极参与国际经济竞争与合作，必须顺应经济全球化发展趋势，以全球视野和开放理念引领产业与城市发展，在规则上与国际接轨。只有不断优化营商环境，打造与积累国际声誉，才能更好地利用国内国际两个市场，集聚国内国际的优质经济资源，为厦门产业与城市国际化发展创造条件。

首先，进一步营造宽松平等规范有序的市场环境。实际上，近年来，经过多方努力，厦门的市场环境已经颇具吸引力，未来还应广泛借鉴国际先进地区和城市营商环境做法，进一步接轨国际规则和国际惯例，引进国际通用的行业规范和管理标准。具体而言，要消除各种隐性壁垒，积极推动非公有制市场准入机制改革。借鉴国际经验，对外商投资实行准入前国民待遇加审批清单管理模式。落实各类市场主体在产业政策、行业规范等方面的准入后国民待遇。

尽快制定民营进入特许经营领域具体办法，推动垄断行业领域和特许经营领域开放。引导和鼓励民营资本和各类产业投资基金投资战略性新兴产业、基础产业、农村城镇化以及医疗、教育等社会事业领域。此外，还要培育发展行业协会、商会等社会组织，强化其企业服务者定位，维护市场契约实施、行业规范和行业发展秩序。积极壮大各类专业服务机构，为企业投资经营提供专业服务，打造集多种功能于一体的中小微企业综合服务平台网络。①

其次，打造亲商和服务型政府，营造廉洁透明便捷高效的政务环境。在这方面，"世界上最容易做生意的地方"——新加坡的经验值得研究与学习。在国际上，新加坡政府以高效、廉洁、诚信和法治而著称，以新加坡为注册地的公司，往往会赢得更多的商业机会。具体而言，就是尽其所能从商家的需求出发，从商家的角度看问题，在政策允许的情况下，为商家提供一切便利，为商家精心打造优良、便利的经营和成长环境，通过实际行动建立商家对厦门的投资信心。对此，厦门市政府要继续加大简政放权力度，以公众需求为导向，精简各类行政审批事项，最大限度地为市场主体松绑。明确政治职能边界，建立和完善"三张清单、一个平台"（权力清单、责任清单、公共服务事项清单和统一规范的政府服务平台）。在提高政府服务效率方面，借鉴国际先进做法，充分发挥网上办事大厅和政务服务中心作用，打造线上线下、虚实一体的政府服务平台。在提高政府工作透明度方面，加大政府信息公开力度，提高政策决策的公众参与度，树立廉洁透明的良好政府形象。

最后，借助良好的政府财政状况减轻企业税费负担，稳定房地

---

① 中共厦门市委、厦门市人民政府：《关于打造国际一流营商环境的意见》，2015 年 8 月。

产价格，为企业降成本。虽然厦门市的 GDP 总量在 15 个副省级城市中排名靠后，GDP 增幅甚至一度低于东北的某些城市，但是如果从人均税收，特别是税收占 GDP 的比重来看，就可以发现厦门政府的现金流收入远高于东北甚至多数副省级城市。2015 年，就 15 个副省级城市横向比较，大连的 GDP 总量是厦门的 2 倍多，长春和哈尔滨两大城市的 GDP 总量也远远高于厦门，但是厦门的财政收入却超过大连、长春和哈尔滨这三个副省级城市，与沈阳相当。2015 年，沈阳市的 GDP 为 7280 亿元，财政收入为 606.2 亿元，厦门市的 GDP 仅为 3565 亿元，而财政收入高达 606.1 亿元。即便在福建省内，厦门市财政状况也是相对最好的。2015 年，福州市和泉州市的 GDP 分别为 5618.10 亿元和 6150 亿元，都高于厦门，但是两市的地方级财政收入分别只有 560.46 亿元和 388.3 亿元，明显低于厦门。

厦门市政府财政状况良好的主要原因在于税收征管规范有序，这也是政府透明高效管理规范的体现。依托财政状况良好的优势，厦门市可进一步改善企业税费环境，清理涉企收费，进一步降低企业财政负担。此外，当前厦门吸引企业投资与人才集聚的一大障碍是房地产价格偏高，房价收入比过高。厦门恰可以依托良好的财政状况，尽快摆脱土地财政怪圈，将房地产价格上涨控制在合理范围内，不断压低房价收入比，切实降低企业用地、用工成本，吸引外资企业与高端人才入驻。

（二）依托港口与自贸区建设带动产业与城市国际化

当前，厦门港和中国（福建）自由贸易试验区是厦门产业与城市国际化发展的两大重要依托。未来如何更加充分地利用这些优势，立足于对台合作，拓展更大范围的国际合作空间，值得深入研究。

据统计，2015 年，厦门港货物吞吐量完成 2.10 亿吨，比 2014 年增长 2.53%，集装箱吞吐量完成 918.28 万标箱，比 2014 年增长 7.12%，集装箱吞吐量居全国第 8 位，世界排名第 16 位。从增速上看，厦门更是位居沿海主要港口前列。根据美国港务局协会公布的 2015 年全球前 50 强港口排名，厦门港的集装箱增速仅低于安特卫普港（第 14 位、965 万标箱、增幅 7.53%），年集装箱增长量处于 20 强的中上游。① 此外，全球首个第四代自动化码头远海码头在厦门投入运营，2014 年实现港口货物吞吐量 2.05 亿吨。在当前全球航运经济不景气的情况下，厦门港相关生产数据实现逆势增长，说明厦门建设国际航运中心已取得很大成就。值得注意的是，虽然厦门港口交通运输功能强大，但是当前对城市国际化的整体带动作用仍然不强，尤其是国际性的港口服务业、海运服务定价等功能较弱。这方面可积极研究借鉴伦敦的经验。伦敦是全球航运定价中心和管理中心，同时又通过海事服务创造出比传统港口业更大的收益，有力地提升了城市国际服务功能。

在港口方面，为促进产业国际化发展，应进一步提升口岸通关便利化水平。可积极探索自由港运行模式，创新贸易管理和服务体制，尽快建设投资贸易便利、监管高效便捷的监管服务体系。可参考浙江省大通关公共服务平台的经验，加快建设电子口岸通关服务平台，推进"单一窗口服务"和无纸化通关，推进货物贸易通关的联网监管。在对台合作方面，推动厦门台湾两地海关、检验检疫、食品安全、质量标准等认证合作，推动信息互换和监管互认。

中国（福建）自由贸易试验区厦门片区总面积 43.78 平方公

---

① AAPA World Port Rankings 2015.

里，范围涵盖东南国际航运中心海沧港区域和两岸贸易中心核心区，其发展目标是根据先行先试推进情况以及产业发展和辐射带动需要，拓展试点政策范围，形成与两岸新兴产业和现代服务业合作示范区、东南国际航运中心、两岸贸易中心和两岸区域性金融服务中心建设的联动机制。未来厦门可充分利用这一利好条件，积极促进产业的对外合作。2015 年，厦门市提出了《中国（福建）自由贸易试验区厦门片区实施方案》并获批。未来厦门可围绕自贸片区实施方案，坚持扩大开放与体制改革相结合、培育功能与政策创新相结合，先行试验一些重大改革措施。探索新常态下两岸产业合作转型发展新路径，形成两岸经贸合作最紧密区域。

具体而言，可以从以下几个方面考虑借助厦门港与自贸区建设，立足于对台合作，推进厦门产业与城市国际化。

首先，推进政府职能转变，创新管理模式。自贸试验区享有厦门市市级经济管理权限及省级下放的经济社会管理权限。可考虑探索对外商投资实行准入前国民待遇加负面清单加备案管理的管理模式。对于符合自贸试验区产业发展要求的区内台资企业视同内资企业，与内资企业享受同等待遇。深化行政审批制度改革，实行厦门市政府提出的"一口受理、一表申报、一照一号"登记制度。完善"多规合一"运作机制，促进行政审批标准化、规范化，为参与国际、国内合作和密切两岸交流合作营造优越的政府服务环境。

其次，放宽投资准入，拓宽合作渠道，创新合作模式，建立有利于厦台两地产业深度合作的体制机制。可考虑优先对台放宽新兴产业和现代服务市场准入，允许台商在厦门以独资或控股方式，投资会议展览、商贸服务、专业服务、文化服务、教育培训、社会服务等领域；支持厦门与台湾在新一代信息技术、集成电路、新能源汽车、生物医药、新材料、新能源、海洋、游艇等产业领域深度合作。允许境外投资者自由转移其合法投资收益，允许自贸试验区内企业到区外再投资或开展业务。允许台湾地区航运企业在厦门设立独资或控股企业从事内地与港澳台海上运输、国际海运、船舶代理及船舶管理业务，所属船舶在大陆登记并悬挂五星红旗。推动两岸海运快件业务双向正常化运作，实施"在线监管、实时验放"的通关模式，对符合条件的个人海运快件免于检验，打造两岸跨境贸易和快速物流新通道。积极建立厦金陆海新通道合作建设机制。完善厦门－东盟主要港口城市合作网络和机制，加快建设邮轮母港，构建"一带一路"客货运班轮，加强与东盟各国港口城市之间互联互通。

再次，培育市场化的两岸创新合作机制，加快建立以企业为主体、以市场为导向、产学研相结合的技术创新体系，探索未来两岸产业合作发展方向。创新两岸产学研合作机制，联合台湾建立共同培育发展新兴产业的合作模式，打造两岸共同参与国际合作竞争的新平台。可考虑建立吸引台湾地区创新型企业的体制机制。吸纳台湾地区机构参与两岸产业合作园区的规划建设和管理运营。创新两岸冷链物流市场合作机制，率先建立两岸冷链物流行业标准体系，打造区域性冷链物流基地。

最后，创新两岸产业合作转型发展新模式。为加快建立优化结构、提高效率的产业转型发展新模式，可考虑开展贸易多元化试点，推进现代商贸流通方式创新。创新信息消费和电子商务发展管理模式，通过信息化引领推进两岸产业合作商业模式和业务模式创新。支持开展跨境电子商务进口业务试点。创新监管模式，支持开展飞机维修等服务外包业务发展，建设全球极具竞争力的航空维修基地。推进租赁资产证券化、租赁资产转移等试点，开展飞机融资租赁等创新业务，打造区域性融资租赁业集聚区。共同建设国际大宗商品交易和资源配置平台，推动跨境贸易电子商务、转口贸易、保税展示交易、商业保理、文化保税、物联网、供应链金融、物流增值等发展，创新两岸产业转型发展路径。

另外，依托港口和自贸区优势，支持条件成熟的本地企业"走出去"，深度融入全球产业链，也应是未来厦门着力推进的重要工作。近几年，随着国家"一带一路"倡议的实施，同时立足于港口与自贸区的便利条件，厦门企业"走出去"步伐也在加快。2014 年，厦门市企业对外投资新增 93 家，2015 年度新增 216 家，仅 2016 年上半年，厦门市对外投资企业新增户数即高达 219 家，已超过 2015 年全年的增量。截至 2016 年 8 月，厦门市累计有境外投资的企业 684 家，这些企业多数为进出口贸易类企业，少部分是对外承包工程企业和对外劳务企业。其中，赴香港投资的企业最多，有 301 家，占 44%；赴美国投资的有 81 家，占 12%；在东南亚地区投资的企业也达到 80 家。

未来，厦门应继续依托港口与自贸区优势，进一步推进企业"走出去"，并应尽量支持海外并购投资，获取国外企业的技术与品牌优势，更好地带动厦门本地产业结构升级。具体做法可考虑：一是贯彻落实国家建设 21 世纪海上丝绸之路的战略部署，鼓励企业积极参与海上丝绸之路沿线国家互联互通基础设施建设；二是引导大型本土企业制定国际化战略，加快国际化步伐，支持企业通过境外品牌、技术和生产线并购等方式开展境外投资，带动产品贸易；三是尽快成立厦门境外投资企业商会，建立境外投资指引和预警制度，针对重要行业编写投资促进报告，评估项目风险，减少中小企业海外投资难度；四是搭建投资促进平台，选择重点国别、行业等加大力度组织考察，增加项目对接会；五是促进银企合作，利用外资银行在全球具有分支机构的优势，帮助本地企业在欧洲、美洲、非洲的贸易、投资、并购，在当地设立分支机构等；六是加大对企业"走出去"融资支持，设立专项基金给予支持，同时鼓励银行、保险公司等金融机构积极开设海外网点，提高企业海外融资便利性；七是减少一般性海外投资项目审批环节，提高行政效率。

（三）以"创新驱动"和"质量为先"引领工业升级，打造厦门知名品牌

当前厦门工业发展的劣势主要在于缺少享誉国内外的知名品牌，未来顺应新一轮科技与产业革命的潮流，通过"创新驱动"与"质量为先"打造一批知名品牌应是厦门政府与企业界的重点着力之处。

"十二五"期间，厦门市委、市政府扎实推进国家创新型城市建设，坚持创新驱动、内生发展，走质量效益型的集约增长之路，战略性新兴产业发展要素不断集聚，创新能力持续增强。2015年，全市拥有各类研发机构447家，其中，国家重点实验室、国家工程（技术）研究中心、国家工程实验室、国家级企业技术中心28家，企业博士后工作站27个。引进国家"千人计划"、市"双百计划"等创新创业团队900多个。全市有高新技术企业1000家，规模以上高新技术产业产值3315.86亿元，呈现了快速发展势头。战略性新兴产业发展载体不断拓展，形成了以火炬高新区"一区多园"为主、其他产业园区协调发展的高新技术产业发展载体布局。列入国家信息消费示范城市、国家下一代互联网示范城市、中国软件名

城、"中国十大智慧城市"、国家电子商务示范城市、国家战略性新兴产业生物医药领域集聚试点城市、国家海洋高技术产业基地等一批国家级试点示范。

然而，还要看到，未来厦门须进一步突出科技创新引领工业转型的核心地位，加快完善技术创新体系，推动产业向价值链高端延伸，提升产业国际竞争力。

首先，应加快建立以企业为主体、以市场为导向、产学研相结合的技术创新体系。具体措施包括如下几点：加快科技孵化器、中试基地建设，强化产学研结合，加速科技成果转化；实施"机器换工"计划，提升企业生产自动化、智能化水平；鼓励和支持企业承担重大科技项目，组织和支持龙头企业技术攻关和新产品研发，引领产业内协同创新，推动科技项目和技术专利申报；推进产业技术创新战略联盟建设，通过产业创新联盟组织开展产业关键共性技术攻关，积极扶持光电、电子元器件和卫星导航等产业创新联盟。此外，可考虑结合厦门的优势和支柱产业，有重点地支持新材料、生物医药、汽车零部件等战略性产业的技术进口。

其次，着力消除科技创新中的"孤岛现象"，完善创新平台和研发环境，促进科技成果的推广应用。具体做法可包括如下几点：创新科研机构培育机制，推动技术开发类科研事业单位产业化、市场化改革，完善研发人员激励机制和面向产业的研发机制；推动科技成果产业化，做大做强科技产业化公司，建立科技成果产业化项目库，加快公共技术服务平台、科技企业孵化器和产业技术创新战略联盟三大创新载体的建设；发挥厦大、华大、集大等高校、科研院所和引进科研机构作用，加快形成"大学（研究所）＋工程中心＋产业化基地＋产业发展基金"的协同创新系统，建设一批公共服务平台；大力引进中船重工 725 所、中电 30 所、中科院海西分院稀土材料所、福建农科院、航天科技集团等应用型产业化项目；加快清华海峡研究院、北大协同创新研究院、石墨烯工业技术研究院等重大平台建设，鼓励支持高校、科研院所向社会开放实验室、科研设备，并基于此推动科技创新资源的共建共享。

再次，完善以火炬高新区"一区多园"为主、以其他工业园区为辅的科技产业承载体系建设。具体努力方向包括如下几点：着力组建国家海洋与生命科学创新型产业集群，大力推动软件园产业基地、厦门科技创新园、湖里高新技术园、生物医药产业园等高科技产业园区规划建设，促进高新技术企业聚集发展。积极打造新兴科技产业园区，可考虑学习借鉴台湾科技园区管理模式，筹划推进海西微电子产业园建设。

最后，抓住"创客"在厦门已有的良好基础，重点发展新一代信息技术、机器人、可穿戴设备、智能装备等产业，着力将厦门打造成为《中国制造 2025》国内原创中心。可考虑将创客共享平台建设纳入厦门综合创新体系建设，加快建立以创客服务为核心价值的创新资源载体，规划建立创客设计中心、创客工程技术中心、创客测试中心、创客服务中心等"四类共享中心"。如有可能，建立服务创业的全新机制体制，如认证一批行业组织、专业机构，建立一站式、全链条的创客服务平台，联合官产学研和资本的力量，共同为创客服务。培育更多类似于美图公司的创新型企业，实现"厦门制造"向"厦门创造"的转变。

此外，近几年中国产业转型升级的一大特点是"中国速度"向"中国质量"的转变，党中央与国务院均将加强质量品牌建设作为推进中国制造由大变强的重要战略。《中国制造 2025》将"质量为先"列为指导思想之一，提出坚持把质量作为建设制造强国的生命线，强化企业质量主体责任，加强质量技术攻关、自主品牌培育。建设法规标准体系、质量监管体系、先进质量文化，营造诚信经营的市场环境，走以质取胜的发展道路。李克强总理在2017年十二届全国人大五次会议上所做政府工作报告也专门将"全面提升质量水平"作为重要内容，提出要广泛开展质量提升行动，加强全面质量管理，夯实质量技术基础，强化质量监督，健全优胜劣汰质量竞争机制。质量之魂，存于匠心。要大力弘扬工匠精神，厚植工匠文化，崇尚精益求精，完善激励机制，培育众多"中国工匠"，打造更多享誉世界的"中国品牌"，推动中国经济发展进入质量时代。

厦门要逐步培育本地知名品牌，也应将全面提升产品质量置于关键位置。从政府层面来看，可做的工作包括：进一步健全产品质量标准体系、政策规划体系和质量管理法律法规；加强关系民生和安全等重点领域的行业准入与市场退出管理；建立消费品生产经营企业产品事故强制报告制度，健全质量信用信息收集和发布制度，强化企业质量主体责任；可考虑将质量违法违规记录作为企业诚信评级的重要内容，建立质量黑名单制度，加大对质量违法和假冒品牌行为的打击和惩处力度；尽快建立区域和行业质量安全预警制度，防范化解产品质量安全风险；进一步严格实施产品"三包"、产品召回等制度，切实保护消费者权益。

要打造厦门知名品牌，还须引导与扶持企业制定品牌管理体系，围绕研发创新、生产制造、质量管理和营销服务全过程，提升内在素质，夯实品牌发展基础。具体措施可包括：扶持一批品牌培育和运营专业服务机构，开展品牌管理咨询、市场推广等服务；打造一批特色鲜明、竞争力强、市场信誉好的产业集群区域品牌；建设品牌文化，引导企业增强以质量和信誉为核心的品牌意识，树立品牌消费理念，提升品牌附加值和软实力；充分发挥市级、省级乃至国家级媒体的作用，加大对厦门本地品牌宣传推广力度，树立"厦门制造"的良好形象。

（四）以发展现代高端服务业促进厦门走向高水平的国际化

前文述及，根据厦门市发展研究中心的评估，虽然近年来厦门第三产业发展取得了有目共睹的成绩，但是现代服务业功能整体不强的局面并未改变，尚未成为支撑厦门服务业发展的主力。厦门要走向更高水平的国际化，发展现代高端服务业，尤其是适应全球化的外向型服务企业势在必行。未来可借力自贸区建设，发挥港口、对台等优势，依托服务业集聚区和高新技术园区等载体，以现代服务业和新兴产业为先导，促进产业往高端和集聚方向发展，重点发展航运物流、旅游会展、金融与商务、文化创意和软件和信息服务业，促进产业转型升级，推动厦门产业融入全球价值链分工，提升厦门产业核心竞争力。

在航运物流方面，依托港口与空港大力发展航运物流服务，为产业国际化发展提供高水平的配套支持。具体措施包括：发展保税仓储、供应链管理、国际分拨配送等业务，推动仓储物流向供应链管理转型升级，支持国际分拨配送中心拓展结算等功能，实现保税物流与非保税物流联动运作；加强两岸港口对接，继续推动厦门港与高雄港、台中港建立港口合作联盟，引进台湾大型港口、航运企业，构建两岸"三通"重要口岸和高能级物流配送中心；进一步深化两岸食品物流产业合作试点，加强专业冷链物流设施建设，打造台湾农产品、水产品和食品的大陆中转分销物流中心；加快发展航运咨询服务业，吸引国内外知名航运经纪公司、船级社、海事律师事务所等机构设立分支机构，开展航运经纪、船舶价值评估、船舶安全技术评估，以及有关航运融资、租赁、法律等咨询业务；设立航运产业基金，为企业提供股权、债权等融资服务；支持设立专业性航运保险机构，培育航运再保险市场；积极发展国际中转业务，发挥集装箱运输优势，进一步突破航线航班、监管模式、运输政策等限制，发展航空快件国际中转集拼和港口国际中转集拼业务；打造拆拼箱服务平台，方便中小企业开展对外贸易。适当增设航线、航班，逐步开放地区航权，建设区域性枢纽机场和国际货运口岸机场。

在旅游会展方面，进一步发挥"海上花园、温馨厦门"旅游品牌优势，做大做强龙头旅游企业，加强对台旅游产业对接，建设海峡文化休闲旅游中心。充分利用中国国际投资贸易洽谈会品牌优势，拓展对台会展合作，培育壮大境内外知名会展公司，打造国际知名会展品牌。此外，还应稳步发展邮轮经济，依托东渡国际邮轮母港，发展境外邮轮租赁业务、邮轮金融业务、临港邮轮旅游商业集聚区、国际邮轮旅客集散中心。在发展两岸邮轮航线基础上兼顾日韩、东南亚邮轮产品，拓展临港旅游商业经济，推动东渡国际邮轮母港成为海峡邮轮经济圈的核心港口。

在金融与商务方面，继续挖掘建设两岸金融服务中心的潜力，积极发展证券、保险、典当、创投等专业市场，加强厦台金融合作，探索金融制度创新，注重特色金融功能，加快建设两岸金融合作中心区等金融集聚区。此外，还应发展飞机、航空航材、船舶融资租赁和航空交易市场，拓展大型设备、医疗器械等融资租赁。开展对台离岸租赁业务。支持金融租赁公司在区内设立专业子公司，促进融资租赁公司专业化发展，探索建立融资租赁产权交易平台。培育区域股权交易市场。同时，培育和引进国内外著名企业总部，推动商务营运中心向特色化、高端化发展，形成各具特色的总部企业聚集区。

需要强调的是，金融领域开放对于产业与城市国际化的意义颇为重要，未来厦门应将适时适度地扩大金融开放作为工作重点，鼓励与推动金融体制创新、产品创新和管理创新，扩大金融服务范围，建立自贸试验区金融改革创新与两岸区域性金融服务中心建设的联动机制。

在推进金融业开放创新上，可考虑适时建立与自贸试验区相适应的账户管理体系；完善人民币涉外账户管理模式，简化人民币涉外账户分类；鼓励与支持设立从事境外投资的股权投资母基金，允许自贸试验区内符合条件的金融机构和企业按规定开展人民币跨境双向投资业务；允许自贸试验区内企业开展集团内跨境双向人民币资金池业务；允许自贸试验区内金融机构和企业赴境外发行人民币债券并回流使用。

在拓展金融服务功能上，继续稳步推进金融市场利率市场化，简化自贸试验区内经常项目收结汇、购付汇单证审核。允许自贸试验区内银行向境外转让人民币资产、销售人民币理财产品，所得人民币资金在自贸试验区内使用。尝试允许自贸试验区内法人银行开展资产证券化业务。支持金融机构积极拓展航运金融、科技金融等新领域。

在扩大两岸金融合作上，进一步降低台资金融机构准入和业务门槛，适度提高参股内资金融机构持股比例，并实行参照内资金融机构监管的国民待遇。此外，为吸引台湾金融机构进驻厦门，还应努力争取国家政策支持，简化台湾金融业从业人员在厦门申请从业人员资格和取得执业资格的相关程序。

除上述航运物流、旅游会展与现代金融业这三大支柱性服务业，软件和信息服务业、文化创意产业也应纳入发展现代高端服务业的整体布局中。在软件和信息服务业上，可依托厦门在计算机与通信设备、集成电路产业方面的基础和现有优势，大力发展集成电路设计与嵌入式软件、数字内容、服务外包、信息服务等优势产业，建设"中国软件名城"和"国家软件产业基地"。在文化创意产业方面，积极研究美图公司发展经验并适当推广，更广泛地支持文化创意与科技、旅游、金融的融合，重点发展创意设计、动漫网游、影视制作、高端工艺美术、数字内容等方面的企业。

（五）打造基于"绿色产业＋绿色金融"的厦门版新经济形态

近几年，随着中国经济由高速增长步入中高速增长新常态，尽快优化经济结构成为政府与产业界共同面临的艰巨任务。经过一段时期的摸索，发展以"新技术、新产业、新业态加快成长"为特征、涵盖绿色能源环保与互联网等重要领域的"新经济"逐步成为各方共识。从国际层面看，国际金融危机爆发后，促进实体经济结构升级受到各国的普遍重视，而以节能环保与发展可再生能源为核心内容的绿色经济则成为公认的新的经济增长点。可以说，这一背景为厦门创造了扬长避短，利用自身建设"生态厦门""美丽厦门"的既有成绩，适应乃至引领国内新经济形态形成的难得机遇。

笔者认为，厦门应积极抓住机遇，打造"绿色产业＋绿色金融"这一厦门版新经济形态。若能在这方面取得突出成绩，则有望在新一轮的全国城市竞争乃至国际城市竞争中处于领先地位。

2016 年，厦门被环保部正式命名为"国际生态市"，成为福建省首个通过验收的城市，也是全国第二个通过验收的副省级城市。这体现了过去多年来厦门在建设"生态厦门""美丽厦门"方面的切实努力。未来厦门要进一步夯实"国家生态市"的地位，乃至将其打造成城市国际化进程中的一张名片，除了在经济社会活动中积极推广节能环保外，抓住当前世界与中国产业结构调整的机遇，将"生态厦门"落实到绿色产业竞争力上才是可持续发展之道。

考虑到厦门市面临土地资源相对贫乏、淡水资源短缺、公共资源分布不均等现实约束，发展绿色产业的重点可放在循环经济和土地淡水集约型的产业与产业环节上。

在发展循环经济方面，首先，要加快构建分散与集中相结合的处理体系，以资源循环利用为目标，建立资源再利用分布网络，形成生活垃圾有机处理、资源再生利用的现代化可再生资源产业。依托"生态厦门"优势，尽快改造现行生活垃圾收运体系，建立与生活垃圾末端处理相适应的垃圾分类收运体系和生活垃圾源头分类体系，餐厨垃圾采用生物处理，提高垃圾资源化回收与利用率，率先打造垃圾综合管理系统。

其次，推进循环经济形成产业，并促进产业链的发展延伸。具体方向包括：推动企业间包括原料、水、能源等的资源共享，确保自生产环节资源消耗的降低；提高各产业间的关联度，凸显循环经济的区域效应；积极推进重点区域循环式发展、重点领域产业循环式组合、重点行业和企业循环式生产；针对现有的汽车、电子、机械制造产业链的特点，在经济技术能力范围内，完善形成特色产业间的循环经济产业链，进一步推动循环产业内涵与外延共同发展的趋势，充分发挥产业聚集优势，在企业间实现资源共享，提高企业本身增值创新能力。

最后，结合地域、资源、政策和科技优势，推进重点领域循环化改造。在农业上，加强探索发展循环农业产业链，通过粪便、秸秆的资源化利用等，无害化处理农业废弃物。在建筑业方面，推进鼓励绿色建筑发展，包括公共建筑物中水回用和太阳能屋顶发电站等项目建设。可考虑率先在厦门市财政性投资的保障住房项目中全面执行绿色建筑标准。此外，可考虑以水循环利用、原料转换等为载体，将生活部门纳入循环化改造的范畴，形成社会－经济－自然的大循环系统。

从产业结构上看，逐步培育绿色产业发展，提高绿色产业在厦门三次产业中的比重，还须有针对性地下功夫。

第一，深入推进生态农业发展。考虑到厦门土地资源有限，可推进"两头在厦，中间在外"的发展战略，强调"整体、协调、循环、再生"的原则，发挥特色优势，培育龙头企业及特色品牌，同时大力推进传统农业向生态农业转变，促进农业与环境协调发展。构建特色优势农业产业基地，引导农业产业集聚发展，完善产业网络及配套服务体系；大力发展休闲农业、休闲渔业，创新理念与机制，拓展市场化模式，引入乡村休闲旅游企业化管理的机制，打造特色休闲产品及特色休闲区，促进农业向第三产业转型。此外，还需要完善生态农业发展的政策法规体系。加快建立和完善农业生态环境保护法规，构建农业废弃物无害化处理与利用标准、绿色农产品认证制度、市场准入制度、生态农业补偿制度以及生态农业发展的激励政策与机制等。[①]

此外，还应促进农业与生态环境协调发展，形成循环型农业生产方式。严格保护基本农田及耕地。通过技术改进、生产方式转变及污染控制措施的加强，控制农业面源污染，实现农业废弃物的多层次再生利用或资源化。

第二，加强生态工业园区建设。以发展先进制造业、提升传统优势制造业为核心，以工业集聚园区为载体，充分发挥园区内集中资源、优势互补、共治共管的优势，大力加强生态工业园区建设，构建园区循环经济发展模式及体系。将火炬高新技术园区等国家级工业园区建成国家生态工业示范园区，鼓励技术研发及创新，推进园区内清洁生产。

依托现有优势，积极实施园区循环化改造，构建园区统一服务及监管体系。推进生态、环境保护、节能降耗等方面公共基础设施的统一建设，积极创造条件进行集中供热、供气，实现污水、垃圾和废弃物的统一处理，实现能源梯级利用、水资源循环利用、废物交换利用；构建园区环境风险监管信息平台，针对园区内各企业污染物等情况实施动态监控，并完善环境治理政策措施。

第三，着力突出服务业绿色发展。依托"生态厦门"既有优势，大力推动服务业绿色转型，推进服务主体绿色化、服务过程清洁化发展，促进服务业与其他产业融合发展，构建循环型服务业体系。树立绿色经营理念，在流通环节中实施绿色供应链管理。推行绿色服务设计、绿色材料、绿色制造工艺、绿色包装、绿色服务营

---

① 厦门市人民政府：《厦门市生态文明建设"十三五"规划》，2016年12月。

销、绿色消费、绿色回收等，在服务供应的一系列环节中实现生态化、绿色化发展。

以清洁交通体系为支撑，加强物流行业全过程的环境污染控制，实现低碳绿色转型。推进节能环保技术在服务业中的应用，扩大环保产品和服务供给。加大研发投入力度，提高节能环保技术水平；建立绿色服务标准及认证制度；推进绿色管理方式及消费模式，并加强构建服务业与工业、农业及其他服务部门之间的物质循环、废物利用、能源利用等循环经济体系。

绿色产业发展需要相应的资金支持，而绿色技术应用在初期阶段往往被认为存在较大的成本－收益风险，因而普遍存在资金缺口。为解决这一困难，党中央和国务院提出构建绿色金融体系的重大决定。2016 年 8 月 31 日，中国人民银行、财政部等七部委联合印发了《关于构建绿色金融体系的指导意见》，这是旨在贯彻落实"五大发展理念"和发挥金融服务供给侧结构性改革作用的重要举措。该指导意见体现了一系列重要创新。例如，绿色金融过去通常被狭义地理解为绿色信贷，但指导意见中倡导的绿色金融体系则包括了绿色债券、绿色股票指数及相关产品、绿色发展基金、绿色保险、碳金融等所有主要金融工具。再如，过去的绿色信贷政策主要集中在对"两高一剩'行业的限制性措施，而意见则强化了对绿色投融资的若干激励机制，包括再贷款、贴息、担保、政府参与的绿色基金投资、宏观审慎评估、简化审批流程等措施。另外，指导意见明确提出中央财政整合现有节能环保等专项资金设立国家绿色发展基金，同时鼓励有条件的地方政府和社会资本共同发起区域性绿色发展基金。这向社会各界发出了政策层面支持绿色投资的积极、重大的政策信号，有助于提振投资者信心。

实际上，绿色金融不但是推动我国经济向绿色转型的重要力量，也为金融业自身可持续发展创造了新机遇。我国绿色融资的需求巨大，绿色金融业务的成长空间也很大。例如，2016 年我国绿色债券在境内外的发行量是 2015 年的 30 多倍，绿色基金正快速成长，能效融资贷款、环境权益抵押贷款、碳金融产品等绿色金融产品不断涌现。李克强总理在 2017 年十二届全国人大五次会议上所做政府工作报告也专门强调，要大力发展绿色金融。可以说，我国绿色金融的发展正在全面提速，未来在向绿色经济转型的过程中，绿色金融还将有更大的发展空间。

鉴于此，厦门也应依托自身在发展生态经济、绿色经济方面的既有优势，抓住国家政策机遇，结合未来发展目标，制定出一套绿色金融发展战略，着力打造基于"绿色产业＋绿色金融"的可持续的新经济形态，为在新一轮产业结构调整中处于有利地位打下坚实基础。

以上尝试探讨了厦门城市国际化进程中的产业升级策略。然而，还需要看到，随着一个地区或城市的产业国际化程度不断提高，其经济的外向度将逐步提高，而这意味着本地产业对外界经济波动的"免疫力"也越差，卷入国际经济危机的可能性会增加。在制定产业与城市国际化发展战略时，厦门应尽量以前瞻性思维做出更具可持续性的发展规划，努力提高本地经济的抗风险能力。

参考文献

〔美〕迈克尔·波特：《国家竞争优势》，李明轩、邱如美译，华夏出版社，2002。

　　厦门市发展研究中心："厦门打造国际化城市研究"，2015。

　　厦门市发展研究中心："提升厦门产业国际竞争力研究"，2015。

　　厦门市人民政府：《厦门市生态文明建设"十三五"规划》，2016。

　　中共厦门市委、厦门市人民政府：《关于打造国际一流营商环境的意见》，2015。

　　AAPA，*World Port Rankings* 2015，2015.

　　Karl Aiginger & Susanne Sieber，"Towards a Renewed Industrial Policy in Europe"，Chapter 1 for the *Background Report of the Competitiveness of European Manufacturing* 2005，European Commission，DG Enterprise and Industry，2005.

第五章　厦门城市国际化中的文化建设

张金岭[*]

文化建设是城市国际化进程中不可或缺的内在维度之一，它不但能为城市参与更广范围、更深程度的国际交流提供基础性的人文环境与动力，带动城市的对外开放与交流，有利于增强城市在国际社会中的吸引力和影响力，而且其自身也是城市国际化进程中日益重要的经济要素，因为文化产业越来越成为其他经济部门参与更加多元化的国际化进程的生力军。

每一座城市都有自己独特的历史传统与文化资源，其国际化进程中的文化建设必须要以此为基础，同时还要找准自身文化建设国际化的定位，整合优秀的文化资源，界定文化产业发展的总体格局并推动其持续革新，让文化建设更好地与城市的基础设施建设、产业结构调整、宜居环境营造、区域协调发展等相适应，以服务于城市整体的国际化进程。

2016 年 7 月颁布的升级版《美丽厦门战略规划（2016）》明确提出了"空间发展战略"、"国际化发展战略"和"人的发展战

---

* 张金岭，中国社会科学院欧洲研究所副研究员。

略"三大发展战略。其中,"国际化发展战略"意在着力构建极富特色和竞争力的国际化城市,着力构建开放性和多元化的城市文化,着力形成先进性和高质量的城市设施和公共服务。同时,该规划提出的"十大行动"中还提出了"文化繁荣行动"。如此定位既为厦门城市国际化发展勾画了基础性的发展结构,也明确了其中文化建设的方向。

厦门城市国际化中的文化建设必须要充分认识到其特殊的地理区位、资源禀赋、历史积累、发展机遇等给它带来的诸多可能性及其挑战,切实找准城市文化国际化的定位,并在此基础上认真梳理其既有经验与优势,认清目前阶段所面临的问题,理清推进城市国际化进程中文化建设的实施路径。更为重要的是,城市国际化中的文化建设必须要与其他领域有机结合,形成互容互进的结构格局与发展态势。

一　厦门城市国际化文化建设的战略框架

深入推进厦门城市国际化进程中的文化建设,必须要确立纵览全局、高瞻远瞩的战略定位,又要明确蕴含其中的理念取向。唯有明确这样一个战略框架,并在其指导下,才能保证文化建设更好地服务于厦门全方位的城市国际化建设。

(一) 基本定位

目前,厦门在城市国际化发展中,已经具备了诸多有利于发展成为区域性综合型国际化城市的条件。作为我国五个经济特区之一和中国(福建)自由贸易试验区的组成部分,多年来厦门经济社会的发展及其成就与综合影响力已经辐射到东南亚地区。作为现代海上丝绸之路新起点，厦门在国家和福建省有关"一带一路"倡议的建设规划中所能发挥的积极作用被赋予很高的期待——厦门将被建设成为"21世纪海上丝绸之路"中心枢纽城市和战略支点城市。

基于建设成为"区域性综合型国际化城市"的目标，厦门应当将其国际化影响所辐射的范围主要集中在亚太地区。在此框架下，基于其自身的历史积淀、发展基础、资源禀赋和比较优势，厦门宜应以"一带一路"倡议和自贸区建设为契机，着力提升城市的国际影响力，建设成为亚太地区有重要影响力的区域性综合型城市。着眼于此，厦门城市国际化建设中推进文化发展的基本定位应立足于把厦门建设成为面向亚太地区与"21世纪海上丝绸之路"沿线国家的国际人文交流中心。

着眼于这一基本定位，厦门应当在人文领域内，充分挖掘地方文化资源，整合对外交往渠道，着力搭建和夯实对外交流平台，全方位推进国际交流合作，在交流合作中促进发展、提高水平、走向国际化，形成有国际知名度的城市人文品牌，建成国际知名的旅游城市、体育赛事名城、国际文化交流中心，成为国际交往频繁、充满活力的国际交流交往中心。更为重要的是，厦门在城市文化建设中，必须要从基础设施建设抓起，营造良好的人文环境，努力提升接待外国宾客的能力，全面提升厦门作为面向亚太地区与"21世纪海上丝绸之路"沿线国家的国际人文交流中心的整体实力。

（二）基本理念

厦门城市国际化进程中的文化建设必须要夯实其发展动力，既要拓宽领域，又要强化深度，形成可持续的发展态势，这样才能更好地服务于整体的城市国际化发展。为此，应当特别强调和突出以下基本理念。

1. 立足传统，寻求创新

厦门拥有积淀深厚的闽南文化传统与历史悠久的海洋文化传统，它们是其城市国际化进程中文化建设的重要基础和依托，只有立足于这两大文化传统，才能动员更多的人文资源，形成聚合力。此外，还应当在立足本土文化传统的同时，强调创新，构建文化创新体系，借以形成持续推动厦门城市国际化的文化动力。由此，应当重点推进文化产业革新，其中着重突出文化创意产业的发展，推动国际性文化消费，推进国际性文化市场体系的形成。同时，注重在国际层面上传承闽南文化，推动中华传统文化创新性转型和创造性发展。

2. 兼容并蓄，多元包容

国际化城市具有较高的城市开放度，外来人口较多，具备民族、信仰、价值观、文化实践多元发展的兼容并蓄的城市特征，人文环境多元包容才能使城市更具亲和力和影响力。城市文化国际化需要形成兼容并蓄、多元包容的城市文化氛围，这样才能更好地与国际社会形成深入交流的格局。厦门城市发展的历史经验也离不开兼容并蓄、多元包容的理念，未来推进厦门城市国际化的文化建设更应当立足于此。

3. 多位一体，融合发展

城市国际化是一个整体性概念，既密切关联着诸多产业领域与部门，又紧密联合着城市所在的区域社会。只有强调"多位一体、融合发展"的理念，才能更好地凝聚力量，密切不同环节之间的关联。因此，厦门城市国际化进程中的文化发展应既要注意将文化与教育、社区、旅游、金融、科技、商业、园林、市政建设等相互融合，又要注意把文化国际化建设与面向"一带一路"尤其是"21世纪海上丝绸之路"沿线国家的人文交流相结合，强调厦门作为"海丝"中心枢纽城市与战略支点城市的角色，还要注意跟"厦漳泉"区域同城化发展相结合，注意国内、国际资源的优化组合，带动更大范围内的区域社会的发展。如此，才有更强劲的动力推进厦门城市国际化进程中的文化建设。

二　厦门城市国际化文化建设的资源优势与经验积累

作为国家对外对台的战略支点、"21世纪海上丝绸之路"的枢纽城市和战略支点城市，以及新定位的国家中心城市，厦门在区域协调发展、国际经济社会交往中发挥着重要的辐射作用。作为一个历史悠久、具有创新精神与文化活力的城市，厦门在城市国际化文化建设方面具有重要的资源优势，也积累了一些重要的经验。梳理并充分利用好这些优势资源和既有经验，对未来厦门城市国际化进程中的文化建设多有裨益。

（一）深厚的历史文化资源

在城市国际化的文化建设中，在面向亚太地区和"海丝"沿线国家开放人文交流方面，厦门拥有众多的人文资源优势，主要体现在以下几个方面。

1. 闽南文化

闽南文化是厦门历史文化的根基。作为现代闽南文化之都的厦门，一直引领着闽南文化的发展方向。闽南文化具有鲜明的国际化特征，历史上广泛分布于中国东南沿海地区，以及东南亚等海上丝绸之路沿线国家和地区。近代以来，由于西方文化的融入，厦门形成了以"鼓浪屿文化"和"侨乡文化"为代表的闽南文化。厦门是闽南文化近代转型的中心舞台，厦门文化是现代闽南文化的新形态。厦门作为改革开放窗口，是闽南文化与世界多元文化相互融合创新发展的重要场所，具备与包括东南亚各国在内的亚太地区诸多国家开展人文交流的历史基础。

2. 海洋文化

对外开放的海洋文明是厦门城市发展的时代烙印，铸就了今天厦门人文积淀深厚、文化多元荟萃。作为一个海滨城市，厦门拥有丰富的海洋文化资源和传统，包括海洋民俗文化、海洋体育文化、海洋生态文化、海洋科学文化等，这些都表现为厦门与亚太各国深入人文交往的优势资源。

3. 侨乡文化

厦门籍与福建籍华侨华人在亚太地区国家与"海丝"沿线国家广泛存在，是厦门与各国开展人文交流与合作所拥有的独特优势，由此也成为厦门城市国际化文化建设的重要资源凭借。厦门是福建籍华侨出入境的主要门户，厦门市政府统计数据显示，目前祖籍厦门的海外华侨华人有 46.8 万人，分布在 73 个国家和地区，归侨、侨眷 25 万人，港澳同胞眷属 4 万人。① 数量众多的华侨华人与厦门、福建和祖国保持着密切的经济与文化交往，由此也密切了厦门与他们所在国家的交往，为厦门城市国际化进程中的文化建设提供了丰富的国际资源。

---

① 数据由厦门市人民政府外事侨务办公室提供。

4. 多元文化

厦门是近代以来多元文化相互融会之地。在鸦片战争后，厦门正式开埠，逐渐成为华人远赴海外的始发地和中西方文明的交汇地。在厦门，独特的港口和侨乡优势，造就了鼓浪屿独特的"万国租界"的建筑文化、富于"琴岛"美誉的音乐文化、中外汇聚的名人文化和宗教文化，也产生了"忠、公、诚、毅、闯"的嘉庚精神。如今，厦门已经形成了以侨乡风情、闽南文化、异国情调、温馨现代为特色，历史文化传统和现代城市气息交融的多元融合的文化特征。厦门人宽和温馨、诚毅从容、温文尔雅，独特的中西合璧、多元文化造就了多元包容的城市精神。这就为厦门以更加多元、包容的姿态与国际社会深入交往奠定了基础。

5. "美丽厦门"

"美丽厦门"是厦门城市发展的一个核心定位，具有丰富的内涵，涵盖了经济、政治、文化、社会、生态文明"五位一体"的诸多方面，是一个全面、整体的概念，是时代之美、发展之美、环境之美、人文之美、社会之美的总和。2014 年 1 月，厦门颁布的《美丽厦门战略规划》为城市的长远发展提供了全局性、长期性、决定性指导。2016 年 7 月颁布的升级版《美丽厦门战略规划（2016）》在"空间发展战略"、"国际化发展战略"和"人的发展战略"三大发展战略的框架下，又进一步提出了"产业升级行动、改革创新行动、开放发展行动、城市提升行动、幸福安康行动、文化繁荣行动、生态优美行动、同胞融合行动、法治厦门行动、从严治党行动"等十大行动规划，勾画了厦门城市综合发展的行动路线，也为厦门城市国际化发展奠定了基础。

厦门拥有美丽的自然环境、深厚的历史积淀和健康发展的经济社会，先后获得全国文明城市"四连冠"、中国科学发展典范城市、十大低碳城市、联合国"人居奖"等一系列荣誉。"美丽厦门"蕴含着多重人文资源，良好的自然与人文环境的交融，使厦门在生态文明建设方面具有诸多优势，具有很强的人文吸引力，其人文影响力在国际层面上不断拓展，尤其是辐射到东南亚国家和"海丝"沿线各国。

（二）丰富的对外交流实践

多年来，厦门在对外人文交流领域内已经积累了丰富的实践经验，并逐步打造了一些具备一定资源整合能力的交流平台。

1. 南洋文化节

厦门是我国东南沿海的南洋文化交流中心。从 2008 年起，厦门就开始邀请东盟十国举办"南洋文化节"，到目前为止已连续举办五届。厦门与南洋历史渊源深厚，随着国际化进程的加速，厦门与东南亚的经贸合作、文化交流日益密切。闽南文化与南洋文化的共融、共生，孕育了厦门这座城市独特的南洋情怀。文化节期间，厦门不但组织丰富多彩的文化展演活动，还组织相关的土特产展览等经济活动，有助于增进厦门及福建其他地区民众对"南洋"一带国家文化及民俗的了解，进一步推进中国与这些国家的友谊和文化交流。"南洋文化节"的持续举办为厦门城市国际化中的文化建设积累了宝贵的经验。

2. 国际海洋周

厦门国际海洋周由中国国家海洋局、厦门市人民政府、联合国开发计划署驻华代表处、东亚海域环境管理区域项目组和厦门大学共同举办。自 2005 年创办以来，厦门国际海洋周已发展成为一个公众广泛参与的海洋文化节日，一个全球海洋政策、科学技术、决策和行动的交流平台。一年一度的厦门国际海洋周基于全球性视角，致力于为世界各海洋城市政府、海洋科技界、国际组织、政府间组织、海洋相关企业及机构提供一个良好的国际合作与交流平台，致力于促进海洋产业的健康发展和海洋资源的可持续利用，还致力于打造公众广泛参与的海洋文化节日，提高公众海洋意识。围绕这样的目标，厦门已在国际层面上形成了自己的海洋文化朋友圈。

3. 国际交流日益多元

近些年来，厦门参与国际交流与合作的实践日益多元。目前，已有新加坡、菲律宾、泰国等国家在厦门设立总领事馆。另外，厦门还拥有国际友好城市 18 个、国际友好交流城市 13 个，与厦门港签署正式友好港口协议的姐妹港有 11 个，签订友好合作意向书的国际港口有 12 个。厦门与 200 多个国家和地区建立了良好的经贸关系[①]，国际影响力日益提升。

多年来，厦门成功举办了一系列国际性双边、多边会议，其国际影响力不断扩大。仅在过去两年间，厦门就组织过多场重要的国际会议，比如，首届"中国－新西兰市长论坛"（2015）、"中国－东盟邮轮产业经济城市合作论坛"（2015）、"海外华商中国投资峰会"（2015）、"中俄跨界水联委员会第八次会议"（2015）、"第四轮中日海洋事务高级别磋商"（2015）、"中国－东盟建立对话关系25 周年"（2016）、"2016 年 G20 峰会第三次协调人会议及财政和央行副手会"、"海上丝绸之路暨国际产能研讨会"（2016）等，进

---

①　数据根据厦门市人民政府等相关机构的统计资料汇总。

一步提升了厦门参与国际事务的能力，为城市国际化进程中的对外文化交流积累了经验。

厦门还搭建了很多其他领域的国际交流平台，比如，每年定期举行的九八投洽会、连续多年被评为国际金牌赛事的厦门国际马拉松比赛、中国国际钢琴比赛等，以及先后组织举办过的"国际友好音乐会"、"行·摄"友城、"世界城市日论坛"、"国际青少年足球夏令营"、"国际友城马拉松项目"、"世界铁人三项赛"等众多国际性的文化体育活动，这些活动的举办在不同领域为厦门对外人文交流积累了丰富的经验。厦门市已连续五年荣获全国友协颁发的"国际友好城市交流合作奖"。对外人文交流经验的持续累积，为厦门作为区域性国际人文交流中心的建设奠定了基础。

（三）积极推动文化产业发展

近年来，文化产业已成为厦门经济发展、人文建设的重要组成部分，不但为厦门经济发展带来了新的增长点，促进了经济格局的变革，也为人文社会的发展注入了新的活力。

1. 秉持"大文博会"理念

厦门重视并积极推进"大文博会"的理念，借以促进文化创意产业与文化产业经济的发展。近十几年来，厦门陆续在文化领域内推出和建设了一大批品牌活动，比如，已经连续举办多年的海峡两岸文博会、海峡两岸图书交易会、厦门国际动漫节、海峡两岸民间艺术节等，并由此形成了"大文博会"的文化产业格局，进一步配合和带动了会展产业的发展。

2. 全方位推动文化产业发展

厦门特别注意发展文化创意产业，推动创意设计、动漫游戏、影视、古玩艺术品、数字文化与新媒体、印刷复制、演艺娱乐和文化旅游等八大文化产业领域快速发展，文化与产业融合发展的优势日益明显。在此背景下，厦门不断推进文化创业园区建设和文化产业示范基地建设，尤其是重点推进动漫产业、文化创意产业的发展，不断打造厦门文化建设的标签与品牌，提升其在国内外的影响力。目前，厦门建设的龙山文化创意产业园是福建省最大的文化创意产业园。

（四）积极吸引高层次与国际型人才

厦门特别注意吸引高层次人才与具有国际背景的人才到厦门工作，并予以相应的政策配套，为未来城市国际化进程中的文化建设积累了宝贵的智力资源。

1. 两个人才工程

在吸引国际型人才方面，厦门建有"海纳百川""双百计划"两个人才工程。"海纳百川"工程包括"1个总纲、12个人才计划、7大支撑政策体系"（简称"1127"人才工程）。总纲是指《厦门市实施"海纳百川"人才计划打造人才特区2013～2020行动纲要》；12个人才计划包括重点产业紧缺人才计划、高层次紧缺型金融人才计划、海洋经济发展人才计划等；7大支撑政策包括财政投入优先保证政策、高层次人才引进优惠待遇政策、本地领军人才特殊支持政策等，其中设立了一些灵活性很强的用人政策，是其政策亮点。

2010年4月，厦门制定出台《厦门市引进海外高层次人才暂行办法》和《关于加快建设海西人才创业港，大力引进领军型创业人才的实施意见》两个政策文件，计划用5～10年的时间引进

100 名海外高层次人才和 300 名领军型创业人才（简称"双百计划"）。"双百计划"以建设海峡西岸人才创业港为目标，以"政府引导、市场主导"为总体思路，以"人才＋项目"为主要模式，重点引进能突破关键技术、发展高新产业、带动新兴学科的海外高层次人才和领军型创业人才，促进科技成果转化和产业升级，加快经济发展方式转变，推进人才工作与经济工作紧密融合。被引进的高层次人才，不但会在科研、项目经费、职称评聘等方面享受优惠的政策支持，还在住房、配偶就业、子女上学、医疗等方面享受优惠待遇。

2. 国际人才管理与服务

在国际人才的管理与服务方面，厦门也尝试进行了一些有益的制度改革。厦门为外籍人士参加医疗保险搭建了制度机制，符合规定条件的外籍人士可以在厦门参加医疗保险，享受相应的医保待遇。早在 2005 年，厦门市人力资源和社会保障局、厦门市地税局就发布了《关于在厦就业的台湾、香港、澳门居民纳入社会保险统筹范围的通知》（厦劳社〔2005〕260 号），要求为"依照规定办理了就业手续"，并"与厦门市用人单位建立劳动关系的台湾、香港、澳门居民"，办理基本医疗保险。后来，从 2011 年 7 月 1 日起，厦门市又参照上述通知精神，将所有在厦门市用人单位就业的外籍人士纳入厦门市社会保险参保范围，使之享受对应的医保待遇。

厦门从 2004 年开始设立"白鹭友谊奖"，以鼓励和表彰到厦门工作的外国专家为厦门发展做出的突出贡献。该奖每两年评选一次，每次获奖人员不超过 5 名。"白鹭友谊奖"的评选着重于农业技术革新与农村经济发展、企业技术进步与管理、工程建设、科学研究、人才培养等方面，在上述领域内做出突出的国外专家，都有机会获奖。据厦门市人力资源和社会保障局统计，2016 年在厦门工作的持有外国专家证的人员有 604 人。其中，经济技术管理类专家主要集中于制造业、交通运输业、信息及计算机服务业；科教文卫类专家主要从事教育行业，另有部分专家从事文化体育娱乐行业或投身科学研究。

3. 留学人员服务

厦门在吸引优秀留学人员方面做了一些有益的尝试。比如，完善修订《厦门市留学人员科研项目与交流活动经费资助管理办法》；尝试开展厦门留学人员项目配套资助评审工作（首批共有 9 个留学人员项目符合条件，发放资助共计 61 万元）；尝试开展厦门留学人员科研项目资助评审工作（经专家评审推荐后，首批共有 13 个项目获得资助，共计 85 万元）；尝试开展厦门市留学人员交流活动资助工作（首批资助立项 2 个）。为了更好地服务于留学人员，厦门早已建立了厦门市留学人员工作联络机制，不断拓展联络点和联络员，定期召开留学人员工作联络员座谈会，邀请他们为厦门市留学人才引进与服务工作建言献策。此外，厦门市相关机构还组织开展多种形式的留学人员与国际人才交流活动，促进优秀人才与用人单位的需求对接与互动，以实现优秀人力资源的高效配置。

另外，在《美丽厦门战略规划（2016）》中，厦门明确提出"人的发展战略"，旨在聚集各层次优秀人才，营造支撑人才发展的良好环境，打造温馨包容的幸福生活，提升人的精神品质。此战略有利于厦门在城市国际化发展中吸引更多的国内外优秀人才，并进一步拓展其对外人文交流的广度。

（五）面向国际化的教育资源

目前，厦门在教育方面已经形成了一定的国际化格局，涵盖到基础教育、高中教育和高等教育领域，既有助于厦门不同学龄阶段的学生享受国际教育，也有益于营造良好的人文环境，吸引优秀的国际人才到厦门工作创业，能够进一步提升厦门综合的人文吸引力。

厦门具有多元化的涉外教育机构。[①] 目前，厦门市拥有 2 所专门面向外籍人员子女设立的学校、8 个中外合作办学机构与项目，还有 5 所学校具备接收外籍人员子女的资格，71 所学校和培训机构具备招聘外籍教师的资格。厦门国际学校和厦门岷厦国际学校全部招收外籍人员子女，均获得 IB 认证，合计在校生已超过 800 人。在厦门，有近 7000 名境外学生分散在各中小学和幼儿园就读，这些境外学生大部分是来厦门投资的外商或台商的子女，这些外商和台商为改善厦门投资软环境起到了积极的促进作用，而做好其子女的教育服务工作则有助于促进他们来厦门投资创业。

厦门基础教育对外交流合作频繁。厦门各中小学校十分重视与境外中小学校的教育交流与合作，并通过建立姐妹校关系，不断深化教师互访、学生交流、夏令营、学术研讨、师资培训等教育交流与合作。目前，厦门全市中小学和美国、英国、法国、日本、韩国、新加坡、中国香港等国家和地区的学校建立了 81 对姐妹校。

厦门境外师资培训常态化。从 2014 年开始，厦门市教育局与台湾省教育会合作在台湾朝阳科技大学和台湾健行科技大学建立了

---

① 本部分数据由厦门市教育局提供。

厦门市职教教师台湾培训基地，每年选派 1～2 批中职教师赴台参加培训，每期 15 天，涉及的专业有计算机、机械、电子等。与此同时，厦门还拓展国外培训工作，比如在英国开展小学英语教师"培训培训者"项目，与加拿大温哥华市教育局合作开展骨干教师培训项目，在加拿大举办专家型、学科带头人、骨干教师培训项目，在美国和英国举办中小学校长培训班，与新加坡南洋理工大学国立教育学院签订培训合作备忘录，等等。通过开阔师资的国际教育视野，提升其水平，促进厦门全市教育国际化水平的提升。

三　厦门城市国际化文化建设所面临的问题

综合来看，厦门在国际社会中的文化影响同其面向亚太地区与"21 世纪海上丝绸之路"沿线国家的国际人文交流中心的定位相比，还存在较大的差距。厦门城市国际化文化建设所面临的问题主要体现在以下几个方面。

（一）文化基础设施建设尚待完善

目前，厦门的文化基础设施建设主要着眼于为本地居民，以及台湾居民提供服务，总体上缺少对来厦门工作、生活的外国人士提供文化服务的考量。未来，厦门面向亚太地区与"21 世纪海上丝绸之路"沿线国家的国际人文交流中心的建设与发展，必然意味着要接待和容纳更多的外籍人士来厦门参观、访问、学习、工作或生活，如何在整体层面上为其提供语言、教育、生活、休闲、娱乐等方面的文化服务，是一个需要综合考量的问题。

另外，厦门当地及其周边区域的人文资源整合并没有呈现最优的组合态势，致使整体作用未能发挥出来。未来，厦门的文化基础设施建设应当注意"厦漳泉"三地的资源整合，以"人"为本，做到优化配置。

（二）国际知名的文化品牌较少

基于国际社会的人文影响来看，厦门相较于国际社会而言，文化个性不突出，国际知名的文化符号较少，缺乏国际知名的人文品牌。而且，厦门也缺乏具有国际影响力的文化机构或企业。美图秀秀作为厦门知名的文化创意企业，本应是一个对外扩大国际文化交流与影响的重要平台，但它并没有发挥出应有的作用。美图秀秀开发的软件享有一定的知名度，占有一定的市场份额，如何让它成为对外人文交流的窗口，借以提升厦门在文化层面的国际知名度，是一个值得探讨的问题。未来，厦门需要建设和倚重更多的国际知名的文化机构，以提升其在国际层面的人文吸引力。

（三）国际人文交流的平台较弱

近年来，尽管厦门已经主办或承办了多项大型的国际性科技、文化、体育活动，但是与其他国际化城市相比，总体上数量还是比较少，其中永久性落户厦门、在厦门定期举办的活动更少，而且厦门缺乏具有更广泛的国际影响力、规模较大的人文活动，其国际人文交流平台建设的实力较弱。目前，厦门虽拥有投洽会、国际石材展等国际知名展会，但总的来说国际性知名展会数量少、规模小，厦门仍然缺乏重量级的国际合作项目和平台。另外，驻地厦门的国际机构较少，将其总部设在厦门的国际机构目前仅有1家。未来，厦门在城市国际化文化建设中，应当着力于搭建常规性的国际人文交流平台，积极吸引具有较高影响力的国际机构入驻厦门，积极申办或创办大型国际性科技、文化、体育活动，或基于厦门自身的资源禀赋，创建国际性的人文交流平台。

（四）国际化人才较为缺乏

目前，厦门人才国际化离国际化大都市的要求还相差很远，尚处在初级发展阶段。在国际化人才数量、研发人员占从业人员的比重、外籍常住人口占全市人口的比重、跨国公司数量等方面，与国内外国际化城市相比，厦门都存在较大差距。厦门的国际化人才呈现结构性短缺，从 2008 年至今共有近 4000 名外国专家来厦门工作，其中大部分外国专家主要集中在教育领域，产业领域的国际人才短缺；本土人才中取得国际化执业资格的高级人才、能够熟练运用一门甚至多门外语的专业技术人员，以及熟悉国际运作规则、具备国际视野、有自主创新能力的人才等还十分缺乏。

在调查中，我们了解到，厦门总体上对留学人员和国际人才的实际需求较小。在某种程度上，这一状况源自目前厦门经济社会建设对具有国际背景的人力资源的需求不多，同时也源于诸多用人单位在相应的制度配套建设方面力度不够，无法自觉吸引优秀的国际人才。未来，厦门的国际化建设必须在对具有国际背景的优秀人力资源的妥善利用方面加大力度。

目前厦门整体的薪酬水平偏低，跨国公司数量少，产业关联度和集聚度不高，高层次人才的事业发展空间相对有限，这些也降低了对国际性人才的吸引力，很多优秀的留学回国人员不愿意到厦门工作，而其他国家的优秀人才对薪资水平和工作待遇的要求更高。

此外，厦门人才创业创新的环境活力不足，人才国际化机制尚待完善，人才国际化的基础环境也尚待改善。未来，厦门国际化建设中的文化建设，须认真考虑如何加大吸引和利用优秀人才的力度。

（五）城市居民国际交流水平较低

厦门城市居民参与国际交流的整体水平较低，限制了其对外人文交流总体格局的建设。厦门市民中熟练掌握外语者不多，这在很大程度上制约了民间社会对外交流水平的提升。据调查，厦门居民的英语普及率较低，仅为 34.7%，会讲其他外语者更少。另外，据不完全统计，厦门外籍人口约为 5000 人，占常住人口的比重为 0.13%，低于新加坡、香港、深圳等国际性城市。[①] 厦门城市生活的整体氛围还未透露出充满活力的国际性气息。

四　城市国际化文化建设的欧洲经验

在城市国际化的文化建设方面，欧洲很多城市可以为厦门提供有益的经验借鉴，它们在文化建设的战略规划、资源整合、项目建设、国际推广等方面可以为厦门提供诸多启发。

（一）打造人文活动品牌

欧盟与欧洲各国共同建设的"欧洲文化之都"（European Capitals of Culture）[②] 活动可以在打造人文活动品牌方面为厦门提

[①] 厦门市发展研究中心："厦门打造国际化城市研究"，2015 年 10 月。
[②] 相关资料可参阅 https：//ec. europa. eu/programmes/creative – europe/actions/capitals – culture_ en。

供借鉴。

"欧洲文化之都"是欧盟颁授给欧洲城市的一个荣誉称号。自1985 年起，每年都有一个或数个欧洲城市在激烈的竞争中脱颖而出，被欧盟授予"欧洲文化之都"称号。作为一个充满首创精神、在整个欧洲范围内组织开展的文化活动，"欧洲文化之都"的评选与建设活动旨在突出欧洲文化的丰富性与多样性，强调欧洲人所共享的文化特征，增强欧洲公民对共同文化区域的归属感，培育文化对城市发展的贡献。

20 世纪 80 年代，在欧洲一体化的进程中，文化并没有像经济、政治那样在当时的欧共体内部受到足够重视。为了扭转这一局面，当时的欧共体部长理事会在希腊文化部长 Melina Mercouri 的倡导和构思下，决定于 1985 年 6 月在雅典举办"欧洲文化之城"活动。直到 1999 年，德国城市魏玛举办这一文化活动时，活动名称正式变更为"欧洲文化之都"。

"欧洲文化之都"的荣誉头衔可享有一年，其间获此称号的城市可以向欧洲各国民众集中展示自己的文化传统与遗产，以及在文化建设领域内的创新与发展，同时还会吸引欧洲各国的大批文化艺术工作者来此地参与表演和展出等。"欧洲文化之都"的评选一般提前六年举行，通常由意向城市所属国家的文化部提交申请。每一个"欧洲文化之都"，从获此殊荣到在指定年份作为主宾城市举办活动之间的几年间，都可以借此名头着力改善自身的文化基础设施建设，并努力拓展自身的国际影响力。

30 多年的实践经验表明，"欧洲文化之都"活动在很多方面做出了重要贡献，比如，城市再造、提升本国居民对城市的认知形象、为城市文化注入新活力、提升城市国际形象、促进旅游等，这一文化创意不但表现为重要的人文实践，而且为经济社会发展提供了重要的发展动力，在吸引投资、促进就业等方面的成效明显。总体而言，"欧洲文化之都"活动促进了欧洲城市的国际化建设，对欧洲社会的团结合作、文化发展和经济繁荣做出了不可低估的贡献。

（二）再造地方文化资源

充分挖掘地方传统文化资源，并对之进行创造性再利用，是诸多欧洲城市国际化进程中文化建设的普遍做法。

作为一座有着 2500 年历史的古城，法国著名港口城市马赛在城市发展中特别注意文化建设，尤其是注意保护和开放城市人文景观，提升其人文吸引力。文化遗产保护的思想早已在法国社会中成为一种广泛的共识。马赛很早就制定了历史城区保护政策，以最大限度地保护其历史人文风貌。作为法国去工业化发展的重要街区符号，马赛的 La Friche 街区成为马赛城市人文空间再生产的标志性项目，这里还是 2013 年马赛作为"欧洲文化之都"组委会的办公地点。① 与此同时，马赛也特别注意保护和开发当地具有强烈文化象征符号的人文景观，以吸引全世界的游客前去观光游览，比如，作家大仲马小说《基度山伯爵》中基度山伯爵被关押的伊夫岛上的伊夫堡、历史悠久的贾尔德圣母院，以及马赛历史博物馆、美术馆等。

英国港口城市利物浦是一个历史悠久、以贸易港口起家的城市，也是一个因 20 世纪 60 年代出现的披头士乐队（Beatles）而闻

---

① 陈可、石赵艳：《法国马赛 La Friche 文化产业区成功因素研究》，《商业时代》2014 年第 8 期。

名于世的文化名城。作为披头士的故乡，利物浦有着深厚的音乐情结，除了建有著名的披头士博物馆、众多音乐酒吧外，为纪念披头士乐队，每年 8 月还举办利物浦音乐节。利物浦文化创意产业的发展也注意利用披头士摇滚乐队故乡的身份，定位于积极发展音乐、艺术、博物馆等，对其文化传统资源进行创造性再利用，从而获得了"创新之城"的美誉。

（三）发展文化（创意）产业

意大利著名的历史文化名城威尼斯之所以在国际上享有盛誉，有相当一部分原因是其文化产业的成功。威尼斯电影节的衍生产业、威尼斯双年展的衍生产业是威尼斯最知名的文化产业。威尼斯电影节追求独立自主的原则和冒险精神，强调"电影为严肃的艺术服务"。威尼斯双年展作为一个拥有上百年历史的艺术节，是世界三大艺术展之一，并且排行第一，被喻为艺术界的嘉年华盛会。全世界的艺术界人士都以作品能参加威尼斯双年展为荣。威尼斯双年展的衍生产业涉及艺术品旅游业和艺术品交易，既为城市带来了可观的经济收入，又提升了其国际层面的人文影响力。

荷兰在创意产业方面世界领先，同时也是世界创意服务出口大国。荷兰创意产业为应对全球变化提供了许多创新和实用的解决方案，对荷兰乃至全球都有着广泛的影响。荷兰创意产业的一大特点就是别出心裁的思维方式，包括许多领域，比如设计、传媒、娱乐、时尚、游戏、建筑和电影等，大部分创意企业都是中小企业。地处脆弱的三角洲地带，为求得生存，荷兰人需要依靠创新思维，设计构建出许许多多切实可行、长期有效并且可以大规模应用的解决方案，他们也特别注意将创意创新与商业紧密结合，其创意产业思维新颖，擅长与不同领域的主体合作，形成融合性解决方案，给荷兰的产业发展带来竞争优势。恰是领先的创意水平，使荷兰众多城市在国际社会中持续保持着强劲的人文吸引力。

文化创意也是焕发城市文化遗产新活力的一种动力机制。法国城市马赛特别注意通过文化创意对其老城区进行改造。早在1995年就兴建的"欧洲－地中海项目"就是一个典型代表，该项目将马赛的创意文化产业区与区内的学校、文化设施等相互关联，扩大了文化产业因素对老城区的影响力。2013年，马赛成为"欧洲文化之都"，凭借文化艺术及创意活动的举办，带动了若干标志性文化设施的建设，以文化创意促进历史城区的整体更新。此外，马赛也特别注意组织开展街区创意活动，主要是通过艺术家们的创意活动，带动分享公共空间，展现非物质文化遗产的魅力。

（四）促进人文旅游发展

人文旅游几乎是欧洲每一座知名城市文化建设与产业发展中必不可少的内容。在欧洲最大的海港鹿特丹，每年9月都要组织"世界港口日"活动，这也是由鹿特丹率先发起的一个大型年度海事活动。活动期间会举行壮观的水上演习、吸引人的美食会、充满活力的音乐会及精彩的烟花会演等，游客们可以参观不同船只和展览，了解航海知识，聆听鹿特丹海事、港口的历史和故事。这样的活动吸引了大批国际游客，为鹿特丹的城市国际化发展持续提供人文动力。旅游业也是威尼斯不折不扣的支柱产业。威尼斯具有得天独厚的自然景观与人文景观资源，并注意在旅游开发中将二者结合起来。除了是座著名的水城外，始建于公元568年的威尼斯也是一座历史悠久的古城。1000多年的历史沿革为威尼斯留下了丰厚的文化遗产，全城大小艺术名胜、历史名胜有 450 余处。其中，城中心的圣马可广场是世界上最著名的广场之一，堪称古建筑典范。威尼斯将其旅游业与文化遗产保护和开发、文化创意产业等有机结合起来，以不断创新的机制整合并利用文化资源，为其城市国际影响力的持续提升提供源源不断的动力。

五　厦门城市国际化文化建设的实施策略

城市国际化进程中的文化建设是一项系统工程，必须把握好全局观，确立明确的总体规则，具体的实施策略既要呼应其基本定位与基本理念，又要具有很强的可操作性。综合来看，厦门城市国际化文化建设的实施，可以从以下五个方面着手推进。

（一）完善文化基础设施建设，创新文化供给

1. 完善文化基础设施建设

未来厦门文化基础设施建设应当更加着眼于城市国际化的视角，既要服务于和带动厦门市民参与国际化的文化活动，又要为外籍人士积极参与厦门本土的传统文化活动提供便利条件。其中，"互联网＋"应当成为文化基础设施建设的重要内容和机制。应当着力开展基于互联网的文化服务，尤其是要注意提供多语言服务、在线活动预约、在线互动服务等。"文化＋"也应当成为厦门城市国际化进程中基础设施建设的重要维度。"文化＋"理念强调基础设施建设中的人文关怀，可以表现为文化在经济社会诸多领域内的渗透，其核心是赋予事物活的文化内核、文化属性、文化精神、文化活力、文化形态和文化价值，更加彰显文化造物化人的力量。

"互联网＋"与"文化＋"在城市国际化的文化建设中的力量是难以估量的。

2. 创新文化供给机制与内容

提供综合的文化基础设施服务平台、高质量的文化产品，加大公共文化服务的免费力度，吸引更多市民自觉参与城市文化建设，并带动在厦门工作、生活的外来人口积极参与当地的文化生活。要强调文化民生的概念，全面检视和革新厦门市及其辖区内公共文化服务体系建设，并将文化民生的理念覆盖到在厦门的外籍人士。在面向广大市民提供免费的公共文化场所、服务与产品的基础上，适当面向不同阶层的高收入群体提供优质的商业化文化服务，以满足他们的不同需求。商业化的文化服务与产品供给可以带动文化产业尤其是文化创意产业的发展。

要注意在社区治理的层面上加大文化建设的力度，以及全面革新市政服务的人文体验，让市政服务与公共生活呈现出更高的人文关怀，增强厦门城市生活的吸引力。另外，在文化基础设施建设和文化供给创新中，应当带动文化立法，通过地方性文化法律法规来规范和推动厦门的文化建设。

（二）加强国际人文交流平台建设

1. 完善与华侨华人交往的机制

闽南文化和海洋文化是厦门面向亚太地区和"海丝"沿线国家开展文化交流、拓展自身文化国际化建设的重要支点，华侨华人资源是加强与这些国家开展文化交往的重要纽带。应当进一步完善厦门与华侨华人交往的机制，借以吸引海外新一代华侨华人到厦门学习、工作或游览观光，以厦门为窗口，促进他们对闽南文化与中华文化的认同，使之了解当代中国社会建设的最新发展，更要着重推进他们对厦门的了解，着眼于促进他们与厦门年轻一代在未来开展更加深入而广泛的合作。

为落实这样的想法，可举办"海外华裔青年中国经济高级研修班"，并重点联系"海丝"沿线国家地区重点外商侨商，着力跟踪项目落地。借此机制平台，发挥海外华侨华人的资金、智力资源优势，通过各类专项推介会和考察活动积极推动厦门市自贸试验区建设，为厦门经济社会的建设和发展引进资金、技术、人才。

2. 拓展国际人文交往的资源

进一步拓展友城资源，完善国际友城布局，提升实效。注重选择与厦门相匹配的、具有经济发展互补性的、具有较高知名度的国际城市缔结友好关系。要在友城布局上注重"四个性"——地域分布的合理性、优势产业的互补性、合作领域的广阔性、交流合作的可持续性。以项目为载体，加强与各国际友城的实质性交流交往，不断提升友城交流交往的实效。

广结国际友城，争取发展更多知名度高、与厦门产业互补性强的友好交流城市为国际友城；深化友城合作，探索在城市建设管理、文化遗产保护、交通基础设施建设、产业创新以及赛事举办等领域加强与友城互动。加快领事馆区建设，推动更多国家到厦门设立总领事馆、领事代表处或签证代表处，推动友城前来设立办事处或贸易代表处。加强与国际组织和外国地方政府的交流与合作，邀请其代表来厦门考察访问，扩大厦门的国际影响力。推动民间交流，与国外的对华友好协会或机构建立战略合作伙伴关系或互设联络点，丰富交流内容，进一步提升对外交流层级。此外，还可以考虑与在厦门设立领事馆的国家合作，邀请这些国家在厦门建设它们的文化中心。

3. 发挥鼓浪屿作为世界文化遗产的作用

经过历时 10 年的筹备申请，2017 年 7 月 8 日"鼓浪屿：历史国际社区"在联合国教科文组织世界遗产委员会第 41 届会议上被列入"世界遗产名录"。由此，厦门又有了一个国际知名的对外人文交流的平台，这对厦门城市国际化进程中的文化建设而言意义重大。作为 19 世纪至 20 世纪中叶容纳各国、各地文化最密集的地理单元，鼓浪屿以其独特的国际化居住型社区形态和建成环境，突出反映了以闽南文化为代表的中国传统文化，融入初期全球化进程后在政治、经济、文化、技术乃至意识形态等多种向度上复杂且急剧的变化，展示出文化交流的丰硕成果，是全球化发展初期社会变革的杰出范例。[1] 正如世界遗产委员会所言，鼓浪屿是中国在全球化发展的早期阶段实现现代化的一个见证，它反映出中外多元文化在各个方面的广泛交流，保存完好的历史遗迹真实且完整地记录了其曲折的发展进程和生动的风格变化，真切地反映了激烈变革时代的历史。[2] 在厦门城市国际化发展的文化建设中，应当充分发挥鼓浪屿作为国际文化名片的作用，继续推动厦门与国际社会的人文交流，同时还要注意将文化的历史传承与当代发展密切结合，突出国际人文交流的积极因素，为厦门在国际化发展中融入国际社会奠定人文基础。

4. 充分把握 2017 年金砖峰会机遇

要充分利用好 2017 年金砖国家领导人第九次会晤在厦门举行

---

① 相关资料可参见鼓浪屿申遗官方网站 http://www.glysyw.com/html/zswd/glyjj/。

② 相关资料可参见 http://world.people.com.cn/n1/2017/0708/c1002 - 29392118.html。

的契机，加强厦门与金砖国家相关城市的文化往来。可在此框架下，拓展厦门的国际友好城市朋友圈，分别与巴西、俄罗斯、印度、南非四国的相关城市缔结友城关系，加强城市间互动。可考虑在厦门建设一批集中呈现金砖国家文化传统及其当代人文社会创新发展的文化基础设施，把 2017 年 "金砖峰会" 的影子与影响永久留在厦门，借以加强与金砖国家的人文往来，为经贸领域的合作创设基础，并进一步拓展与广大发展中国家的人文、经贸等的交流与合作。

5. 组织举办 "厦门国际文化交流季" 活动

着眼于国际人文交流的平台建设，可考虑策划 "厦门国际文化交流季" 活动，与国际社会形成双向的人文交流机制，每年定期举办。该文化交流优先选择 "海丝" 沿线国家，一年集中展现一个国家城市（代表一个国家），双向开展文化交流活动，在厦门介绍主宾城市和所属国家的文化，同时在对方城市介绍厦门与中国文化。"厦门国际文化交流季" 可着眼于深化厦门与国外地方社会的合作，突出地方性人文资源的交流互动。

6. 策划开展 "世界博物馆在厦门" 活动

策划一个常规性的主题展览活动——"世界博物馆在厦门"，将厦门市博物馆作为永久性的举办场所。这一展览活动主要是定期邀请世界知名博物馆带着自己的藏品到厦门举办主题展览活动，以扩大厦门市民了解世界其他民族文化的渠道，同时也借此机会让来厦门参展的博物馆代表团进一步了解厦门，请他们把对厦门的印象带回本国、本市，以加大对厦门的对外宣传。就合作伙伴而言，可优先考虑在厦门的国际友城、"一带一路" 沿线国家中邀请知名博物馆前来办展。"世界博物馆在厦门" 活动可以借助文化创意产业平台，组织开展虚拟展等活动。

7. 将国际性科技、文化、体育活动的举办常态化

可考虑组织举办更多的常规性国际大型科技、文化、体育活动。规划设计在文化艺术领域具有国际一流水准的文化活动，申办、开办综合性和专门性的国际文化艺术节庆活动；培育对外文化交流品牌，特别是要开展对台文化交流和与"一带一路"沿线国家地区文化交流，促使特色文化品牌走出国门，不断扩大"美丽厦门"的影响力。鼓励厦门各机构主办或承办国际学术会议，与海外高校、科研机构、产业部门共建实验室、科研协作平台或产学研基地。在体育方面，应进一步完善厦门国际马拉松赛的组织工作，争取承办更多具有较强国际影响力的国际顶级单项赛事，尤其是要充分利用厦门优良的水上运动资源，积极申办国际大型水上项目赛事，加强与国际健身大众体育协会、国际市民体育联盟等国际性大众健身组织及其成员国的交流合作，利用国际赛事提高厦门的国际知名度。

8. 打造厦门国际化人文品牌营销体系

对厦门城市形象推广做出寓意足、水平高、操作性强的整体策划。强化对外营销平台建设，加强与国际主流媒体的合作，建立境外传播载体。充分利月文化旅游、节庆活动、文博会展、教育培训、体育赛事、影视作品等各种传播资源，借助现代科技、现代营销等多种手段拓展城市国际营销渠道，扩大厦门的国际知名度。要注意打造厦门国际化的人文形象，对市徽、市歌、市花、市树、市鸟，以及城市口号、城市标志人物、城市吉祥物、城市标准色等进行统一的整体设计，形成一整套完整的视觉符号，以此塑造厦门人文建设的城市品牌。如此，对于推动厦门的对外交流具有极大的促

进作用。另外，还可以考虑在来往厦门的国际游轮航线上增进关于厦门的文化宣传，为此可以专门出版一本在国际游轮上面向国际旅游者发行的期刊。

（三）革新文化（创意）产业发展

近些年来，厦门已在文化创意产业领域积累了经验，未来厦门可基于城市国际化中文化建设的需求，重点推动电影业的发展，以及文化遗产保护与文化创意产业的融合发展。

1. 在国际性高端会展中增加文化项目

为加强城市国际化建设，厦门将会组织申办更多常态化的国际性高端展会，如若在此期间提高文化项目的比重，将有利于厦门扩大其国际层面的人文影响力。应当结合"国际海洋周"、文博会等重要平台提升厦门的国际影响力，吸引更多的国际文化产业机构到厦门来参展，洽谈交流合作的可能性。

2. 策划组织"一带一路"（厦门）电影文化节

电影是文化创意产业的有机组成部分，具有广泛的人文影响力，因而也是推动文化建设、开展国际人文交流的重要凭借。世界上很多知名的国际化城市都设有电影节。在"一带一路"建设的框架下，厦门可考虑设立一个国际性的"一带一路"（厦门）电影文化节［或"海丝之路"（厦门）电影文化节］，借以开展与"一带一路"沿线国家的文化交流，并带动同它们在文化创意产业领域的合作。电影文化节的定位应以反映"一带一路"（或"海丝"）沿线国家各民族的历史文化传统、人文风貌为主，尤其要呈现当代各国社会的重大变革及其价值追求等，同时也可设立纪录片单元，评选推介真实记录各国社会变革的优秀电影。

3. 文化遗产保护与文化创意产业融合发展

保护文化遗产可以稳固一个城市的历史文化传统，维系其文化资源的可持续发展。若要在文化遗产保护中加入文化创意的元素，则可以让文化遗产焕发新的活力，增强其人文影响力。厦门可借鉴欧洲国家的经验，在众多物质文化遗产、非物质文化遗产的保护中，注意与文化创意产业相结合，尤其是与动漫产业相结合，可以考虑开发与文化遗产保护相关的动漫产品。

（四）改善国际化的教育环境

随着厦门国际化程度的日益提升，会有越来越多优秀的境外与外国人才汇聚于此，为了能为这些优秀人才提供良好的人文环境，让他们能够安心留下来在厦门工作，就必须考虑为其子女提供良好的教育环境。同时，教育环境国际化发展也有利于提升厦门本土人员的教育水平。

1. 规划建设更多的国际化学校

根据厦门市未来的城市发展定位和产业发展需求，目前厦门市教育部门已经对此做出规划，计划到 2020 年全市形成至少 3 所外籍人员子女学校、1 所中外合作学校、4 所国际化民办学校的"314"国际化教育格局。这将在一定程度上提升厦门国际化教育的综合实力。结合厦门教育部门的工作规划，可在以下几个方面着重推进：一是扩大外籍人员子女学校总体规模。目前，厦门市已建有 2 所外籍人员子女学校，教育部门已决定加快推进第三所外籍人员子女学校建设。二是推进中外合作学校建设。厦门市教育部门特别鼓励普通高中学校与国外优质高中合作举办独立设置的中外合作高中学校，按照国家有关规定招收学生和开设相应的课程，以满足本市居民、留学归国人员和外籍人员子女对优质高中教育的需求。在此框架下，厦门市第一中学、厦门外国语学校等积极响应寻找国外合作学校。未来，应当借这两所学校在中外办学方面积累的经验，带动更多学校采用此种模式，以提高厦门普通高中教育整体的国际化水平。三是支持民办高中设立国际部。民办教育在资源配置、教育教学改革方面具有一定的灵活性，可以将之视作教育国际化的试验田。目前，厦门教育部门已决定支持、推动厦门英才学校、康侨中学等民办学校在高中部设立国际部，并按照国家有关规定招收学生和开设国际课程，以回应厦门市民、留学归国人员和外籍人员子女对高中教育多元化的需求。此外，厦门教育部门也配套出台相关政策，支持其辖区内教育部门结合各自实际情况采取推进教育国际化的相宜方式，鼓励国际知名教育机构、研究机构、培训机构落户，试点开展合作办学。

2. 提升普通高中教育国际化水平

厦门教育管理部门鼓励普通高中学校积极借鉴国际先进的教育理念和教育经验，引进和融合国外先进的课程资源，开展普通高中教育国际化试点工作。具体举措包括按照国家有关规定聘请外教，加强外国语教学，开设多种语言选修课程，加强与国外高中学校和大学院校及知名教育机构的合作与交流，开展国外结对、管理互通、教学研讨、师生交流、课程研发共享等工作，探索推进厦门市普通高中教育国际化发展的办法和途径，提升普通高中学校国际交流与合作水平。为进一步落实此项工作，2016年底厦门已确定9所高中作为试点校。与此同时，厦门还支持有条件的学校开展学科双语教学实验，开设多语种语言课程或选修课程，鼓励更多学校申请接收外国学生的资格，招收外国学生，为外国学生提供更多随班就读的机会。另外，还鼓励有条件的学校引进语言类以及其他学科（专业）类外籍教师，推动课程与教学改革。

3. 提高普通高校与职业院校的国际化水平

高等教育可以带动教育国际化整体水平提升。为此，厦门市应当与驻地厦门的厦门大学、集美大学、华侨大学等诸多非市属高校密切合作，并带动市属普通高校和职业院校高等教育国际化水平的整体提升。就具体措施而言，应鼓励和支持中青年学术骨干到国外一流大学或高水平科研机构进行高层次的交流学习，了解和借鉴其他国家和地区先进的教育教学、管理理念与方法，开拓国际视野，提高学校的国际教育能力。同时，应当注重加强在读学生赴境外或国外学校参加国际交流，培养具有国际视野、具备国际理解思维、知晓国际规则并能参与国际交流的国际化人才。

另外，还应当考虑吸引国际优秀青年学生来厦门高校交换学习或攻读高等教育学位。为此，应当完善留学生奖学金制度，为来厦门学习的国际学生提供良好的学习条件。留学生奖学金制度应当给予来自厦门国际友好城市的留学生以特惠政策，鼓励他们在友城合作的框架下到厦门学习，进一步巩固厦门与国际友城之间的多向合作。

厦门教育管理部门也支持职业院校引入国际先进职业教育的专业、课程和国际通行职业资格证书培训测试项目，推进职业院校的专业课程与国际通用职业资格证书接轨。这有助于提高高等职业教育的整体水平。

4. 巩固多元化的国际教育交流平台

夯实多元化的国际教育交流平台，对于推进教育国际化水平具有重要意义。在平台建设方面，厦门已经积累了一些成功经验，如何让既有的平台能够可持续发展，以发挥更大的促进作用是未来工作拓展的重要方向。着眼于此，应当特别注意倚重厦门所拥有的丰富的华侨华人资源，巩固厦门与华侨华人所在国家与城市之间的人文交流。厦门在汉语国际推广方面充分发挥厦门一中、厦门外国语学校等"全国汉语国际推广基地校"的作用，不断增加招收来华学习汉语的国际学生人数，进一步扩大了厦门的国际影响力。未来，还应当继续鼓励和支持有条件的普通高中参与国际教育交流活动，通过假期夏（冬）令营等多种形式，加强汉语国际推广与国际文化交流。应鼓励有条件的普通高中在境外设立"孔子课堂"，积极参与国际汉语推广外派教师和志愿者人才库建设，参与中国文化国外宣传活动。另外，厦门还应当重新整合现有对外人文交流合作的项目、机制与平台，做到优化组合，以使之发挥最大化的效益。

（五）积极吸引国际人才

为了能够提升厦门对国际优秀人才的吸引力，以促进其整体人文环境的改善，可着手从以下几个方面进行创新。一是建议提高优秀国际人才的工资待遇水平，并为其提供良好的工作生活环境，同时在制度建设上为其未来的退休金问题做好准备，在可能的情况下，实现与国际接轨。二是建议扩大留学人员创新创业资金扶持范围。目前，厦门市提供的创业资金扶持主要是针对创业园区内的留学人员企业，对于动员留学人员的创业积极性而言，所能发挥的积极推动作用有限。因此，可以考虑将创业资金扶持扩展到不在创业园区内创业的留学人员企业，以及一些达不到高层次人才标准但创新欲望很活跃的小型留学生企业。三是建议增加留学生创业基地。

目前，厦门只有高新区有留学人员创业园，无法满足需求。建议在成熟的园区加设留学人员创业孵化基地，为留学人员项目落地提供专业服务。

为吸引国际优秀人才到厦门工作，可尝试在国际人才技术职称评定与岗位聘任方面开展政策改革试验，创新用人机制。一方面，允许国际人才在通过中国教育部学历认证后，可以在中国参加相应的职称考试和评审；另一方面，可以尝试突破以职称为导向的用人制度，尤其是在科学研究、高等教育等领域内，探讨以同行能力评价为机制的岗位聘任制度，为充分发挥国际优秀人才的智力贡献奠定制度基础。

随着经济全球化、人才国际化的趋势逐步加强，以及"一带一路"倡议的深入推进，厦门城市国际化程度将不断提升，引进国际人才的数量或层次都将呈现新的格局。因此，在吸引国际人才方面，厦门可根据自己的实际需求，做一些积极的尝试，既为自己吸引优秀人才服务，同时也为国家在国际化人才的使用与管理方面奠定经验。在国家自 2017 年 4 月开始推进的"外国人来华工作许可"和"外国专家来华工作许可"整合（两证整合为"外国人来华工作许可"）与改革工作中，尝试推进改变单一以年龄和学历为标准引进优秀国际人才的做法，着手建立和完善科学有效的评鉴标准体系。

要面向国际人才建立与国际接轨的社会保障机制。打造具有国际化服务能力的医疗卫生、教育、社会保障体系，妥善解决外籍人员就业、上学、就医和衣食住行等问题，吸引更多有影响力的外籍人士来厦居留，提高外籍常住人口比重。依法加强保障外籍人士、华侨在涉外劳资纠纷、旅游购物争议等方面的各项权益，为外籍人士、华侨华人在厦门工作和休闲旅游营造一个公平和谐的环境。

此外，还可以考虑面向国际人才搭建综合服务平台。设立国际人才一体化综合服务机构，试点国际人才居留政策，吸引留学生来厦门学习、创新，也借以培养他们对中国和厦门的文化认同。同时，建设国际化的生活社区，以期进一步营造国际化的生活氛围，为国际人才提供更好的人文环境。

六　总　结

文化是一座城市的灵魂，脱离文化的发展是没有前途的。文化建设作为城市国际化进程中重要的依托平台和推进领域，有其特殊之处。着眼于此，厦门在城市国际化进程中推动文化发展，应当把握好以下几个问题。

（一）明确一个核心理念：创新

创新是发展的不竭动力。城市国际化进程中的文化建设应当强调理念创新、供给创新、服务创新、产业创新、治理创新等，以便全面、深入地革新文化建设的格局，让城市文化的发展更好地融入国际社会，并与之形成全方位的交流互动。

（二）抓住两个关键词：整合与培育

整合意味着加强对厦门及其所在"厦漳泉"城市区域人文资源的统筹，优化资源配置，协调发展。培育则意味着基于现有文化资源，培养和发展面向本市居民和外籍人士的文化服务实践，以及有益于促进厦门对外人文交流的文化活动。

（三）厘清四个关键机制：环境、人才、品牌和平台

厦门城市国际化中的文化建设要强调综合性的人文环境建设，不仅仅要面向厦门的对外人文交流，更要强调人文环境对于厦门经济社会发展的综合作用。城市国际化中的文化建设需要具有国际背景的优秀人才，如何完善有益于吸引国际优秀人才的用人制度，在未来发展中至关重要。厦门的城市国际化发展需要建设具有广泛国际影响力的文化品牌，借以提升厦门的国际影响力，而文化品牌的打造则须立足于当地的文化传统与资源，并依赖于文化创新产业的创造。国际人文交流的平台建设是推进和深化城市文化国际化的重要保障，而平台建设的关键则在于夯实其可持续性的维度。

（四）避免一个认识误区：西化

城市国际化并不意味着西化——什么都向西方发达国家学习，也不意味着国际化进程中的多元化取向将来走向"马赛克"的状态。在国际化进程中，必须要明确自己的身份认同，切不可在国际化中迷失了自己。无论国际化进展到何种程度，厦门必须依然要扎根于自己的历史文化传统，明确自己的身份，基于自身的根本来发展自己面向世界、拥抱世界的发展道路。

第六章 厦门会展业的国际化发展

赵 晨[*]

　　会展业是否发达是检验一个城市服务业水平高低的标杆，国际会议和展览的举行不仅可以促进本地旅游业的发展，更能显著提高城市知名度和美誉度，提升城市的整体公共服务层次和各系统连锁办公的能力。特别是举办大型国际化会展等活动，通过媒体报道与人员流动，可以给一个城市带来更正面、更国际化的形象；大型活动的举办也会带来新的城市消费与城市体验，有利于推动城市重构和城市转型；此外，大型活动的举办将会吸引旅游支出，创造旅游业就业岗位，给可能的投资者留下深刻形象；大型会展的举办还能改善城市环境，吸引职业专才和白领，尤其是服务业领域，如旅游业和通信业的人才。

　　厦门会展业在国内处于领先水平，厦门是中国会展典范城市和国际会展名城，旅游会展业也是厦门重点打造的"十大千亿产业链（群）"之一，一些专业展览处于国内甚至世界领先水平。但整体上国际高端会议数量依然偏少，国际化水平仍然有待提高。2017

　　* 赵晨，中国社会科学院欧洲研究所副研究员，国际关系室主任。

年金砖国家领导人会晤在厦门举行，厦门会展业迎来提升国际化水平的历史性机遇，在发展思路上可参考欧洲会展业国际化水平较高城市的经验，借峰会举行，系统施策，让厦门会展业的国际化水平再上台阶。

一　欧洲城市会展业国际化发展经验

西欧国家最早实施工业化，经济发达，服务业占国民经济的比例高，会展产业成熟，同时由于它们普遍国家地理面积较小，所以国际化是其会展业的必然发展方向。笔者选取了英国的利物浦、法国的马赛、德国的汉堡和康斯坦茨，以及荷兰的鹿特丹等五个与厦门地理环境和政治经济条件较为相似的老牌西欧国家城市作为比较对象（它们与厦门一样，都是临海港口或临湖的城市，都不是首都，不承担过多政治职能），尝试对其会展业发展经验做一归纳。

1. 建有一个城市地标性的会展中心，地理位置优越，交通便畅，设计时尚

比如，汉堡国际会议与展览中心是德国乃至世界上最现代化的会议中心之一，坐落在汉堡市中心，拥有理想的基础设施。汉堡国际会议与展览中心有便利的交通——有两个干线铁路站，是三趟S - Bahn和U形轻轨站以及高速公路的连接点。而且从这一中心出发，几分钟就可以步行到港口，因此，该中心被称为汉堡"通向世界的大门"。汉堡国际会议与展览中心展馆总面积达107000平方米，室内面积87000平方米。利物浦展览中心是一座新建筑，2015年刚刚落成，其面积虽然不大，但造型现代，坐落在海滨，风景优美，而且与Pullman酒店连在一起形成一组建筑群。利物浦展览中心既可以举办演唱会，也可分隔成 100～200 个小型房间，用于私人活动。展览中心落成时，英国女皇参加了它的开幕式。开业第一年就举办了 200 多场活动，吸引了 665000 多人来参会。场馆离利物浦机场 20 分钟车程，距曼彻斯特机场 45 分钟车程，离利物浦市中心 15 分钟车程。铁路交通也很便利，场馆所在的火车站乘坐火车到曼彻斯特只需 45 分钟，到伯明翰约 90 分钟，到伦敦约 2 小时。

德国的城市往往不大，但城市之间的连接非常紧密，比如，南部著名的旅游城市康斯坦茨就与弗里德里希港（Friedrichhafen）相邻，康斯坦茨的会展中心就设在弗里德里希港，位于德国、奥地利、瑞士的交界处，濒临博登湖，风光秀丽，是德国第十大展览中心。得天独厚的旅游及商业资源使康斯坦茨在节事活动方面具有先天的优势，很多大型文体活动及很多德国企业的年会都选择在该城市举行。弗里德里希港新展览中心 2002 年正式启用。该展馆采用最先进的设计和建筑技术，由 9 个主要展馆组成，总占地面积为 58300 平方米，露天展馆面积为 12000 平方米，其中 A1 号馆高达 26 米，设计新颖，顶篷可随时开启。2003 年新扩建了 6300 平方米的 B4 号展馆。展览馆中的展览湖风格别致，为展览会提供了最佳的演示场所。

2. 政府机构、社会组织和专业化会展公司紧密合作，由政府设立大型活动的导向和标准

比如，鹿特丹在举办国际大型活动时，诸多重要的机构和组织参与负责与管理。第一类是政府机构；第二类是非营利的基金会，如鹿特丹顶级运动和鹿特丹节日等。鹿特丹市政府下面设有负责空间规划、开发和营销的机构，如鹿特丹城市规划部、鹿特丹城市开发公司、鹿特丹市港口管理部、鹿特丹营销中心等。在鹿特丹市政府 2010 年发布的盛事行动纲领性文件"更深入城市，更融入世界"中，提出两条战略考量标准，一是对鹿特丹国际地位和形象更强有力的认同，二是要有节日的盛事效应。[①] 在 2000 年鹿特丹承办欧洲杯足球赛的部分比赛时，政府与私营公司，以及非营利机构密切配合，立体组合分担工作，协力推进盛事和娱乐、交流和推介、过夜停留和旅游业、赞助和商业、物流和交通、秩序和安保等工作。[②]

3. 会展组织工作专业化趋势明显，专业会展公司已经成为市场主体

比如在法国，20 世纪五六十年代时，许多专业性展会是由行业协会主办的。但随着展会之间竞争的激烈化，越来越多的行业协会把自己的展会卖给专业展览公司，或者和专业展览公司合资组织股份公司，行业协会只保留一定量的股份，把展会经营业务全部或部分交给展览公司去经营。如闻名法国的法国男装展（SBHM）原属于法国男装行业协会拥有，由于经营不善出现巨额赤字，最近法国男装行业协会已将其全部股份卖给了一家专业展览公司。展览公司也呈现集团化趋势，市场对展会的要求越来越高，这就要求展览公司从资金、人力资源、国际网络等各方面投入力量，小型展览公司往往力不从心，不断被大型展览公司兼并收购。目前在法国展览市场上，主要的集团是爱博展览集团、博闻集团、巴黎展览委员会、励展集团等。

---

① Rotterdam festivals，2009：14.
② 陈雅薇：《管理大型盛事策略：以鹿特丹为例》，《国际城市规划》2011 年第 3 期。

4. 展会每年举办的数量当然重要，但更重要的是发挥特长

当前会展业竞争非常激烈，随着全球化的深入发展，很多小型展会已经很难生存，"强者愈强"，会展业的垄断程度已经达到很高的水平。欧洲会展中心的专业化分工程度很深，每个城市尽量结合自己既有历史传统和产业优势，朝着拥有一项或几项全球知名的展会的方向努力。比如，英国的马术传统深厚，利物浦就举行过国际马展大奖赛①，德国的康斯坦茨风景秀丽，引来全世界自行车爱好者的关注，第二十五届欧洲自行车展就于 2015 年 8 月 26～29 日在德国弗里德里希港举办。展会占地 13 个展厅，54 个国家的 1350 家参展商前来展示最新产品和品牌，四天展期共迎来 100 多个国家的 46000 名专业观众，最后一天的公众日接待了 21100 名骑行爱好者，46 个国家的 1852 名记者参与了现场报道。展会期间，展商发布的全球首发新品高达 300 件，刷新了欧洲自行车展的历史纪录，反映了自行车行业蒸蒸日上的发展势头。大型赛事和展会有时也将冠名权出售，比如，荷兰鹿特丹的马拉松赛就冠名为"荷兰银行马拉松赛"，世界网球循环赛（世界上最大的室内网球赛）也被命名为"荷兰银行世界网球循环赛"。

当然，展会数量也很重要，知名展会举办得多，可以为一个城市带来展会集群效应，比如，汉堡是德国的博览与会议之城，每年在汉堡举行的博览会和专业展览会就达 30 多个。这里仅举几个影响较大的定期博览会：汉堡国际旅游展、现代家庭生活与消费品博览会、汉堡国际游艇展、国际旅店餐饮设备展。每年在汉堡举行的各类会议近 400 个，每年 1～12 月，在汉堡举行的博览会和专业展会以及其他类型的会议没有间断过。

---

① http://sports.sina.com.cn/o/e/2016-01-04/doc-ifxneept3649829.shtml.

二 厦门会展业国际化的基础和成就

厦门是"中国十大会展名城"和"中国十大魅力会议目的地城市",地理环境优越,服务业经济发达,服务设施比较完善,旅游资源丰富,社会文明程度较高,对外开放程度处于全国前列,拥有发展国际化会展经济的必要条件。在党和政府提出"一带一路"倡议,并指定厦门作为承办 2017 年金砖峰会的城市后,厦门的会展业迎来难得的新开放机遇,其基础设施可以借此良机得到补充和发展,其国际化水平必将得到进一步的提升。目前来看,厦门已具备以下国际化会展经济发展的基础条件。

1. 场馆初具规模,金砖峰会后厦门的会展中心将拥有国际知名度

厦门全市现拥有 2000 平方米以上的会议厅(宴会厅)1 个,1000~2000 平方米的会议厅(宴会厅)10 个,500~1000 平方米的会议厅(宴会厅)20 个,300~500 平方米的会议厅(宴会厅)24 个,100~300 平方米的会议厅(宴会厅)96 个,100 平方米以下的会议厅(宴会厅)102 个,展馆面积超过 15 万平方米。为举办金砖峰会,2017 年厦门在会展中心片区改造或新建主会场、迎宾大厅、宴会厅、新闻中心和演出场所,以满足最高层次的国际会议需求。金砖峰会之后,厦门拥有了具有地标性质和历史意义的会展中心,城市格局为之一新。此外,厦门的会场和酒店相对集中,路面交通相当便利。厦门举办国际高端会议的设施和高星级酒店主要集中在岛内东部沿海分布的环岛路沿线,这些场所可通过环岛路、环岛干道两条快速路连通,主会议场所和酒店群之间基本实现十分钟交通联络，这是厦门集中办会的先天优势，国内很多城市难以做到。

厦门的高星级酒店也达到最高层次的国际高端会议的住宿要求。截至 2016 年上半年，厦门全市拥有 52 家五星级及参照五星标准建设的酒店，占到福建全省的一半以上，房间约 1.8 万间，总统套房有 50 多套。全市还有四星级及参照四星标准建设的酒店 50 多家，房间 1 万多间。演出场所方面，位于环岛路的闽南大戏院有 1400 多个座位，国际会议中心音乐厅有 700 多个座位。为配合会展中心，厦门已经开始规划建设会展中心东侧海上平台，以及园博苑的室外大型演出场所，完工后即可满足高端会议多种形式的高水平文艺演出需求。

2. 已有一些世界规模的专业展会，具备较为丰富的国际会展经验

厦门的"中国投资贸易洽谈会"（简称"九八投洽会"）是世界上规模最大的双向投资展会，厦门国际石材展和佛事展的规模也均为世界同类展会最大。2010 年厦门还成功举办了第二届世界投资论坛，时任国家副主席的习近平到会祝贺，冰岛总统、莫桑比克总理等 8 位国家元首和政府首脑、6 位国际组织负责人共 1500 多名外宾参会。厦门近年来还成功举办了亚太经合组织（APEC）第四届海洋部长会议、世界孔子学院大会、海峡论坛等一系列重大会议。通过会务实践，厦门摸索出一套符合国际规范的大型高端会议保障体系，并且锻炼了队伍，积累了丰富的外事活动接待经验。

通过上述大型国际活动，厦门培养了一支国际性专业服务人才队伍，同时厦门的志愿者团队非常活跃，厦门注册的志愿者占全市常住人口的 10% ，居全国前列。厦门高校众多，厦门大学、华侨大学等均为综合性大学，拥有英、法、德、日、俄等多个外语语种专业，这为厦门承办峰会或其他国际大型活动提供了翻译储备人才。

3. 具有高可辨识度的文化特征、文明友好的市风市容

厦门文化多元，中西交融，闽南文化、海洋文化、华侨文化、特区开放文化杂糅，形成厦门独有的传统现代兼具的特色文化。南音、歌仔戏、高甲戏、木偶表演等具有闽南特色的艺术形式在台海两岸和东南亚皆有很大影响。厦门的开放很早，历史上曾有 18 个国家在厦门设立过领事馆，二十国集团（G20）里的 8 个国家曾在厦门鼓浪屿设立领事机构，厦门具有开放的历史基因。此外，厦门2005 年即获得全国首批文明城市的桂冠，一直到 2017 年四度荣获"全国文明城市"第一名。刑事犯罪率低，厦门成为全国最安全的城市之一。虽然外来人口比例较高，但市民素质较高，文明友善、和谐包容是我国其他城市对厦门的评价。

三　借鉴欧洲经验，对厦门会展业国际化的进一步思考

随着我国各项产业向中高端迈进，在金砖峰会后，厦门会展业的基础设施主体已经相对完善，但在品牌塑造、服务国际化水平方面尚有欠缺，下一步需要借鉴欧洲城市的一些有益经验，建立自己的特色，增强国际影响力，实现"弯道超车"，争取成为国内会展业国际化的排头兵。

1. 利用金砖峰会在厦举行的历史性机遇，提出每年举办"金砖国家文化之都"活动倡议

欧盟每年举办"欧洲文化之都"（European Capital of Culture）

评选活动①，每年都有 1 ~ 2 座城市荣获这个称号，在享受称号的
一年中，该市不仅有机会展示本市、本地区具有象征性的文化亮
点、文化遗产和文化领域的发展与创新，而且还可以吸引欧盟其他
成员国的艺术家、表演家到该市表演和展出。这些城市也利用
"文化之都"称号彻底改造自己的文化基地和设施。通过举办"文
化之都"活动，这些城市的知名度得以提高，游客人数增加，比
如 2008 年利物浦作为举办城市，吸引了近 1000 万人参观这个城
市，比平时游客增长了 34%。另外，此项活动也有力地增强了欧
盟的共同体意识。20 年的实践证明，这一活动的影响力无论对于
获得称号的城市还是整个欧洲都是巨大的。欧盟负责文化工作的文
教委员菲杰尔曾这样表示："在过去的 20 年里，'欧洲文化之都'
已经成为欧盟最成功和最受欢迎的一项活动。"

　　金砖国家集团目前主要偏向经济和政治议题，文化方面没有具有
足够集聚力的"拳头项目"，这使金砖国家之间的民间交流与高层交流
存有落差。厦门作为一个文化底蕴深厚、环境友好、曾获得"联合国
人居奖""国际花园城市""中国国家森林城市"等荣誉称号的旅游城
市，可以利用此次金砖峰会在厦举行的机会，建议会议主办方提出
"金砖国家文化之都"评选倡议，并争取将评选活动放在厦门金砖峰会
日程中，这可以充分体现厦门绿色、包容、创新的城市精神。

　　**2. 响应国家"一带一路"倡议，加强与"一带一路"沿线，
特别是"海丝"沿线国家的展会交流**

　　一方面，厦门要充分利用已有展会平台，与"一带一路"沿

---

① European Capitals of Culture Initiative 由欧盟在 1985 年发起，起初命名为 European City of
Culture。

线国家和地区加强双向互动：比如，充分发挥九八投洽会的平台虹吸效应，在每届投洽会期间，持续深耕"一带一路"在投洽会交汇的主题活动，重点推动、邀请"一带一路"沿线国家和我国沿线省份作为投洽会的"主宾国"和"主宾省"，打造固定的"一带一路"高端专题论坛活动，设立"一带一路"专题展区，策划举办"一带一路"投资合作和项目对接活动；利用厦门举办投洽会、佛事展、石材展等重大展会契机，吸引"一带一路"沿线国家和地区企业来厦参展和办展。另一方面，厦门还要注重"走出去"，可以以"展中展"等形式切入，结合开拓出口市场，在"海丝"沿线主要节点城市探索举办厦门商品展，力争培育 2～3 个有规模、有特色的大型展会，加大厦门特色商品在"海丝"沿线国家和地区的推介力度。

3. 提升展会的专业化水平，建立政府和国际化会展公司的良性互动关系和治理结构

在欧美等西方发达国家和地区的会展业中，专业化会展公司的角色越来越突出。在经济全球化和会展全球化格局下，我国政府部门也需要充分借力这些国际会展公司的策展能力、眼界、创造能力、组织能力和市场号召力。厦门市政府高度重视会展业发展，今后在会展运营方面可以进一步放手国际化会展公司承办"投洽会"外的新展会，特别是体育赛事和文化艺术活动，提升厦门国际马拉松、帆船赛事和国际钢琴比赛等品牌赛事的国际影响力。展会的全球营销等业务，可以外包给有实力的专业公关公司或国际展会集团，并注意请第三方机构对其成效进行评估，如果无法达到预期效果，则予以撤换。同时，厦门还应注意拓展会展的范围和领域，争取在影视展、旅游展等展现厦门文化"软实力"方面取得突破。

第三编
厦门城市国际化视域下的
厦门发展路径

第七章　厦门国际级宜居城市发展

黄萌萌[*]

一　人居环境

（一）人居环境定义

古希腊哲学家亚里士多德曾经这样描述城市的功能："人们为了活着，聚集于城市；为了活得更好，而居留于城市。"然而在经济飞速发展的过程中，许多城市往往更多地关注物质的极大丰富而忽略了城市的主体——人，或者只注重城市精英的生活质量，而忽略了占城市人口大多数的普通市民。近年来，越来越多的城市管理者已经意识到人居环境在城市发展中的重要作用。

从一般意义的角度来说，人居环境指的是人类居住的自然、社会、经济和文化环境的总称。它包括居住水平、公共基础设施系统、自然地理条件、生态环境状况、生活便宜程度以及社会文化等方面。人居环境具有如下几方面特征：一是经济特征，这主要表现在居住生活水平、出行便宜度、购物消费环境等；

---

[*] 黄萌萌，中国社会科学院欧洲研究所助理研究员。

二是自然风光和生态特征，主要体现在城市自然地理风貌、气候状况、园林植被及生态保护状态等；三是社会特征，表现在为居民所创造的各种生活功能和服务功能；四是文化特征，更多地体现在城市文化和市民精神、社会风尚及城市文化设施等方面。

从资源学的角度来说，城市人居环境是指人类活动的全过程，具体指的是居住、工作、休憩、交通、文化娱乐、教育等，以及为维护人类的这些活动而进行建设的各类实体结构资源的有机结合。城市人居环境可分为人居硬环境和人居软环境，二者相互促进、相互关联。城市人居硬环境即人居物质环境，包括居住水平、基础设施和公共服务设施等服务于城市居民，并以城市居民活动为载体的各类要素；而人居软环境即人居社会环境，主要指生活乐趣、生活方便程度和舒适程度、经济发展水平、信息交流与沟通的便宜程度、社会秩序、安全和归属感等要素。

从城市生态学角度来说，城市人居环境是由围绕城市人居的多种多样的环境因素构成的，它是以人为主体的复合生态系统。其构成有三个方面的基本要素：首先是城市建筑，它为人类居住、生活、工作提供空间；其次是市政基础设施，包括城市交通、城市公共设施、给排水系统等；最后是城市生态基础设施，包括城市的绿地生态系统、生态服务系统和文化教育休闲系统等。

总体而言，城市人居环境是一个内涵不断深化、外延不断拓展的动态概念，同时也将随着经济全球化的发展、城市化进程的加快、科学技术水平的提高以及经济社会的发展而不断拓展和深化。

（二）城市人居环境的国际化评价指标

人居环境国际化评价指标涉及经济、社会、文化、环境四大因素的多个方面。

第一类为经济社会环境指标。这类指标反映的是城市综合经济实力，是整个城市社会全面发展的首要条件。包括经济发展（人均 GDP、城镇居民人均可支配收入、第三产业增加值占 GDP 比重）和居住生活水平与社会发展（恩格尔系数、每万人拥有医生数量、城镇居民社会保险覆盖率）两个大类指标。

第二类为公共设施建设。公共设施是城市赖以生存和发展的基本条件，是城市经济正常运转的前提条件。包括居住条件（房价收入比、人均住房建筑面积）、绿化设施（人均公共绿地面积、建成区绿化覆盖率）、基础设施（每万人拥有公交车辆数、轨道交通占公共交通比重、航空港年旅客吞吐量、信息化发展指数）三个大类指标。

第三类为两型社会指标。《厦门市城市总体规划（2011－2020年）》提出厦门要建设资源节约型和环境友好型城市。资源节约类指标选取了单位（万元）GDP 能耗、固体废物综合利用率、污水达标排放率、城市生活垃圾无害化处理率 4 个指标；环境友好类指标选取了空气质量优良率 1 个指标。

第四类是国际开放与交流程度指标。国际开放指标包括外籍人口比重、年国际旅游入境人数两个指标；国际交流指标选取年举办国际会议场数这一个指标。

上述四大类中的 22 个指标是评价一个城市人居环境是否达到国际化水平的标准，如表 1 所示。

表1 城市人居环境国际化指标体系标准值

一级指标	二级指标	三级指标	单位	参照值	依据
经济社会环境	经济发展	人均GDP	万元	≥4	宜居城市标准
		城镇居民人均可支配收入	万元	≥2.5	宜居城市标准
		第三产业增加值占GDP比重	%	≥70	城市现代化评价指标
	居住生活水平与社会发展	恩格尔系数	%	≤30	宜居城市标准
		每万人拥有医生数量	人	≥60	国际化城市初级标准
		城镇居民社会保险覆盖率	%	≥85	国际化城市初级标准
公共设施建设	居住条件	房价收入比	—	3~6	国际惯例
		人均住房建筑面积	平方米	≥30	中国住宅联合会推荐值
	绿化设施	人均公共绿地面积	平方米	≥16	深圳现代化指标目标值
		建成区绿化覆盖率	%	≥45	国家生态园林城市标准
	基础设施	每万人拥有公交车辆数	辆	≥18	城市道路交管评价体系
		轨道交通占公共交通比重	%	≥50	国际化城市初级标准
		航空港年旅客吞吐量	万人次	≥4500	城市国际化指标
		信息化发展指数	—	≥90	中国信息化发展水平评估报告
两型社会指标	环境友好	空气质量优良率	%	≥85	江苏小康社会环保指标
	资源节约	单位（万元）GDP能耗	吨标煤	≤0.37	《厦门市城市总体规划（2011－2020年）》
		固体废物综合利用率	%	≥80	国际化城市初级标准
		污水达标排放率	%	≥80	国际化城市初级标准

续表

一级 指标	二级指标	三级指标	单位	参照值	依据
两型 社会 指标	资源节约	城市生活垃圾无害化处理 率	%	≥80	国际化城市初级标 准
国际 开放 与交 流	国际开放	外籍人口比重	%	≥5	城市国际化指标
		年国际旅游入境人数	万人次	≥600	城市国际化指标
	国际交流	年举办国际会议场数	场	≥80	国际化城市初级标 准

（三）厦门人居环境国际化现状水平

根据城市人居环境国际化评价指标，厦门人居环境的国际化初步评价结果如表 2 所示。

表 2 厦门人居环境国际化水平初步判断

类别	指标内容	单位	参照值	2014 年 实际值	是否达到 国际化水平
经济 社会 环境	人均 GDP	万元	≥4	8.68	达到
	城镇居民人均可支配收入	万元	≥2.5	3.96	达到
	第三产业增加值占 GDP 比重	%	≥70	54.7	未达到
	恩格尔系数	%	≤30	33.2	未达到
	每万人拥有医生数量	人	≥60	24.1	未达到
	城镇居民社会保险覆盖率	%	≥85	99	达到
公共 设施 建设	房价收入比	—	3~6	20.3	未达到
	人均住房建筑面积	平方米	≥30	26.84	未达到
	人均公共绿地面积	平方米	≥16	11.44	未达到
	建成区绿化覆盖率	%	≥45	41.87	未达到
	每万人拥有公交车辆数	辆	≥18	11.4	未达到

续表

类别	指标内容	单位	参照值	2014年实际值	是否达到国际化水平
公共设施建设	轨道交通占公共交通比重	%	≥50	0	未达到
	航空港年旅客吞吐量	万人次	≥4500	2086.4	未达到
	信息化发展指数	—	≥90	79.4	未达到
两型社会指标	空气质量优良率	%	≥85	95.3	达到
	单位（万元）GDP能耗	吨标煤	≤0.37	0.48	未达到
	固体废物综合利用率	%	≥80	97.8	达到
	污水达标排放率	%	≥80	93.4	达到
	城市生活垃圾无害化处理率	%	≥80	99.9	达到
国际开放与交流	外籍人口比重	%	≥5	0.13	未达到
	年国际旅游入境人数	万人次	≥600	266.82	未达到
	年举办国际会议场数	场	≥80	49	未达到

资料来源：《厦门经济特区年鉴2015》。

　　如表2所示，厦门只有7项指标达到人居环境国际化水平，分别是人均GDP、城镇居民人均可支配收入、城镇居民社会保险覆盖率、空气质量优良率、固体废物综合利用率、污水达标排放率和城市生活垃圾无害化处理率。经济社会环境中的第三产业增加值占GDP比重、恩格尔系数、每万人拥有医生数量未达标；而差距最大的是公共设施建设，房价收入比、人均住房建筑面积、人均公共绿地面积，说明厦门在公共交通基础设施与信息化智能城市发展等领域也还存在较大差距。目前厦门国际客运航线主要集中在港澳台和东南亚地区，到欧、美、澳的直飞航线很少，仅有厦门至阿姆斯特丹一条洲际客运直飞航线。虽然厦门的地铁1号线、2号线以及翔安国际机场正在建设中，城市的经济发展和居民生活水平的提高，对城市交通的快捷与便利也提出了更高要求。

厦门的国际交流程度也有待进一步提高。厦门的外籍人口占比仍很低。而目前在厦门外籍人士的教育、医疗和卫生保健、保险等方面，需求仍有很大制约，且厦门未设立专门的国际化社区，影响了厦门人居环境国际化水平的提高。同时，厦门大型国际酒店等服务设施不足，也在一定程度上阻碍厦门成为国际会议举办地和国际旅游目的地。

目前，厦门市正朝着城市人居环境国际化的方向稳步迈进，虽然目前在很多方面与具有国际吸引力的人居环境尚有一定差距，但厦门人居环境国际化还是具有较大的提升空间，特别是在生态环境、国际开放与交流等方面仍极具吸引力。

二　宜居城市

（一）宜居城市定义

全球城市经历了一个由工业社会向后工业社会转变的过程。进入后工业阶段，城市的服务功能逐渐突出，高新技术产业和现代服务业在城市产业结构中逐步占据主导地位，"人与自然的和谐发展"与"可持续发展"成为主流社会意识，城市居住环境不断得到优化。随着城市的不断发展和城市居民生活水平的提高，人们对物质生活和精神生活质量的要求不断提高，对于城市的"生态性"和"宜居性"产生了迫切的需要。1976年联合国首届人居大会提出"以持续发展的方式提供住房、基础设施和服务"。1996年，联合国第二届人居大会提出"人人享有适当的住房"和"城市化进程中人类住区的可持续发展"两个主题，倡导人人享有适当住房，确保人类住区更安全、更健康、更舒适、更公平、更持久，也更具效率的全球性目标。① 近几年，中国也提出了"山水城市""生态城市""绿色城市"等城市发展新理念，从可持续发展的角度对"宜居城市"加以具体阐释。国内外学者关于"宜居城市"理论的探讨正在悄然兴起。

之前所探讨的"人居环境"是指人类居住的自然、社会、经济和文化环境的总称。"城市人居环境"具体指为维护居民工作、交通、文化娱乐、教育等活动而建设的各类实体结构资源的有机结合。"城市人居环境"是一个中性概念，而"宜居城市"则是适宜人类居住的、优质的"城市人居环境"的实际载体，也是现代城市发展的必然趋势。明确"宜居城市"的定义意义重大。一个建设良好的城市应保障居民生活在"宜居社区"，这样的城市才更具有世界竞争力，同时又具有经济和环境优势，能够吸引国际优秀人才。

宜居城市的内涵有广义和狭义之分。广义的宜居城市是指人文环境与自然环境相协调，城市经济、社会、文化、基础设施等方面均达到较高水平，适宜人类工作、居住和生活的城市。而狭义的宜居城市则更为关注城市的生态环境和居住功能，是指气候、生态、人工环境等方面适宜人类居住的城市。结合狭义与广义的内涵，"宜居城市"应该能够满足居民的物质和精神生活需求，包括城市经济持续繁荣、城市文化生活丰富、城市生活舒适便捷、城市景观优美怡人、城市安全秩序得以保障等内容。

---

① 赵继敏、周赟：《宜居城市，实现城与人的和谐》，求是理论网，http://www.qstheory.cn/gj/201008/t20100817_43029.htm，最后访问日期：2017年2月10日。

值得注意的是，国外学者更倾向于应用"宜居城市"的狭义概念，因而所评选出的宜居城市往往并非纽约、伦敦这样人口稠密的国际大都市，而多是那些在自然生态领域具备突出优势，同时经济社会发展、基础设施也达到一定水平，可以为居民提供良好居住环境的城市。英国《经济学人》杂志评选宜居城市是根据社会稳定、医疗卫生、文化与环境、教育、基础设施等 30 个项目指标对城市进行打分和排名，2016 年 8 月发布的年度全球最宜居城市排行榜中，澳大利亚的墨尔本位居榜首，奥地利的维也纳居于次席，加拿大的温哥华和多伦多分别排在第三、第四位，加拿大另一个城市卡尔加里和澳大利亚的阿德莱德并列第五位。[①] 美国美世咨询公司（Mercer）的宜居城市排名主要着眼于城市自然环境、交通基础设施建设、医疗健康情况、城市教育资源、社会文化以及城市饮用水的情况，其在 2017 年 3 月发布的全球 231 座城市生活质量排名中，8 座欧洲城市占据榜单前 10 名，奥地利维也纳，瑞士的苏黎世、巴塞尔和日内瓦，德国的慕尼黑、杜塞尔多夫和法兰克福，丹麦的哥本哈根均榜上有名。宜居城市全球排名的目标之一就是为政府和企业向海外外派员工和投资提供全面的参考指导。[②]

（二）宜居城市评价标准

国际宜居城市的具体标准包括：城市安全与稳定、城市生态环境、城市文化、居民健康和医疗水平、城市教育资源以及基础设施

---

① Global Liveability Ranking 2016, The Economist Intelligence Unit, http：//www.eiu.com/public/topical_ report.aspx? campaignid = Liveability2016，最后访问日期：2016 年 2 月 12 日。

② 《全球宜居城市 PK：维也纳最佳巴格达垫底》，人民网，http：//house.people.com.cn/n1/2017/0315/c164220 - 29145746.html，最后访问日期：2017 年 3 月 15 日。

建设六个方面。在上述六个标准框架下，澳大利亚墨尔本大学麦考伊健康社区小组的高级研究员梅兰妮·达文认为国际宜居城市具体需要达成以下几个标准：①居民感觉安全并与社会产生联结，融入社会；②完善的健康社区服务以及充足的城市文化休闲机构；③城市环境的可持续性；④教育资源充足；⑤负担得起的住房；⑥便捷的公共交通，可步行或骑车到工作地点；⑦地区购物中心与商店；⑧开放的公共空间和公园。这些宜居城市的关键要素，大部分与提高个人健康、福祉水平及建设可持续发展的社会环境有关。①

英国《经济学人》对于"宜居城市"评价标准的比重分配分别是：城市安全占25%、医疗健康占20%、城市文化与生态环境占25%、教育占10%、基础设施占20%。总体而言，国际上的宜居城市更为强调城市安全、居民健康与医疗、基础设施建设、城市文化，经济发展与教育设施次之。我国评选宜居城市的标准更倾向于经济发展水平，国内宜居城市的评价指标包括居民工作、生活和出行较为方便。宜居城市应该满足以下几点：生态环境优美、居民拥有相对宽松的住房、居民有适宜创业和职业发展的环境、城市经济发展程度较高。②

然而近年来，由于受到雾霾和工业污染的困扰，我国对于宜居城市的评价标准愈发接近国际标准。有关国内中小城市与城镇的宜居环境的评价，如城市安全、居民健康、环境可持续发展以及生活舒适程度等指标受到更多人的青睐。重视城市生态环境建设、完善

---

① 赵琪：《澳大利亚学者提出宜居城市关键词：健康、福祉、可持续》，《中国社会科学报》2015年12月11日。

② 为之：《宜居城市建设的思考》，中国规划网，http://www.zgghw.org/html/guihualuntan/zhuanjialunwen/2011/0311/10667.html，最后访问日期：2017年2月10日。

城市综合服务功能、夯实居民安居乐业基础、发展城市文化是构建宜居城市的重要步骤。

目前，厦门在医疗与健康、交通基础设施建设以及国际交流程度等方面距离国际化城市仍有较大差距。结合厦门实际发展情况以及宜居城市的国际评价标准，下文将从生态环境、医疗健康服务、城市文化、教育资源、市政基础设施建设以及国际城市间交往等方面为厦门构建国际级宜居城市提出建议。

三　厦门构建国际级宜居城市的对策建议

（一）　塑造可持续发展的生态环境

厦门是我国经济特区，东南沿海重要的中心城市、港口及风景旅游城市，多年来位列中国十大宜居城市之一。[①] 厦门在自然环境、城市文化、人口素质、交通环境、生态环境、居住环境和市政设施等方面均优于我们宜居城市的平均指标条件。厦门拥有 237 公里长的海岸线、星罗棋布的大小岛屿，拥有鼓浪屿 - 万石山国家重点风景名胜区、香山和北辰山省级风景名胜区、天竺山、莲花山国家森林公园等山体绿地，厦门山、海、城交相辉映，形成张弛有致、极富韵律的"山海相融"的景观特色和"处处显山见海"的城市意象。

---

① 2014 年，中国社会科学院城市与竞争力研究中心发布《2014 中国宜居城市竞争力报告》，在中国 289 个城市的宜居竞争力排名中，珠海、香港、海口、厦门、深圳、三亚、舟山、无锡、杭州、苏州位居前十。2016 年，中国科学院发布《中国宜居城市研究报告》，在被调查的 40 个城市中，排名前十的城市分别为：青岛、昆明、三亚、大连、威海、苏州、珠海、厦门、深圳、重庆。在以上的两个报告中，厦门均榜上有名。

优越的自然生态资源是厦门发展成为宜居城市的天然资本。厦门是典型的亚热带气候，作为海岛城市，大部分时间气温保持在5~35℃，城市沿海，污染性工业企业较少，空气质量良好，绿化程度高，可被誉为"绿岛"。厦门应继承和优化"山海相连、城景相依"的独特海上花园城市空间格局，着力实施"山海一体、江海连城"的大海湾城市战略，坚持绿色发展与协调发展，在城市扩张中保护和改善生态环境，并且加强水资源循环利用，用地选择上优先保护生态敏感区，建设方式上应充分尊重地形地貌和海岸线，努力把厦门建成生态环境和谐共融、具有国际吸引力的美丽家园。

1. 建设节能可持续的宜居生态环境

厦门可借鉴国外先进的环境保护和生态建设经验与成果，按照国际化理念管理生态环境，加强生态环境建设的国际交流，引入国际先进的生态治理技术和环境管理模式，构建全覆盖、互联互通的城市生态系统。

比如，德国康斯坦茨作为博登湖畔最大的城市，致力于打造节能环保的城市。通过发展可持续、可再生和高效的能源供应系统，建设节能环保楼宇，按照节能原则进行市区房屋新建与改造，鼓励使用光伏板屋顶，市政府对私人住宅改建提供免费或价格低廉的环保咨询服务，修建世界领先的污水处理系统以确保水资源循环利用，发展湖水加热系统等措施，① 康斯坦茨成为德国环境保护最佳城市，博登湖水质达到一级，可以直接饮用。不仅如此，

---

① Integriertes Klimaschutzkonzept, Konstanz: die Stadt zum See, http://www.konstanz.de/umwelt/01064/01083/07339/index.html，最后访问日期：2017年2月15日。

康斯坦茨还拥有大量开放的公共空间和绿地公园，居民区与绿地相融合。该市依托宜居的生态环境吸引了大量国际高端人才来此定居。

对此，首先，厦门应积极推进城区绿化生态建设，扩大城市绿地，增建亲水平台、滨水公园、湿地景观等公共休闲设施，全面提升城市生态环境品质。其次，应加快城市绿色节能建筑技术研发和推广，提高绿色节能建筑比重，降低成本，推进节能建筑规模化应用。最后，生态保护措施不仅应在厦门岛内实施，而且也应在厦门郊区开发用地方面实施。

2. 构建生态安全格局，注重水资源保护

厦门依托"背山面海"的自然格局，打造出陆域绿色森林生态屏障和沿海蓝色海洋生态的安全屏障。厦门应进一步实施严格生态保护策略，划分城市生态功能区，强化主体功能区约束机制，合理开发低山丘陵等浅山区，加强生态环境监测和水资源管理，守住生态保护红线，严格管控措施，健全生态环境保护管理体制，构建"山海相护、林海相通"的生态安全格局，为厦门构建国际宜居城市环境提供坚实的生态保障。

在厦门经济发展和现代产业建设过程中，对于原材料、能源和基础设施建设的需求不断加大，经济诉求和生态环境保护之间的矛盾日益严峻，厦门"山海相融"的生态格局需要重视水资源保护与监测，对此有必要出台相关条例进一步加强地上水资源（湖水、浅滩、河流）的保护和治理。[①] 对此，①无论是

---

① Gewässerschutz, Konstanz: die Stadt zum See, http://www.konstanz.de/umwelt/01064/01977/index.html，最后访问日期：2017 年 2 月 15 日。

公共建筑还是商用住宅都应禁止向湖水、河流和海水排放有害物质；②引进国外先进的废水和污水处理厂，精细过滤的生活污水应尽可能实现循环利用；③加强公共建筑的节能节水性能，建设"可再生能源建筑示范城市"；④培育现代化的建筑产业企业，建设"国家住宅产业化基地"示范城市，为培育"能源节约"和"生态环保"的新兴产业集群创造有力的政策框架条件，确保可持续的经济增长方式、消费模式，促进城乡环境、人与建筑的和谐统一。

3. 加强生态管理和生态走廊建设

生态管理旨在防患于未然，污染治理在于最大限度地恢复生态环境。为此，应健全流域协同整治机制，推进九龙江流域综合整治和生态补偿机制全国试点；推动环境污染联防联控，协同处理厦漳泉龙闽西南区域环境污染问题；保育十大山海通廊，构建"山、海、城"相融共生的空间格局；开展城乡环境"点、线、面"综合整治，营造优美宜居生态环境。

国际化宜居城市的灵魂是人与自然的和谐共生，居民的出行便宜度、生活舒适度、是否能够享受自然风光是"宜居"的重要标准。厦门依托山海相融的特殊景致，应加大滨海岸线保护力度，推进美丽海岸工程建设，打造海岸优美生态岸线；建设绿道慢行系统，形成多层次、全覆盖的都市型、郊野型、生态型绿色休闲走廊；提高居民步行或骑车到工作地点的可能性，修建安全绿色的环岛自行车道，加大力度推进共享单车使用以及停放管理，制定人为破坏单车以及违规停放的处罚条例；尝试推广使用共享电动汽车，增建电动汽车充电桩。

厦门是我国东南沿海港口城市，是 21 世纪海上丝绸之路的核心区，建设绿色港口是厦门生态环境保护的重要环节。在完成集装箱拖车油改气和码头堆场高杆灯 LED 改造，以及远海全自动化码头改造的基础上，启动游轮母港等码头的岸电改造工程，建设绿色港口。

（二）塑造厦门文化之城

文化是一个城市的灵魂，构建厦门城市文化是使其成为国际级宜居城市的重要一环。厦门聚集了闽南历史传统文化和以侨乡风情、异国情调为特色的对外开放的海洋文明。然而，厦门汇集的城市文化个性仍不突出，国际宣传任重而道远。

1. 突出厦门的文化标签

厦门作为 21 世纪海上丝绸之路的重要支点城市，以闽南文化为依托，融入现代西方文化，应发展成为古典与现代相结合的文化城市。厦门不仅是闽南文化的载体，同时也是闽南文化近代转型的舞台。近代，随着西方文化的融入，"鼓浪屿文化"和"侨乡文化"成为厦门的文化标签。而且，祖籍厦门的海外华人华侨有46.8 万人，厦门作为改革开放的窗口，是闽南文化与世界文化相融合与发展的重要基地。

纵观位于德国和瑞士交界处的环湖小城康斯坦茨的发展经验，该城市较为成功地融合了历史与现代设施，中世纪古老城区得以修缮和保护，发展成为旅游胜地，吸引了海内外游客慕名而来，而新城则另辟新地，发展成为信息与通信技术等新兴产业的创新集群。康斯坦茨地理位置独特，汇集三大水域，即上湖、于伯林格湖和莱茵湖，不仅生态环境宜人，而且康斯坦茨的"生活素质"与"文化修养"远远超过美丽的湖景。该市以"跳动着年轻心之历史城市"自居。① 康斯坦茨历史文化得以较好保存，12 ~ 18 世纪的古建筑内部布以现代装潢，却不破坏历史整体外部景观；该市不同时期的历史文化在博物馆内得以淋漓尽致地展现；历史厚重的记忆伴随着城市现代化的建设步伐，城内遍布着现代化基础设施，人性化的健康与医疗设施、风景如画的养老院、陆路和水上公共交通无缝连接、老少咸宜的文化休闲设施、不同领域的博物馆、价格低廉的公共专业导游服务等，为该市居民与外国人提供了一个生机勃勃的居住环境，增加了该城市的国际吸引力。

2. 打造文化之城的条件

城市管理部门应制订独特的文化城市发展规划，以未来可持续发展为导向。将文化、教育、旅游、金融、园林、科技和市政建设相融合，推动城市文化成为发展新动力。

将文化产业发展成为支柱型产业，应特别注重文化规划和立法。一方面，加强文化公共服务、对外宣传以及文化市场管理，另一方面，加强监督厦门的历史建筑保护。历史文物是不可再生资源，在"修旧如旧"的基础上对原有古老建筑进行修缮，政府可以给予一定补贴，这是对闽南文化最好的宣传与还原，辅之以现代化的宣传手段，推动闽南传统文化的创造性发展。

3. 注重文化基础设施建设，举办城市特色庆典

修建与完善文化基础设施是文化投入必不可少的环节，是推动厦门传统文化与现代文化项目相结合的重要保障，同时也是促进厦门国际文化交流与国际人才交往的重要前提。而以城市文化特色为

---

① Kultur für alle, Konstanz: die Stadt zum See, http://www.konstanz.de/tourismus/01434/index.html，最后访问日期：2017 年 2 月 12 日。

依托的节日庆典也是传播城市文化的重要手段。

　　欧洲城市如瑞典的哥德堡和德国的康斯坦茨都拥有数座维护良好的城市剧院以及演奏剧团，这些都成为城市文化的标签。借助音乐节、电影节以及葡萄酒节等城市特色文化节，哥德堡和康斯坦茨的城市宜居性得以展现。哥德堡的交响乐团演奏的古典音乐举世闻名，知名乐队也很多，如 Soundtrack of Our Lives 和爱司基地就代表了城市的流行音乐。城市里面还有很多免费的剧院，如哥德堡城市剧院等，每年举办的哥德堡电影节是斯堪的纳维亚地区最大的电影节。西南德交响乐团常驻在康斯坦茨。这支 56 人的乐队以每年约 100 场音乐会的纪录成为博登湖周边城市的一个重要的文化生活传播载体。

　　欧洲"城市文化中心"是传播城市文化的集群之所。很多城市的公共图书馆、艺术团体、画廊和历史博物馆在城市文化中心形成集群，向公众免费开放，并且融入现代化的内部设施与装潢。都市文化设施、自由文化载体与私人倡议者联系在一起，市民与外来者融合在城市文化生活中，这是城市文化向国际传播的一种快捷渠道。比如，康斯坦茨市中心广场的罗斯葛滕博物馆，是巴登·符滕堡州最古老的博物馆之一，展示了这个城市的艺术和文化历史陈列品。不远处的胡斯博物馆每年有成千上万的游客，当中很多来自捷克（胡斯是捷克人）。约 3000 平方米的联邦考古学博物馆陈列着从公元前 8000 年到 17 世纪的考古研究成果。此外，在 1999 年 5 月落成的康斯坦茨海洋博物馆，游客可以潜入阿尔卑溪流、河流和海洋的水下世界，与彼特鱼和猫鲨鱼亲密接触。① 上述文化基础设

---

　　① Information Konstanz，http：//www. konstanz. de/cn/index. html，最后访问日期：2017 年 2 月 12 日。

施均位于老城区，集中有效地为国内外游人展现城市的历史情怀和现代科技，而无需太多的交通波折。

把具有浓厚厦门地方特色的侨乡风情、闽南文化等文化精品推向全国、推向世界。一方面，要实施"走出去"原则，推进"厦门爱乐乐团""小白鹭艺术团""闽南神韵"等知名演艺品牌走向国际舞台，邀请国际名导和名家拍摄、创作以厦门城市为背景的电影和纪录片等，宣传厦门城市形象。另一方面，实施"引进来"原则，以城市文化中心、博物馆、价格合理的文化导览以及闽南文化特色节日庆典和常态化音乐节、电影节为载体，吸引国内外游客、国际艺术和文化人才驻足，增加厦门的文化魅力。此外，开展具有国际性的高层次文化对话与交流，筹办具有影响力的商业与学术研讨会，扩大国内外专家、商业精英和学者之间的交流，不断提升厦门的国际知名度和影响力。

2017年厦门即将举办金砖峰会，要借助该契机，通过组织国际领导人会议，充分利用各种渠道，扩大厦门对外经贸交往与文化宣传。为此，应①招募不同语种的国际志愿者服务金砖峰会；②发挥厦门大学和集美大学外语人才优势，协助厦门开展对外教育、文化、科普等相关活动，做好厦门金砖峰会期间的文化宣传工作，扩大厦门的国际影响力。

（三）完善医疗和健康社区服务

便捷的医疗服务和以人为本的健康社区服务是衡量宜居城市的重要指标之一。在不断完善各级各类医疗机构建设的基础上，发展医疗服务产业集群、发展健康养老产业、完善医疗机构涉外服务以及兴建社区医疗设施是提高城市医疗服务水平的关键。

1. 发展医疗服务产业集群

从全球范围来看，健康服务业已经初具规模。美国把健康产业作为仅次于新能源产业的第二大投资重点，日本将健康产业与新能源产业、节能环保产业列为未来经济发展的战略重点，德国将医疗健康产业作为经济刺激计划中的重点投资方向。美、日、德等发达国家形成了以医药、保健品、医疗器械、诊断试剂、检测服务等为主的产业体系，将商业医疗保险与养老保险结合运用，而在德国的外国留学生与非欧盟工作者凭借医保卡也可以享受与本国居民相同的医疗待遇。发达国家的医疗机构涵盖医院、健康管理机构、康复中心、养老机构、护理中心等。

打造高水平的医疗机构和医学研发机构集群是形成医疗产业体系的前提条件。医疗与健康服务产业集群需要公共研发平台、研究基础设施以及科技中介机构等支持系统，更离不开政府的创新政策、人才引进政策、产业政策以及地方的税收激励机制。如美国波士顿地区，形成了以大学及其附属医院为核心的健康产业集群，汇聚了19家医疗和学术机构，整个区域内有4万名医疗服务人员，健康产业领域就业人数近11万人，占波士顿就业总人数的30%。[1]

目前，厦门医疗服务产业还面临一些问题，例如，健康服务业总体发展层次不高；医疗产业发展较为零散，缺乏系统性整合；医疗产业集群化程度较低。厦门除了五缘湾高端医疗园区建设外，尚未有一家以健康服务业为主导功能的产业集群区。此外，厦门在个性化、高端化医疗服务上扩展不够，医疗服务体系尚待完善。即便

---

[1]　林红：《健康服务业》，载于厦门市发展研究中心编著《2015－2016年厦门发展报告》，厦门大学出版社，2016，第141页。

是厦门高端体检机构，受专业人才、设备和技术条件的限制，以及人们现代健康管理理念的缺失，在后续健康评估、健康干预追踪随访等服务项目上基本空白，厦门目前还没有一家国外一流的健康管理机构进入市场开展连锁经营。

为此，一是要推进产学研合作，提升医疗产业创新能力。支持国内高校、科研机构在厦门开设健康产业研究分支机构；积极引进国际著名研究机构，支持跨国企业在厦门设立健康与医疗研发中心，或与国内企业建立联合研究基地；建设医疗卫生、保健食品、医疗仪器、康复保健、健康服务等产业的行业标准体系、产品检测公共平台，推进信息共享；组建厦门健康产业集群，依托产业集群开展专业技术应用和产业模式创新，在健康信息采集、分析、检测、管理、计算等领域建设一批创新载体；鼓励医疗健康领域企业的自主研发，提高企业的自主创新能力，支持企业专利申请；在测试成熟的基础上，鼓励企业和科研机构将医疗和健康领域的技术创新转化为商业成果。

二是建立多元化资金投入机制，确保医疗产业和健康服务业的资金充足。建立健康产业发展专项资金，加大财政支持，健全政府购买健康公共服务的机制；积极引导社会资本投入健康产业，鼓励企业投资机构和产业投资基金投资健康产业项目。

三是要完善医疗和健康行业的法规标准和监督机制。推行技术标准和行业规范，加大政府监管力度，增进行业协会自律和社会监督，完善健康产品和服务价格形成机制，将健康服务项目纳入物价管理体系。

2. 发展健康养老产业

发达国家如德国和日本面临着严重的人口老龄化问题，为此完善养老机构设施，从国外引入护理人才，构建包括老年病医院、护理院、临终关怀医院在内的一体化养老社区，是打造宜居城市的重要环节。

纵观发达国家中小城市的养老情况，德国康斯坦茨的养老机构位于环境优美、绿地面积较多的市中心，方便老年人出行；此外，养老院与幼儿园毗邻，可为老人带去心灵安慰。日本在老年人护理、养老院运行模式以及护理保险等方面也具有成熟经验。日本家庭中65岁以上人口的占比逐年上升，其中独身老人比例不断攀升，目前在老年人口中的占比超过16%。日本老人对于护理保险的需求越来越大，然而护理人员缺口严重。为此，日本政府从21世纪初开始，大量引进外国护理人员，并与印尼、菲律宾与越南签订经济伙伴关系协定，规定医疗和护理领域人员留日资格与其从事的具体业务。日本为外籍护理人员提供为期三年的职业教育，之后将进行职业资格认证与考试，通过简化签证条件、提高外籍护理人员的工资待遇等手段吸引了大量外籍护理人员进入日本从事老年人护理工作。[①] 此外，日本正大力推进工业化与智能化进程，希望在"工业4.0"领域的世界竞争中拔得头筹，对于医疗、健康与老年人看护领域的智能设备的研发和应用将是其未来重点发展趋势，工业智能化不仅带来经济效益，同时可以降低人员成本，缓解劳动力短缺的问题，提高了护理水平与效率。这可为厦门的老年人护理行业所借鉴。

目前厦门已进入老龄化社会，60周岁以上老年人占全市户籍

---

① 健翔会病院，http：//www.kensho-kai.or.jp/ksk2.html，最后访问日期：2017年2月22日。

人口比例高达 14%，大大超过国际上通认的老龄人口 10% 的标准，对老年人健康护理、医疗康复、健康养老社区的需求与日俱增，加之国内日渐增多的"候鸟式"养老群体，完善养老设施与发展养老产业迫在眉睫。

为此，一是统筹和整合医疗卫生与养老服务资源，大力推进居家养老服务、社区养老服务、机构养老服务。一方面，依托街道社会服务中心、家庭服务中心、社区卫生服务中心、老年大学、老年活动中心等公益性服务设施和资源，建设居家养老服务平台，开展生活照料、医疗保健、文化娱乐、精神慰藉等服务项目，积极推进社区老年人的医疗与健康服务发展。另一方面，政府投资与社会资本相结合，兴办健康养老机构，按照老年人的身体状态划分护理程度，推进医疗、护理与生活三者相结合的养老模式。国际化高端养老机构应具备以下几个要素：环境优美、全面的生活护理与关怀、宜养宜居、老年人拥有参与社会活动与交流的机会。

二是要确保护理人才充足。养老机构与职业学校合作，确保在长期护理培训的基础上，鼓励有资质的国内社会人才以及东南亚护理人才进入健康养老服务领域，并支付护理人才合理的薪酬。

3. 提高医疗服务的国际化水平

要提高厦门医疗和健康社区服务的国际化水平，不仅需要加快厦门自身的医疗与健康产业发展，同时也要吸引外资来厦投资医疗卫生事业。引进国外知名医疗机构落户厦门，扩大医疗机构涉外服务覆盖面；加快布局建设国际医院，逐步实现全市所有三级医院均提供涉外医疗服务；加强医务团队国际化建设，加大力度引进境外先进医疗团队，稳定在厦执业注册的境外医师数量；完善市属医院双语标志系统，加强对医务人员外语培训，提高医疗服务国际化水平。

对此，特别要放宽对台健康服务业市场准入。允许台湾同胞以独资、合资、合作等方式在厦门兴办健康服务机构；允许台湾同胞参与厦门市公建健康服务机构的承包经营。对台湾投资在厦兴办非营利性健康机构实施优惠政策，鼓励台湾同胞来厦养老，台湾居民在厦入住养老服务机构，可享受与厦门户籍老年人入住养老机构同等的待遇；建立厦门和台湾健康交流合作的长效机制，加强厦台健康养老护理转诊合作，推进两地健康养老护理人员的职业资格互认。[①]

4. 兴建社区医疗机构

推进国际化社区建设，需要以国际化标准，规划建设一批社区医疗服务机构，推进国际社区与城市区块功能互补，不仅需要完善国际高档社区，同时也要完善普通小区周边的医疗配套设施，因为国际高档小区并非国际人才的唯一选择居所。对此，厦门应引入国际化理念，全面推进社区医疗服务，与国际接轨，健全社区医疗服务机制，完善社区医疗的涉外服务基础设施。

德国是世界上开展社区卫生服务最早的国家，已形成了一套科学合理、比较完善的医疗保健体系，社区医院遍布各个街区，社区医生负责初诊和治疗普通病患，急症、大病者才去大型医院就诊，医保卡在社区医院与大型医院均可使用。美国的社区医疗卫生服务高度商品化，私人机构及个体在社区医疗卫生服务供给中承担着主要的责任。新加坡现行的社区医疗模式介于德、美之间，同时强调政府、市场与社会多元主体作用。

---

① 林红：《健康服务业》，载于厦门市发展研究中心编著《2015-2016年厦门发展报告》，厦门大学出版社，2016，第147~148页。

我国社区医疗起步较晚，2000年全面推动社区卫生服务体系的建设。经过若干年的努力，社区卫生服务体系已初具雏形，但仍面临着社区卫生机构数量少、服务质量低、服务面窄等问题。其根源在于有效合理的社区医疗服务筹资和补偿机制尚未形成，各级政府投入不足，公共卫生服务经费缺乏，社区医疗人才不足，社区医疗机构与城市二级、三级医疗机构之间尚未形成制度化的细分工。这直接导致大医院人满为患而社区医院门庭冷落的局面。

针对我国社区医疗服务中的普遍问题，厦门在发展社区医疗卫生服务方面应注意以下几点。第一，加大社区医院的政府资金投入，确保社区医疗服务公益性的同时，适当引入社会资本。政府应鼓励多元主体参与社区医疗服务，为多元主体提供公平的竞争环境。如可考虑将民营社区医疗机构纳入医疗保险的定点机构，也可通过政府购买服务的方式向民营社区医疗机构提供支持。第二，政府加强对于社区医疗机构及人员的监督与评估，形成评估标准，防止部分医疗机构打着非营利之名而行营利之实。第三，实现社区医疗机构与大型医疗机构之间的制度化细分工。各国的实践表明：社区医疗机构及家庭医生在医疗服务体系中扮演着"守门人角色"。一方面，可以加强各类人群初级医疗服务；另一方面，也可合理地利用医疗资源，有效地控制医疗费用的上涨。[1] 为此，政府及相关部门应通过收费机制、政府补贴标准、医疗保险报销比例等多种措施，让社区医疗机构能充分发挥"守门人"作用。

---

[1] 刘德吉：《国外社区医疗服务模式比较及对我国的启示》，《中国卫生事业管理》2009年第8期。

（四）构建多样化的城市教育资源

教育资源渠道多样化，城市拥有综合性大学以及各具特色的职业教育资源是市民塑造较高文化素养的必要条件。厦门大学是国内环境最美的985高校之一，厦门的人文素质在沿海城市中保持着相当高的水平。而鼓浪屿更是被誉为我国的钢琴之岛，并成为广大文艺青年的圣地之一。整座城市文化底蕴可见一斑。

然而，目前为国内外就业市场所认可的厦门职业教育品牌与资源，及其相关的国际合作仍然短缺。实现教育资源多样化，促进城市制造业转型升级以及构建"智能城市"需要投入更多的职业教育资源。

1. 充分利用厦门大学的国际留学生平台

厦门大学的对外交流与合作早已深入开展，已先后与美国、英国、日本、法国、加拿大、澳大利亚、荷兰、菲律宾、韩国、泰国等国家和中国台港澳地区的250多所高校建立了校际合作关系，并与海外众多研究机构开展学术交流活动。在对台交流方面，厦门大学具有得天独厚的地理条件和难以替代的人文优势，已成为台湾研究的重要中心和两岸学术、文化交流的前沿。截至2016年3月，厦门大学的海外留学生多达1657人。2014年7月，厦门大学马来西亚分校开工建设，该学校成为我国第一个在海外建设独立校园的大学。[①] 近年来，厦门大学在巩固和发展原有校际合作交流的基础上，继续扩大国际合作办学，拓展文化交流，推进海外孔子学院的建设工作。

---

① 厦门大学国际合作与交流处，台港澳事务办公室，厦门大学，http：//ice. xmu. edu. cn/chinese. aspx，最后访问日期：2017年2月18日。

厦门构建国际化的宜居城市，应积极促进国际人才融入社会，并与厦门当地社会产生联结情怀，形成将厦门作为"第二故乡"的认知，乐于搭建厦门与海外家乡的桥梁。而厦门国际留学生作为年轻一代，更为容易对中文和闽南文化产生感性认知，国际年轻人才增添了一座城市的活力与创造力。一方面，为国际人才融入厦门提供便利条件，比如，简化国际人才入境与居留许可条件，提高外籍人士在厦居留、居住、教育和医疗的服务水平。另一方面，吸引国际人才的最佳方式是为其提供工作渠道，为国际人才参与在厦门举行的一系列国际活动提供机会。

一是要充分发挥厦门大学与集美大学的国际留学生才能，留住国际人才。建立和完善在厦读书与工作的国际人才就业管理服务和社会保障服务体系，为在厦国际留学生提供就业信息，并以市场需求为主导，扩宽国际人才就业渠道；借鉴国际有关跨国劳动者社会保障的劳工公约，依法加强保障外籍人士、华侨在涉外劳资纠纷等方面的各项权益，为在厦外籍人士、华侨读书与工作营造一个公平和谐的环境。

二是要积极组织、引导外籍人士与厦门大学国际留学生参与社区自治、社区文化活动以及在厦门举办的国际活动。特别是要借助2017年金砖峰会的契机，招募厦门国际留学生作为志愿者，或者作为有偿学生助手，不仅可以解决金砖峰会小语种人才欠缺的问题，同时，国际留学生人尽其才可以更好地向国际人士宣传厦门文化，增加对于厦门的认同感与亲切感，最终提升城市魅力。

2. 积极推动职业教育国际化

构建多样化的城市教育资源，不仅需要重视培养高等教育人才，而且也要制定实施中小学教育国际化行动计划。加快国际学校建设，推进厦门国际学校扩大办学规模；推进在厦知名中小学开设国际部，鼓励中小学校开展双语教学实验。

与此同时，应鼓励发展与国际接轨的职业教育，职业教育学校应与厦门企业、在厦跨国企业或机构合作办学。对此，德国百年来的职业教育体系可为厦门职业教育发展提供一些启示。

德国的人才培养具有多重渠道，精英大学与综合性大学并非创新型人才的唯一出路。理论学习与企业实习相结合的德国"双轨制"职业教育与本地区企业密切合作的应用科技大学是德国工程师与专业技术人才的摇篮。学校理论知识、日新月异的客户需求以及企业实践经验成为德国创新文化的根基。

据统计，德国高中生毕业后上大学的所占比重仅为 30% ~ 35%，选择高等职业学校的占比高达 65% ~ 70%，以培养技术技能型人才为目标的德国职业教育既是德国技术创新的基本保障，也是促进技术积累的重要手段。德国职业教育的特点在于奉行"双轨制"，即学生每周有三天在培训企业工作，两天在职业学校进行理论知识学习，并由企业支付薪金报酬。德国职业教育种类齐全，设立了规范的职业教育标准、严格的考试制度以及针对培训企业和培训教师的审核制度，形成了职业资格的权威性，职业教育成为学生进入各行各业的重要资质。同时，与其配套的监督机制与法律框架成为"双轨制"职业教育的重要保障，形成劳动局与工商会监督考核、雇主协会与工会共同参与、健全与职业教育相关的劳动者保护法的严密格局。德国装备制造业需要大批技术精湛的从业人员，技术工人物化科技成果，积累实践经验，对企业技术创新具有重要意义。①

----

① 王继平：《技术技能累积与创新的德国模式——谈职业教育对德国创新的促进机制》，载裴钢等主编《德国创新能力的基础与源泉》，社会科学文献出版社，2014，第 43 ~ 45 页。

接受中等职业教育后，学生可以直接进入就业市场，或者通过申请与考试升入德国应用型技术高校，学历等同于本科。应用技术大学遍布德国各个城市，与本地区中小企业紧密合作，并积极开展国际交流，这是德国中小城市的企业可以领先于世界的关键因素。校企联合人才培养模式以及研发合作有利于知识转换为生产实践、提高就业率、促进本地区经济发展，并激发年轻人的创新潜力。该类型大学更加偏重于企业实践，获取经费渠道也更加依赖于经济界资源。首先，应用科技大学教师队伍与本地区企业合作密切，聘用教授的一个核心要求就是必须有 5 年以上的工业界实践工作经验，大多数学生曾接受过中等职业教育并拥有就业经历。其次，应用科技大学鼓励工科毕业生在企业进行半年左右的实习。在此期间，由企业界人士和高校教师共同辅导毕业论文，企业提供实习薪金，毕业论文的研究题目往往和企业最新研发课题密切相关，高校教师提供理论指导，学生发挥个人创新潜力，在企业实践中寻求论文题目的解决方案。毕业生与企业进行积极互动，优秀者往往为实习企业录用，这些毕业生就业率不逊色于综合性大学毕业生。相较于综合性大学，应用科技大学更看重与本地区或本市企业合作，鼓励理工科学生在企业实践中培养创新能力，[①] 不仅可以提升学校就业率，同时也可以促进当地经济发展。

以德国康斯坦茨为例，除了拥有康斯坦茨大学作为精英大学引进大量国际人才外，康斯坦茨的应用科技大学与本州（巴登符滕州）企业合作密切，学校在接受大量企业研发合同的同时，输送

---

① Hochschul – Barometer 2015, Exzellenzinitiative, Investitionsbedarf, Studium für Flüchtlinge, Der Stifterverband, 参见 file: ///D: /hochschul – barometer_ 2015. pdf, 第 31 页。

大量实践型的工科人才至企业实习，并在企业专家与教授共同指导下撰写毕业论文，由企业支付实习薪酬。此外，应现代技术发展要求，该校在机械制造、技术信息、电子和信息技术等专业中引入国际项目工程学课程，使毕业生更有能力应对企业国际化发展的挑战。国际性也是康斯坦茨应用科技大学的一大特色。在校生中的一半以上在国外合作大学就读一个学期，或在国外企业实习。该校还与很多海外大学结为伙伴学校，其中包括与中国高校的合作项目。同时，康斯坦茨工业技术大学是德国、瑞士、奥地利和列支敦士登四国大学联盟"博登湖国际大学"的发起人之一，为大学之间的跨国和跨区域合作开了先河。

拥有多元化的教育资源渠道是城市活力与宜居性的重要指标，博登湖畔的中小城市康斯坦茨并非仅仅依赖于精英大学的教育资源以及历史悠久的应用科技大学，同时也拥有德国科学继续教育学院以及康斯坦茨科技学院等全德优质中等教育学校。在中等职业教育领域，康斯坦茨的职业学校分门别类，种类细致而繁多，各具特色，与各个行业的企业与机构合作紧密，输送专业型人才，包括医疗职业学校、疾病与儿童护理职业学校、生态有机美妆学校、设计艺术学校、心理治疗学校等。此外，还有为在职人员以及退休老人提供兴趣班的成人教育学校。种类繁多的教育资源促使康斯坦茨成为真正的教育之城。

拓宽厦门教育资源是打造宜居城市的必要步骤，为此，应积极推进职业教育发展，这是提高城市劳动力素质、增加城市企业活力、促使城市成为创新人才与技术人才基地的基础，顺应目前我国制造业转型升级的迫切需求。

发展并优化厦门的职业教育资源，首先要加强"双轨制"职业教育的监督管理，完善一系列框架条件。①加大力度执行与职业教育相关的劳动法保护，依法惩治在职业教育实习阶段的劳动欺诈行为；②创建培训企业与职业学校资质名录和评价体系，保证职业资格的权威性和职业学校在厦门和福建省劳动力市场的认可度；③对于承担学徒工和培训师在技能培训期间薪金的企业实行地方税费减免或优惠政策；④加强职业教育领域的国际合作。目前，中德职业教育合作已有典范，如中德职业教育汽车机电项目（SGAVE），学生通过"订单培养"的方式，按照中德合作开发的汽车机电技术人才培养方案进行为期三年的学习，接受专业培训的技术人才毕业后将就职于德国五大汽车生产企业。厦门拥有 DELL 与 ABB 等知名跨国企业，职业学校应充分利用跨国企业的优势资源，与其进行人才联合培养。市教育部门可为职业学校与本地区企业合作创造框架条件，如创立校企定期沟通与协调机制平台，加快校企合作审批程序。

（五）完善内外通达的交通体系、基础设施建设

厦门构建国际化生态宜居城市，不仅要完善厦门本市的铁路、公路、港口与机场等基础设施建设，也要在城际各种交通工具之间实现无缝连接，同时还要将市政交通等基础设施建设与生态环境很好地融合。

厦门分为岛内和岛外，岛内面积不大，建设有三条 BRT 快速公交线路，采用高架方式，是专用道路，极大地方便了市民出行。而且厦门岛内公交线路数量很多，规划线路合理，平均 5～8 分钟就有一班。然而，厦门交通也有一些不足之处，比如道路一般都比较窄，而且道路建设过多弯道，不是典型的纵横走向，让人非常容

易迷路，也不利于车辆驾驶。而且，厦门很多道路都没有设非机动车道，在共享单车逐渐增多的情况下，安全出行存在一定隐患。为此提出如下建议。

1. 构建安全、绿色的"骑行城市"

国际化的宜居城市普遍具有适合骑行的特征，一般建有多条人性化、专业化的自行车道，方便市民出行。厦门的共享单车发展迅速，优美的自然环境是骑行的先天资源。然而，对于共享单车，不仅要加强对于停车位置的规划管理，加大人为破坏单车的处罚力度，而且更为重要的是需要完善自行车道基础设施建设。对此，丹麦哥本哈根与德国的康斯坦茨的经验可为厦门借鉴。作为一座重视生态环保的绿色宜居之城，康斯坦茨建有完善的、人性化的自行车道设施。位于湖畔的"小威尼斯"车道，于2006年秋季开通，连接了德国和瑞士边境，在自行车道两旁，德国和瑞士联手打造了22座雕塑作品。另一条连接德瑞边界的"草坪大街"，只供行人和自行车行驶，禁止机动车入内。

丹麦哥本哈根，无论是市区还是郊区的自行车道都非常完整。丹麦也曾经历了自行车交通的衰落，20世纪六七十年代，随着城市中机动车数量的激增以及新建道路对自行车设施的忽视，自行车出行比例下降到历史最低点——10%。20世纪70年代两次石油危机，以及日益高涨的绿色环保运动，又使丹麦自行车走上了一条"复兴之路"。丹麦自行车协会不断呼吁，要求政府牵头建设更好的自行车基础设施，提升骑行安全性。这些对新的城市规划产生了直接影响，政府由此开始了独立自行车道的建设。经过几十年努力，哥本哈根一举成为世界最适合骑行的城市。厦门可以借鉴哥本哈根和康斯坦茨的经验，重视绿色、安全自行车交通模式的建设，构建低能耗、低排放、低污染、高效益的绿色循环低碳交通运输体系。

第一，规划专业合理的自行车道和自行车高速路。哥本哈根城市的大路中间是机动车道，靠外侧是自行车道，自行车道两侧各有一排高大的树木作为隔离。一路畅通无阻，没有行人和汽车占道借道。哥本哈根有著名的 Cykelslangen – 自行车高速路，骑行在自行车高速路上，完全不受其他交通工具以及行人打扰，此举刺激了哥本哈根地区的自行车持有量，促进了整个城市的绿色低碳可持续发展。该自行车高速路投入使用后，哥本哈根每年将减少 856 吨的二氧化碳排放。哥本哈根计划在 2020 年前建成 28 条 "超车道"，总长计 500 千米，以实现在 2025 年成为零碳城市的目标。

第二，构建便捷的自行车道辅助设施。各主要街道应建有自行车桥梁，方便自行车快速穿过水路；上下楼梯设有自行车专用轨道；安装专用的自行车交通灯，保障自行车的安全和快速出行；下雨天时安装在红绿灯上的探头可以感应到雨水，会把自行车道的绿灯按 2 倍时长智能调长；安装方便骑行垃圾处理的 45 度角垃圾桶。

第三，实现自行车与其他交通工具衔接自如。无论是康斯坦茨还是哥本哈根市的地铁和火车都设立自行车车厢，保证自行车和其他交通工具可以无缝衔接。按照厦门的实际情况，自行车应该与渡轮、地铁车站实现衔接。

2. 一体化的基础设施建设

德国的康斯坦茨在历史上与瑞士的图尔高省的克罗伊茨林根市共同发展成长起来，自行车道、行人道、汽车道以及航运将德瑞两国紧密相连，两座城市的一体化程度很高，国境线甚至穿过房屋、街道以及小溪。博登湖畔的德国、瑞士和奥地利的城市通过通勤渡轮相互连接，如 Meersburg （德）、Lindau （德）、Bregenz （奥）、Überlingen （德）、Schaffhausen （瑞）、Radolfzell （德）、Kreuzlingen （瑞）、Insel Mainau （德）。航行时间为 15～30 分钟，远比乘坐普通公交汽车和铁路交通要节省时间。康斯坦茨的通勤渡轮秉承"人、车、物同行"的设计理念，汽车与自行车均可进入船体，通勤渡轮不仅服务于旅游业，也是人们日常通勤的重要交通工具，公交通票如天票、月票和学生票均可在轮船上使用，通勤渡轮已经成为康斯坦茨市政交通的重要组成部分。接近 12 万居民居住在康斯坦茨和瑞士的克罗伊茨林根市，很多来自这两个城市的居民在对方城市工作，却返回本城居住。除了公共交通外，就连能源供应系统，如电路、天然气供应以及排水系统两城也实现共享。总体而言，博登湖畔的来自德国、瑞士和奥地利的八个城市实现了高度一体化，它们是"学习型管理"城市发展协调项目中的成员城市。2014 年 11 月，康斯坦茨市政府与瑞士图尔高政府共同进行跨境安全演习和消防演练，联合制定大面积电流中断的预警机制，在消防任务中，两座城市共同出动消防官兵。

借鉴国际经验，发展成为国际化宜居城市，厦门同样需要与周边城市互通互联，构建一体化的交通基础设施，节约成本，服务于民，提高城际出行的便宜度，促进厦漳泉经济协同发展。

构筑区域交通枢纽。加快城际轨道建设，增设通勤渡轮班次，形成区域客运主轴和发展走廊。2015 年 10 月，国家发改委发布关于《福建省海峡西岸城际铁路建设规划（2015—2020 年）》的正式批复。到 2020 年，福建省将陆续开工建设 6 条城际铁路，其中包括 2 条厦漳泉大都市区城际铁路——泉州－厦门－漳州城际铁路和漳州－港尾－厦门城际铁路（部分利用港尾铁路改建），线路总长 263 公里。厦漳泉城际轨道交通将按照时速 120 公里标准设计建设，厦门与漳州间的环线约长 68 公里。到 2020 年，通过厦漳泉城际轨道交通线，三地间可望实现半小时互通直达，大都市区建设的交通壁垒将被打破，三地群众来往更加便捷。[①] 漳州港与厦门岛分处厦门湾南北两岸，两地相隔仅 3.5 海里，平时往返两地依托着厦漳跨海大桥和"海上巴士"通勤渡轮。

城际铁路的特点是专门服务于相邻城市或城市群，一般具有区域性、短距离的特点，大多采用高密度、公交化运输组织模式，覆盖大都市区主要城镇走廊，满足城镇密集区的日常通勤交通以及旅游需求。借鉴欧洲经验，城际轨道交通与通勤渡轮串联附近城市的中心城区、人口密集区和重要客运枢纽。因此，厦漳泉地区还需要促进实施市政交通一体化，引入轮渡、城际短途铁路与公交汽车的一卡通、联票或者天票制度，对港站票务系统进行改造，建设电子售、检票系统等人性化设施。同时厦门与漳州应降低渡轮出行成本以及往返跨海大桥的费用，以人流量实现成本回收。

在厦漳泉沿海带状的密集城镇区域，构建复合交通网络和综合交通枢纽，通过高速铁路、高速公路、城际轨道、城际渡轮、区域快速路、自行车高速路等综合交通设施的有效对接和无缝连接，满足区域内城际高效、多层次的综合交通需求。

3. 构建通达便捷的内外交通体系

国际化宜居城市要求自身具备发达的公共交通系统以应对城市结构的复杂化。要突出综合交通规划和公交优先的理念，制定合理

---

① 刘宇瀚：《厦漳泉地区将建两条城际铁路》，厦门网，http：//news. xmnn. cn/a/xmxw/ 201510/t20151014_ 4679915. htm，最后访问日期：2017 年 3 月 1 日。

的轨道、公交建设实施策略，组织换乘和多方式联运衔接系统，构建"一体化"分级的交通枢纽体系。第一，以大运量快速客运系统为骨干，构建复合型城市交通走廊。加快"两环八射"骨干快速路建设，形成集快速轨道交通、快速公交（BRT）、普通地面公交等于一体的综合客运网络，优化公交线路设计，加强交通枢纽场站规划建设管理和投融资创新。第二，以人为本，建设适合残疾人出行的无障碍交通设施，方便残疾人的正常出行。第三，统一设置国际化交通标志标线，开展智能交通系统建设，完善交通诱导系统、交通视频监控、流量采集和事件检测系统，推动信号灯路口联网联控，提升交通管理国际化水平。

此外，厦门作为海上丝绸之路的重要港口，应着力构筑以航空港、港口、铁路枢纽为主的对外交通枢纽。争取开通直飞欧、美、澳以及东南亚国家和地区更多国际客货航线。打造"一带一路"交通通道。通过整合交通枢纽体系，提升厦门区域客货运输枢纽地位，打造全国乃至国际重要门户枢纽，发挥厦门作为区域中心城市的职能。

4. 发展智能化的城市基础设施建设

以智慧城市建设为载体，发展信息通信技术，为厦门智能城市基础设施建设开辟路径，制订厦门市智能交通规划，推进城市治理体系和治理能力智能化与现代化。

城市基础设施建设智能化应从细节入手。康斯坦茨的中小企业构建将该城打造成科技创新与经济发展基地，创新型企业共同推动该城朝着智能城市发展。比如，康斯坦茨是德国第一个运用街道智能照明系统的城市。夜间 23 点以后，市民出行只需要按下灯杆上的开关，LED 照明灯便自动开启，15 分钟后将自动熄灭。德国首都柏林的目标是成为欧洲领先的电动汽车大都市。2011 年 3 月，柏林提出"2020 年电动汽车行动计划"，其中一个重要的项目是奔驰 smart 的 car2go 项目。在该项目中，用户可以在大约 250 平方公里的区域内租用到配备了智能熄火与启动系统、空调和导航系统的车辆，驾驶这些汽车后在运营区域内的任何公共停车场都可以归还汽车。用户可以通过该手机应用程序查询附近可用 car2go 车辆等信息。目前，柏林－勃兰登堡首都地区是德国最大的电动汽车"实验室"，拥有 220 个公用充电桩，其智能交通项目涵盖了从私人和家庭用车，到电动汽车共享、企业车队，再到卡车货运、电动自行车的广泛目标。①

　　厦门应以新一代城域网为基础，加快实施宽带厦门、光网城市、无线城市等重大信息工程，打造高速快捷的信息网络平台，建设具有世界先进水平的城市信息高速公路。重点扶持信息传感设备制造业、物联网、大数据等产业大发展。坚持智慧应用先试，推进基础设施建设智能化，争取智能交通领域的先机，构建大数据平台，提升信息化在交通基础设施领域的应用与发展，打造国际水平的智能交通体系。在支持智能共享单车的发展外，以税收优惠政策吸引信息通信技术企业和国内外新能源汽车行业创新型企业等入驻厦门，支持智能电动汽车行业发展，实现智能电动汽车共享。

（六）增进城市国际交往，营造国际语言环境

　　厦门构建国际级的宜居城市离不开扩大与国际城市间的交往。

---

① 武锋：《德国智慧城市发展现状与趋势》，国家信息中心，http://www.sic.gov.cn/News/250/2077.htm，最后访问日期：2017 年 3 月 1 日。

不仅包括官方交往，同时也涉及民间交流。

1. 积极扩大与国际城市的官方交往

一是广结国际友城，争取发展更多与厦门产业互补性强的国际友城；二是要深化友城合作，在城市建设管理、文化遗产保护、基础设施建设、产业创新以及体育赛事和文化节日等领域加强与国际友城的交流互动；三是建立健全国际经贸、文化等交流促进机制，加强厦门与"一带一路"沿线国家经济界商会与协会的交流与合作，争取在厦门设立海外商会代表处。

2. 增进民间交流

一是促进青少年的国际交流，在中学增设多语种兴趣班，利用诸如德国歌德学院、西班牙塞万提斯学院、法国法语联盟的青少年促进项目与厦门中学建立合作协议，开拓青少年的国际视野，扩大校际对外交流渠道。二是通过市友协与国外的对华友好协会，建立战略合作伙伴关系或互设联络点，厦门市友协充分发挥对外交往的中介桥梁作用。三是健全出入境管理与服务，积极创造条件，申报更多便利外国人来厦的优惠政策，争取异地办护照、落地签证等政策，出台企业外籍高管的签证和居留便利政策，实现人员出入境便利化。

3. 营造国际化语言环境

创造多语种语言环境吸引国际人才来厦居住和旅游以及举行国际会议，是增加厦门国际知名度、提升国际化宜居水平的重要条件。对此，①应增设双语标识，增加政府窗口部门和公共服务单位的外语服务内容；②加快组建外语志愿服务队伍，不断满足国际高端展会、马拉松、投洽会和其他各类涉外活动的外语服务工作需要；③加快城市公共双语标识系统建设，在 BRT 沿线、商圈、行政区、交通聚集地开展城市双语标识升级改造工程；④参照欧盟城市经验，在主要商业特色街区、重要旅游景区、博物馆等地设立旅游信息服务亭，由专业人员或志愿者提供多语种旅游信息服务；⑤印制多语种旅游宣传手册和城市地图，并将旅游宣传资料投放至机场、火车站、旅游信息服务亭等各种旅游窗口单位。

第八章　厦门海上丝绸之路支点
城市港口建设

贺之杲

"一带一路"倡议是我国对外开放格局与战略规划的一次重大转型与发展。"一带一路"包括"丝绸之路经济带"和"21世纪海上丝绸之路"（以下简称"海丝"）。2015年3月28日，经国务院授权，国家发展改革委、外交部、商务部联合发布的《推动共建丝绸之路经济带和21世纪海上丝绸之路的愿景与行动》指出，"支持福建建设21世纪海上丝绸之路核心区"，"加强上海、天津、宁波－舟山、广州、深圳、湛江、汕头、青岛、烟台、大连、福州、厦门、泉州、海口、三亚等沿海城市港口建设……成为'一带一路'特别是21世纪海上丝绸之路建设的排头兵和主力军"。①地方政府是全面推进"一带一路"建设的关键力量。地方政府积极出台相关方案，如福建省出台《福建省21世纪海上丝绸之路核心区建设方案》《2016年福建省21世纪海上丝绸之路核心区建设工作要点》，厦门市也制定了《厦门市关于贯彻落实建设丝绸之路

---

① 《〈推动共建丝绸之路经济带和21世纪海上丝绸之路的愿景与行动〉发布》，中华人民共和国商务部，2015年3月28日，http://zhs.mofcom.gov.cn/article/xxfb/201503/20150300926644.shtml。

经济带和 21 世纪海上丝绸之路战略的行动方案》，厦门市主动结合国家战略，发挥城市与区位比较优势，该行动方案提出厦门海丝支点城市建设规划，加快 21 世纪海上丝绸之路战略支点城市建设，积极提升厦门城市国际化水平，使厦门成为推进"一带一路"建设举足轻重的力量。

海洋是 21 世纪的主角，"一带一路"倡议的重要一翼是丝绸之路经济带的建设。在"一带一路"倡议开展的历史窗口，厦门积极发挥融入 21 世纪海上丝绸之路中的口岸、贸易、投资、华侨华人、人文历史等优势，统筹"海丝"战略支点、对台战略支点和自贸试验区建设，着力建通道、搭平台，汇聚物流、人流、资金流和信息流，打造海上丝绸之路互联互通、经贸合作、海洋合作、人文交流四个枢纽，着力建设区域性"走出去"的重要集聚地、口岸和综合服务平台，做大进出口，做强港口，不断创新合作机制，与"海丝"沿线国家和地区交流合作取得新进展。

厦门市出台的行动方案指出，"充分发挥厦门特色和优势，选择与厦门经贸往来、人文交流基础好、发展前景大的 9 个'海丝'沿线重点国家，包括马来西亚、新加坡、印尼、泰国、菲律宾、越南、印度、伊朗、斯里兰卡等，在基础设施、贸易金融、双向投资、海洋合作、旅游会展、人文交流等六个重点领域，推动重点项目实施，实现优势互补、互利共赢，努力把厦门打造成为 21 世纪海上丝绸之路中心枢纽城市"。厦门港与东盟、中东主要港口城市已经建立起多个合作网络和机制，作为国际集装箱干线港、区域性游轮母港，厦门港成为福建、厦门与"一带一路"沿线国家和地区经贸拓展、厦门城市国际化的重要出海口。福建省政府计划到 2020 年把厦门港建设成为与国际接轨的多层次、社会化、专业化的现代物流枢纽港口，成为东南国际航运中心。[①] 所以说，厦门作为沿海港口和港口城市，必将在丝绸之路经济带建设与海丝支点城市建设中发挥更加重要的战略作用，这既是带动"一带一路"沿线国家发展的必然要求，也是提升城市国际化水平的应有之路。

一　厦门港口建设现状

1. 优势

厦门工业增加值增速位列 15 个副省级城市前列，2015 年，厦门规模以上工业增加值完成 1254.1 亿元，增长 7.9%，位列副省级城市第三、计划单列市第一。厦门固定资产投资增速排名第二，2015 年厦门固定资产投资完成 1887.7 亿元，增长 20.8%，厦门地方公共财政预算收入增速居中，2015 年，厦门地方公共财政预算收入 606.1 亿元，增长 11.5%。[②] 这说明厦门在经济新常态下，结构调整与经济转型较快推进，经济运行较为稳健。这为厦门积极建设海丝支点城市提供了后方保障，也有利于厦门港口建设的推进，为厦门城市国际化提供海上通道。厦门已经建立了以临海工业、海洋交通运输业、滨海旅游业、海洋渔业等为主体的海洋经济体系。厦门在外资、技术和管理等方面形成了国际比较优势。厦门自贸区建设也为厦门国际化的发展提供了较为便利的互联互通、货物通关、人员往来优势等。厦门也具备较强的人文社会基础，成为侨胞、台湾同胞认为交流最活跃的平台。这些都为厦门打造海丝支点

---

① 刘绵勇、陈晓冰：《厦门港口建设的现状与对策》，《中国港口》2015 年第 4 期。
② 厦门市发展研究中心：《2015－2016 年厦门发展报告》，厦门大学出版社，2016。

城市奠定了基础。

厦门港是我国东南沿海重要的天然良港，自然条件优越，全港共有生产性泊位 153 个，其中万吨级以上深水泊位 68 个，167 条航线连接全球 57 个国家和地区（包括台湾和香港），可直达 128 个国际港口，基本形成了辐射全球的集装箱快速航运网络。厦门港是我国综合运输体系的关键枢纽之一，拥有东渡、嵩屿、海沧、东部和旅游客运等 10 个港区。"十二五"期间，厦门港口生产屡创新高，集装箱吞吐量世界排名从第 19 位上升到第 17 位，港口货物吞吐量、集装箱吞吐量、水运周转量年平均增长率达到 8.7%、9.6%、11.9%。新增生产性泊位 55 个（其中万吨级泊位 20 个），新增货物通过能力 6509 万吨，新增集装箱通过能力 396 万标箱，基础设施建设发展快速，水运工程固定资产投资达 119 亿元。2014 年，厦门港完成集装箱吞吐量 857.24 万标箱，2015 年完成集装箱吞吐量 918.28 万标箱，比 2014 年增长 7.1%，名列中国大陆港口第 8 位。2015 年厦门港货物吞吐量完成 2.10 亿吨，集装箱吞吐量增速在全国沿海主要港口排第 3 位，全球集装箱排名上升至第 16 位。2016 年厦门港完成货物吞吐量 2.09 亿吨，集装箱吞吐量 961.37 万标箱，同比增长 4.69%，增速在沿海干线港中排名居前列，港口生产平稳增长。货运结构进一步优化，内贸集装箱完成 257.30 万标箱，同比增长 17.80%；中转箱完成 229.41 万标箱，同比增长 18.06%。全年完成水运工程固定资产投资 22.66 亿元，新增生产性泊位 4 个，新增货物通过能力 781 万吨，水运周转量 1458.93 亿吨公里。2016 年，厦门港主动适应经济新常态，生产增速在沿海干线港中排名居前列。

随着国际航运不断发展，船舶大型化已成为主流，海润码头可靠泊 15 万吨级大型船舶，嵩屿码头具备接纳 20 万吨级的 1.8 万标箱超大型船舶的能力。邮轮母港建设顺利，2014 年接待国际邮轮 21 艘次、吞吐量 5.64 万人次，创历史新高。海峡两岸间集装箱运价指数已于 2014 年 11 月 27 日正式发布，将成为两岸集装箱运输的风向标。厦门航运交易所、东南国际航运仲裁院、福建电子口岸挂牌运作，构建起航运要素集聚的公共平台。厦门"海上丝绸之路"航线总数已达 41 条，"海丝"重要航线厦门－海口集装箱快线的航班数由双周班增加到天天班；整合厦门－汕头运载外贸集装箱的内支线和运载内贸集装箱的内贸线，实行内外贸同船运输。2016 年接待国际邮轮 79 艘次，完成邮轮旅客吞吐量 20.09 万人次，再创历史新高。两岸航运合作有效提升，航运服务和信用软实力提升，货源腹地拓展取得良好成效。2016 年厦门港共接待国际邮轮 79 艘次，其中母港邮轮 65 艘次，挂靠港邮轮 14 艘次；邮轮旅客完成 20.09 万人次，同比增长 14.27%，创历史新高，其中母港邮轮旅客吞吐量 14.37 万人次，挂靠港吞吐量 5.7 万人次。

厦门港的港口建设发展快速，厦门港主动融入"一带一路"倡议和自贸区建设的一部分，将进一步巩固东南沿海区域枢纽码头的重要地位。2016 年 11 月 15 日，厦门举办厦门港海沧港区 20#、21#泊位工程竣工验收会。该项目新增 7 万吨级和 5 万吨级通用泊位各 1 个，新增岸线长度 504 米，年设计通过能力 591 万吨，其中 20#泊位主要用于粮食卸船作业，21#泊位主要用于通用散杂货卸船作业。2016 年 11 月 25 日，厦门港海沧港区 14#～17#、18#～19# 泊位工程竣工，该项目位于海沧区西南角、九龙江入海口，拥有 6 个 10 万吨级集装箱泊位及相应配套设施，码头岸线长 2262 米，设计年通过能力 390 万标箱。其中，海沧港区 14# ~ 17#泊位是中国第一个全智能、安全、环保的全自动化集装箱码头，也是全球首个堆场与码头岸线平行布置的自动化码头，码头大部分功能均由中央控制室计算机控制操作一系列自动化机械设备完成，业内称其为"魔鬼码头"。与同规模传统集装箱码头相比，综合碳排放量减少 20%，直接成本降低 20% 以上，其竣工投产对于传统集装箱码头升级换代具有推广和示范作用。这是远海码头、新海达码头长远发展的一个新起点，将成为海沧港区核心组成部分，将促进港口资源集约化利用。2016 年 12 月 3 日，厦门港实现首次并靠两艘 20 万吨级集装箱船舶，这标志着厦门港成功跻身可安全靠泊世界最大型集装箱船舶的少数港口之列。2016 年 12 月 14 日，厦门港远海集装箱码头启用首个高压船舶岸电项目，标志着我国首个全智能、零排放、安全、环保的全自动化集装箱码头已全面建成，不仅解决了噪音大、污染重的问题，而且与同规模集装箱码头相比，将减少 20% 以上综合碳排放量，降低 20% 以上直接成本，具有显著的示范意义。2016 年上海国际航运研究中心（SISI）发布国内沿海集装箱港口综合服务排名，厦门港力压深圳港、广州港、天津港等吞吐量靠前的国内大港，排名全国第四。[①] 该排名主要基于大数据系统对泊位装卸效率、平均锚泊时间、航道便利条件等的实时、动态评估，并根据业内专家和港口客户对港口服务质量的体验式评价，综合衡量当前各集装箱港口的生产效率与服务水平，这说明厦门港具有较好的港口综合服务水平。

---

① 《厦门港在国内沿海集装箱港口综合服务排名中位居第四》，http://www.fjgh.gov.cn/xxgk/dhyw/lddt/wz/201612/t20161220_135333.htm。

2016 年，厦门港新增生产性泊位 4 个，投资效率显著提升。同时，国内首创、国际一流的厦门港集装箱智慧物流平台也正式上线运行，帮助厦门港逐步实现从"智能港口"到"智慧港口"的转变。厦门港主航道扩建四期工程，是在规模为 15 万吨级航道三期工程的基础上进行拓宽和增深，建设规模为 20 万吨级航道（全长 34.8 公里的施工距离，分为两个标段，其中第一标段长约 17.7 公里）。2016 年，厦门港完成水运工程固定资产投资 22.66 亿元，超年度计划 2.16 亿元，新增生产性泊位 4 个，新增货物通过能力 781 万吨。截至 2016 年底，全港建成生产性泊位 164 个，其中万吨级以上泊位 75 个，码头货物综合通过能力 1.73 亿吨。2017 年，厦门港将继续推进一批项目开工和投用，加快改造升级东渡邮轮母港码头、嵩屿集装箱码头等泊位；加快刘五店散杂货泊位、嵩屿集装箱码头二期的竣工验收工作，确保及时投入正式运营。同时，改善厦门湾水域通航环境，开展水域遗留沉船和碍航物排查，实施清障工作；进一步深化研究海沧航段水域回淤特点，加快适航水深成果应用，切实提高了通航保障率。厦门建设全国首创的集装箱智慧物流平台，有效提升了厦门港集装箱物流运作效率和服务水平，口岸通关时间缩短 40%，国际贸易单一窗口报关率达 98%，报检率达 100%，均为全国最高。2017 年 2 月 15 日，嵩屿集装箱码头公司首次实现 20 万吨级集装箱船在厦门港调头左舷靠泊作业，AE10 航线"美慈马士基"轮作业箱量为 1294 标箱，作业时间为 10 个小时。这为 20 万吨级集装箱船舶在厦门港的挂靠开创了新局面，缩短了船舶在港的等待时间，减少了对航道的封航影响，也标志着厦门港向实现 20 万吨级集装箱船常态化靠泊又迈进了一步。

在厦门实施"以港立市"战略的大背景下，厦门加大港口建设的力度，配套设施也随之提升。厦门市不断提升枢纽基础设施水平，加快深水航道整治工程建设，完善港口码头设施，逐步提高码头靠泊能力。厦门开通厦门至海口航线，拓展了海上通道。厦门市提高岸线利用水平，促进岸线与后方陆域的良性互动，增强岸线对腹地产业的带动作用。厦门市不断增强枢纽功能，加强码头、公共锚地等公共基础设施建设，加大邮轮母港的政策支持力度，推动港口的集约化发展。厦门市强化航线的节点功能，积极发展国际合作，厦门市的国际友好港口有 21 个。厦门作为"一带一路"的重要连接点，打通了与欧洲、中亚地区经济社会发展的大动脉。随着港口建设的推进，厦门铁路建设业发展迅速，福厦铁路、龙厦铁路、厦深铁路等已建成，2015 年 8 月开通的中欧班列（厦蓉欧班列）使厦门成为东南沿海重要的铁路枢纽城市。厦门积极加快福厦铁路新线、厦长高铁、厦成高速公路、厦漳泉城际轨道等区域性重大基础设施规划建设。厦门的海陆空三条通道建设，为加强与"海丝"沿线国家和地区的互联互通，向内陆腹地的辐射奠定了良好基础。厦门市形成域内与域外，海陆空的多方位、集约式交通枢纽网络，为厦门市国际化建设提供了保障。推进港口腹地建设，拓展厦门港腹地，继续扶持龙岩、三明、武夷山、晋江等陆地港建设，确定晋江陆地港为后方喂给港；利用龙岩、三明、晋江陆地港保税仓扩大厦门港进口业务辐射范围；潮州三百门新港区开工建设。推动厦蓉欧国际集装箱班列顺利运行，厦门港成为国内沿海第二个开通"一带一路"跨境国际集装箱班列的港口，全年完成海铁联运 1.83 万标箱，增长 8.34%。加强对外交流合作，与意大利的里雅斯特港、马来西亚巴生港建立正式友好港关系，加强两港合作，实现共赢；加强与东盟国家邮轮经济的交流合作，"中国 - 东盟邮轮经济城市合作论坛"在厦门成功举办；推动与日本冲绳港、那霸港和美国迈阿密港在邮轮经济、邮轮航线上的交流与合作。①

2017 年，厦门港口管理局进一步培育国际航运市场，引导船公司在厦门港布局新的集装箱国际运输航线、航班，提高中转箱占比，形成以厦门港为重要节点的全球运输网络，提升干线港地位。厦门港在港口建设、腹地开发与基础设施完善等方面有较好的基础，这会促进厦门国际航运中心的建设发展，提升厦门港整体竞争力。

2. 挑战

虽然厦门基础设施不断完善，国际化水平不断提高，但与国际上衡量国际化城市水平的标准以及国际发达城市相比，厦门基础设施国际化程度还存在一定差距。一是航线网络有待进一步加强，厦门港航线基本上遍布全球各大沿海主要港口，但是航班密度不够，厦门市国际中转比例、远洋干线比例偏低，2015 年，国际中转比例仅为 6.5%，远洋干线比例仅为 66.85%。二是厦门港现有航道等级为 10 万吨级，难以适应船舶大型化需求。一些国际干线的主流船舶已经超过 1 万标箱，为 12 万~15 万吨级，现有航道难以满足其满载安全通航要求。三是港口在拓展商贸和物流服务功能方面，与现代商贸、物流增值服务等领域的结合度不够，高端航运产业薄弱，对比国际先进港口存在很大差距，厦门航运产业主要集中于货代、船代等低端产业，厦门在航运金融与融资、船舶保险、信息咨询、法律服务、船运交易、经纪、邮轮产业、航运结算等附加值高的高端航运服务领域缺乏足够的发展。并且，厦门国际性航运

①　吴顺彬：《打造法治绿色发展的厦门港——2016 年厦门港口管理局年度工作会议报告》，http://www.portxiamen.gov.cn/zhfxxgk/xxgkndbg/275149.htm。

总部机构的数量较少。四是口岸通关效率、信息化水平有待进一步提高，航运产业环境培育、港口配套和集疏运体系有待进一步完善。

表1 2015年厦门、新加坡、香港、深圳的海港指标对比

城市	国际班轮航线（条）	可直达港口（个）	集装箱吞吐量（万标箱）
香 港	350	510	2228
新加坡	250 多	600 多	3390
深 圳	238	300 多	2421.05
厦 门	167	128	857.24

资料来源：香港、新加坡、深圳数据来源于互联网，厦门数据来源于《厦门市情 2015》。

厦门市"海丝"枢纽建设有其独特性问题。从福建省内来看，泉州港、福州港与厦门港的直接和间接经济腹地重叠区域较多，泉州港、福州港与厦门港竞争激烈。从福建省外来看，上海港、宁波港、深圳港和台湾高雄港建设较为完善，拥有一流的港口硬件设施与服务环境，是厦门港重要的竞争对手。考虑到周边港口城市的竞争，厦门建成航运产业集聚效应的港口城市有诸多压力。从经济发展来看，厦门 2015 年全年生产总值为 346 亿元，2014 年的生产总值为 327 亿元，2014 年的增速为 9.2%，2015 年的增速为 7.2%，2015 年增速较 2014 年回落 2 个百分点。2015 年厦门的生产总值位列 15 个副省级城市第 11，较 2014 年下降 7 个位次。厦门社会消费品销售总额增速继续回落，2015 年厦门社会消费品零售总额完成 1168.4 亿元，增长 8.9%，较 2014 年下降 1.1 个百分点。厦门进出口总额呈现小幅下降趋势，2015 年厦门进出口总额完成 832.9

亿元，下降0.2%，较2014年提高0.4个百分点。厦门经济增速放缓将影响到厦门港口建设的发展。

从国际大环境来看，2015年，全球港口货物吞吐量前十大港口排名顺序依次为：宁波－舟山港、上海港、新加坡港、天津港、苏州港、广州港、唐山港、青岛港、鹿特丹港、黑德兰港。从全球港口货物吞吐量前十大港口所完成的总量来看，2015年达到56.78亿吨，比2014年增加1.32亿吨，同比增长2.38%，较2014年4.74%的增幅回落2.36个百分点。这反映出在国际经济增长疲软的大背景下，全球港口生产面临较大压力，港口货物吞吐量增长形势不容乐观。所以，在国内经济新常态与国际反全球化的背景下，厦门港口建设面临诸多困境，但厦门港在借鉴国际港口城市的国际化路径基础上，以港口为依托，发展与物流业相适合的制造业、服务业，以进一步实现港城融合。

二　国际港口城市的国际化路径

城市国际化是一个城市"走出去""引进来"的应有之义，是扩大国际影响力的有效步骤，是实现国内国际有效联动的关键。港口城市是一种特殊类型的城市，具有推进城市国际化建设的有利条件。港口城市不仅具有同一层级城市所应具有的功能，而且还拥有物流集散中心、临港产业基地、知识与信息的创造与扩散中心、低成本的制造中心等优势。

1. 鹿特丹

鹿特丹港位于莱茵河与马斯河河口，西依北海，东溯莱茵河、多瑙河，可通至里海，有"欧洲门户"之称。港区面积约100平方公里，港口水域 277.1 平方公里，水深 6.7~21 米，航道无闸，冬季不冻，泥沙不淤，常年不受风浪侵袭，码头总长 42 公里，吃水最深处达 22 米，可停泊 54.5 万吨的特大油轮。海轮码头总长 56 公里，河船码头总长 33.6 公里。鹿特丹港曾经是世界上第一港口，现在相对的吞吐量下降较多，但是随着东方业务的发展，鹿特丹港仍占据欧洲第一大港口的位置。鹿特丹港增速由 2014 年的 1% 提升到 2015 年的 4.9%。

港区基础设施归鹿特丹市政府所有，日常港务管理由鹿特丹港务局负责，各类公司承租港区基础设施发展业务。鹿特丹港年进港轮船 3 万多艘，驶往欧洲各国的内河船只 12 万多艘。鹿特丹港有世界上最先进的 ECT 集装箱码头，年运输量达 640 万标准箱，居世界第四位。鹿特丹港就业人口 7 万余人，占荷兰就业人口的 1.4%，货运量占荷兰的 78%，总产值达 120 亿荷盾，约占荷兰国民生产总值的 2.5%。

鹿特丹港在 2010 年提出 "加强港口工业智能，以大规模的港口工业带动港口物流业的发展" 来应对新经济态势下港口物流的进一步发展与繁荣。鹿特丹港 50% 的经济增加值来自港口工业，如炼油、化工、食品等临港工业，以此形成存储、加工、运输、贸易的物流链条。鹿特丹还积极建设港口园区，一方面作为中转基地，另一方面作为物流和配送中心。鹿特丹港在 2020 年远景规划 "创建高质量港口" 中[①]，提出港口及其支持区域的功能与发展的六大目标——多功能港口、可持续港口、知识港口、快速安全港口、有魅力港口和干净港口，把城市港口转变为集港口活动、住

---

① Port Vision 2030, Direct the future, Start today, Port of Rotterdam, https://www.portofrotterdam.com/en/the - port/port - vision - 2030.

房、就业、休闲娱乐和商务于一体的都市活力区域。

鹿特丹港在"国际集装箱化运输颁奖礼"上荣获"2013 年度港口奖"，评审团赞扬了鹿特丹港在建设欧洲领先物流中心和行业综合体方面的大规模投资项目。鹿特丹的集装箱运输形式主要有公路集装箱运输、铁路集装箱运输、驳船集装箱运输等。数据显示，每年通过鹿特丹港口驶向海洋的船舶有 34000 艘左右，另有 133000 艘船舶开往内河。鹿特丹港区服务最大的特点是储、运、销一条龙。通过一些保税仓库和货物分拨中心进行储运和再加工，提高货物的附加值，然后通过公路、铁路、河道、空运、海运等多种运输路线将货物送到荷兰和欧洲的目的地。

鹿特丹市政府为港口发展提供政策支持，这包括统一规划、建设、管理港口物流，制定并出台港口产业促进政策，不断创新港口管理模式和体制。鹿特丹港口物流的管理模式由过去的地主港模式转变为港口发展的主导者及协助者模式。鹿特丹港务管理局进行功能调整，由先前的港务管理功能向物流链管理功能转变。兴建现代化港口基础设施，完善港口综合体系。鹿特丹港的港区建设最强调集疏运系统，不仅包括港口本身的运输系统，还包括其腹地的运输网络。鹿特丹港的配套基础设施完备，这包括码头、堆场、仓储、道路、环保设施和支持保障系统等，管理设备和操作手段高度现代化，如 EDI 服务系统、INTIS 推广电子商务网络。鹿特丹港既能提供个性化运输和中转运输，还能提供多式联运服务。鹿特丹港的物流园区扩展了增值物流服务，如博特莱克物流园区。[1] 从鹿特丹港

---

① 孙建军、胡佳：《欧亚三大港口物流发展模式的比较及其启示——以鹿特丹港、新加坡港、香港港为例》，《华东交通大学学报》2014 年第 6 期。

地域空间成长过程可以发现：港口地域空间成长的经济驱动力主要来自港口产业，港口地域空间的成长随着港口产业的演替而呈现阶段性。[①] 一直以来，鹿特丹港务局重视铁路、公路、内陆航运运输线的基础设施。鹿特丹港务局开始重视新管道建设，将其视为港口工业发展的一种基础设施，这与港口行政部门铺设铁道铁轨、开挖运河、建造公路的性质基本相似。

鹿特丹港要建成最安全、最有效率和最可持续的港口，它通过发展物流链、网络与集群为客户创造价值，并努力提升荷兰的竞争力。鹿特丹为客户提供良好的营商环境，拓展国际码头网络，发展可持续的、有效率的物流链、集群与运输方式。鹿特丹还保证长期的有效投资资本。未来几年，鹿特丹将重点关注发展新增长型市场，比如，生物型产业和离岸市场；投资重要基础设施，如能源、交通、数据和公共事业等，以保证可持续竞争的产业集群；提高海上、港口与腹地运输效率，及与腹地的联结度；发展数据并应用于物流链；提高服务水平；创造良好的创新氛围。[②]

2. 汉堡

汉堡是德国北部的大城市和港口，汉堡市距离北海和波罗的海不远，海轮可从北海沿易北河航行而抵达汉堡，易北河的主道和两条支道都横贯汉堡市区，阿尔斯特河、比勒河以及上百条河汉和小运河组成密密麻麻的河道网而遍布市区，因而，汉堡港是河、海两用港，成为欧洲河与海、海与陆联运的重要枢纽。历史上，汉堡港

---

① 赵鹏军、吕斌：《港口经济及其地域空间作用：对鹿特丹港的案例研究》，《人文地理》2005 年第 5 期。

② Mission, vision and strategy, World – class European Port, https://www.portofrotterdam.com/en/port – authority/mission – vision – and – strategy.

的远洋航运和贸易往来已扩展到亚洲、非洲和美洲，1912 年的海运吞吐量已位居第三，仅次于伦敦和纽约。今天的汉堡港，不仅是德国最大的港口，也是国际上最现代化的港口之一。港口面积 100 平方公里，约占城市总面积的 1/7。港口有大小码头 60 多个，可同时停泊 250 多艘大型货轮。航道低潮时水深也在 11 米以上，万吨巨轮可沿 120 公里的易北河航道从北海驶进港口。该港拥有 300 多条国际航线，同世界上 1100 个大型港口保持联系，每年进入港口的船只近两万艘，年吞吐量 6000 万吨左右，素有"德国通向世界的门户"的称号。[①]

2014 年货物吞吐量为 1.46 亿吨，集装箱吞吐量为 970 万标箱，增长 5.1%。2014 年，汉堡与中国的集装箱货物贸易量约为 300 万标箱，约占总量的 1/3。汉堡大多数工业和外贸有关。作为德国最大的外贸口岸，汉堡现有外贸公司约 32000 家。2014 年外贸进出口总额达 1221.56 亿欧元，增长 3.6%。其中，出口 513.76 亿欧元，增长 4.7%；进口 707.8 亿欧元，增长 2.7%。主要进出口产品是制成品和食品。当年，汉堡 58% 的出口和 53.4% 的进口发生在欧盟国家之间。

作为世界上最大的港口城市之一，汉堡在交通运输方面有一些特殊之处。汉堡的港口每天承载着大量的贸易。其中最重要的特征之一是汉堡有良好的基础设施连接港口和腹地。世界上许多港口由于没有完成真正的连接，而不得不为交通运输支付大量的资金。汉堡致力于发展其基础设施，以智能化的港口吞吐货物，让德国的中

---

① 《德国联邦交通部支持汉堡建设数字化港口》，http：//hamburg. mofcom. gov. cn/article/jmxw/201612/20161202126438. shtml。

部和南部、欧洲的西部，甚至整个欧洲都能享受来自汉堡港的福利。而汉堡的网络不只有港口本身，还包括铁路和公路。汉堡港是欧洲甚至全球最大的铁路端口，汉堡的投资在投向海港的同时，也会投向它延展的网络。

汉堡市拥有一个可按陆运和海运统筹交通管理的全数字化网络和 IT 战略。①泊车：采用思科（Smart + Connected Parking）解决方案，司机通过网络信息，可快速找到可用的停车位，汉堡市实现交通流量优化管理，减少了废气排放。②灯光：运用思科（Smart + Connected Lighting）解决方案，在夜间实施了车辆靠近时才亮灯的举措，不仅节省资源，而且汉堡市的碳排放量还正以 12000 吨/年的速度递减。③交通：采用思科（Smart + Connected Traffic）解决方案，通过数字信号为司机播报实时路况，汉堡市预期交通状况得到改善，交通事故减少 30%。④环境：运用思科（Smart + Connected WiFi）解决方案，收集到的环境数据可用来监测城市水位、风向和污染源，以便更好地管理自然资源。汉堡港通过整合四个网络而建成一个光纤骨干网，再由此覆盖全港的网络，支持 300 个用于道路及进港船舶交通的传感器。该智能网络可以在不干扰汉堡居民日常生活的情况下，协助港口业务顺利运行。

3. 哥德堡

哥德堡港位于北纬 57°42′、东经 12′，在瑞典西海岸耶塔河口，隔卡特加特海峡与丹麦奥尔胡斯港相对。哥德堡是斯堪的纳维亚运输中心，可达半径大约为 300 公里的地方，是瑞典及挪威的一部分及丹麦的全部工业地区，有 5 条铁路线、3~6 条高速公路，与哥德堡连接的国家公路有 40~45 条。班轮可通丹麦的排德烈港、西德的基尔、荷兰的阿姆斯特丹和英国的菲利克斯托。有 50 个航运公司与哥德堡港经常联系。由于世界航运的发展，船舶呈现大型化、专业化、集装箱化的趋势，哥德堡港的一个发展趋势，即一方面扩建新的深水港区，另一方面大批停用或改造旧的浅水港区。哥德堡港进口以煤炭、矿产、石油、钢铁、金属、机械、棉花为主。出口以纸张、木制品、钢铁、机械、化工为主。

哥德堡港口有多个港口，包括斯堪的纳港区，斯堪的纳港区是哥德堡港最大的、最重要的港区。码头岸线总长 3.5 公里，共有 20 个泊位，码头水深 13.0 米（有可能加深至 14.0 米），有 13 个斜坡道可供滚装运输作业之用，有 400 台不同规格形式的叉车、索引车和底盘车。港区有斯堪的纳码头、艾尔夫斯堡码头、自由港、伐吉阿斯码头、沙尼格坦码头、林都候门码头、梅产比码头、斯天阿码头、托尔码头、托尔斯码头、斯卡拉威克港区、梁港区。

哥德堡港设有城市管理委员会。该委员会有 2 名代表负责管理港口，提供港口设施，负责航道、港池、码头、仓库、装卸设备、路面、铁路及其他设施的建设。港口当局有 80% 的股份由城市参与，港口计划由城市委员会决定，因此，港口当局能与城市密切合作。

4. 马赛

马赛港由马赛、拉韦拉、福斯和罗纳圣路易四大港区组成，年货运量 1 亿吨，为法国对外贸易最大门户。马赛是全法国最大的港口，也是整个地中海地区最大的港口。每年有连接科西嘉岛以及北非的 200 个固定航次。

马赛旧港是马赛真正的中心区。在清晨，可以听到人们用动听的当地话谈论头一天晚上捕鱼的收获。内港的两边分别是圣约翰城堡和圣尼古拉城堡，它们都是路易十四时代建造的。19 世纪以来，工业迅速发展和苏伊士运河开通带来的东方与非洲贸易的拓展，加上历史城区基础设施老化以及去工业化，工业用地和废弃用地较多，造成大规模失业以及郊区化现象，中心城区衰败。马赛港区的历史街区主要包括奥斯曼式街区、Panier 文化遗产区、Châpitre - Noailles、Thiers、Canebière、Opéra 等街区，这些街区是不同时期的马赛城市遗产，代表着马赛城市形象。这一时期马赛港主要集中在历史街区的风貌延续以及建筑公共空间的重塑等方面，以 ZPPAUP 为导则，保留空间的时代特色，延续城市肌理与尺度，以修缮与改建的形式渐进更新，严禁假古董。在城市形态上，注重在地研究，并在地下考古、体量、屋顶、立面、橱窗陈列、绿色空间及公共空间等方面制定细则，保证历史街区风貌以及形态的完整性。共和大街区域建筑众多，体量较大，雕饰精美，风格鲜明。建筑细部丰富多样，沿街立面辨识性主要集中在门与窗的不同造型设计上，放射状的景观大道极具宏大的空间感受，成为从马赛老港到码头的重要景观。巴尼耶片区位于历史城区的核心地带，与圣母加德大教堂相毗连，有一定的地势高差，单体建筑风貌完好，是形成马赛老港独特景观的视觉制高点。修缮原有开阔空间，整合步道，并与新落成的文化空间聚集地相连，形成新的向心性公共空间。

纵观世界成功的港口再生经验，基本采用了三种以上的功能混合，商业和旅游成为功能定位的首选，聚集了人气，提高了空间利用率，为公众提供了多样化的生活方式，成为城市存量发展的造血细胞和催化剂。马赛港采用复合开发的模式，整合历史文化资源和滨水景观资源，考虑多元化的人群需求，综合打造交通枢纽、公共空间、办公区、住宅、商业、酒店、文化设施和休闲场所，通过城市功能混合利用，有序组织街区夜生活，实现老港区的活力空间营造。马赛港采取以文化、娱乐、旅游为主导的开发定位，形成了欧洲地中海文明博物馆、马赛教堂、SFT 表演中心、马赛档案馆、J1 展览平台等展销空间，此外对历史街区的老建筑进行商业办公等功能置换，辅以文化活动、培训、科学研究、娱乐、商业、居住、办公等功能，场所多元性与复杂性杂糅拼贴、小尺度空间与业态融合促成活力港区。①

港口码头是最早的滨水空间，滨水空间的人文价值、历史价值是城市发展的"魂与根"，文化港口更新最重要的就是将滨水空间价值、历史人文价值转变成经济价值，而影响港口城市活力的因素在于港口与城市的互动发展、滨水空间的混合性开发、港口历史文脉的延续以及场所的重塑、交通的可达性与易达性。马赛港在延续传统小街区风貌的同时也实现了城市功能的置换以及城市空间品质的提升，对厦门港口城市更新人文价值观缺失、系统混乱、形态破碎等现象具有针对性的指导意义。

理念维度：人文关怀与形态完整。马赛旧港通过历史遗产的整体保护，修缮历史街区及旧港老建筑，延续了城市肌理，传承了城市文脉，通过保护区导则式的控制，形成了旧港区完整的城市形态。滨海组团应注重港区的海洋文化以及历史遗产的人文价值，注重城市人文的连接与传承，系统考虑，整体保护，延续旧港区的人文肌理，针灸式更新，形成港区的人文触媒，通过艺术活动、文化

---

① 张运崇：《城市人文视角下滨海港区再生设计研究——以法国马赛港为例》，2016 中国城市规划年会论文，2016。

创意活动激发城市活力，重塑港口与城市的互动发展。

功能维度：多元混合与复合共生。城市更新已告别过去房地产开发导向的拆除重建模式，更注重存量挖潜与渐进共生的模式应用，强调土地的集约利用以及公共资源的共享，区别于以往独立的功能分区，打破城市功能的孤立与割裂，强调滨水空间的经济价值，注重城市功能的混合与互补发展，借鉴马赛旧港的经验，整合城市功能，将滨水空间与沿岸用地全盘统筹，注重遗产的保护与利用，通过功能置换、文化旅游、休闲购物、商业娱乐，采用大型综合体与小街区的复合形态，多元杂糅拼贴，与社区功能混合开发，满足城市精英与市井的多元需求，形成滨水活力区。

空间维度：多层次、多样化的公共空间与交通网络。借鉴马赛港经验，鼓励公共交通出行，形成"地铁＋有轨电车＋公交＋轮渡＋自行车＋步行"的多样化出行方式，采取单向、下穿等交通管制措施以及小街区、网络化的交通结构，保证完整的步行网络。整合城市形态，通过步行系统缝合城市公共空间，注重城市界面分解以及与城市综合体的融合与场所转换，形成连续的滨水界面。完善滨水公园系统，建立多层次滨水空间，注重滨水空间的连续性、亲水性、可达性，通过公共文化活动保证滨水空间与城市公建的渗透与互动。

三 国际化视野下的厦门港口建设路径

港口是城市国际化发展的优势条件，一个海港城市的发展是国际化发展的直接体现。一个港口城市的发展不仅是拥有一个良港，更重要的是经营这个港口城市的人才与理念。国外港口发展的经验对厦门港口建设的发展具有重要指导意义，一方面，避免国外港口城市的发展困境，另一方面，综合厦门自身优势提供港口建设路径。厦门提出"海丝"支点城市建设规划，加快21世纪海上丝绸之路战略支点城市建设，"海丝"枢纽的核心是港口建设。考虑到国际中心枢纽城市从竞争关系转向伙伴关系，创新要素流动成为国际中心枢纽城市之间联系的新纽带。港口建设是纽带关系联结的关键。厦门港口建设紧紧围绕发展枢纽经济，按照高端化、现代化、国际化标准，以构建枢纽为核心，以建设通道为重点，以完善网络为支撑，在转型升级上做示范，推动枢纽设施规模扩充与结构调整并重、动态交通与静态交通并重、中心城和新城交通发展并重，通过扩大枢纽基础设施供给挖掘枢纽基础实施潜力。注重主枢纽和次枢纽相互衔接，枢纽建设与产业发展、资源开发、城乡统筹、对外开放等有机结合，实现枢纽层次与交通、产业功能、城市功能相配套。所以，厦门港口建设要与基础设施建设、产业发展、腹地开拓相辅相成，共同促进"海丝"枢纽建设，增强城市要素集聚功能，提升厦门城市国际化水平。

（一）开发利用"一带一路"的要素资源

早在2世纪初，厦门凭借港口和侨乡优势，就已成为我国重要的航运贸易、金融中心以及侨汇集中地。"一带一路"倡议的提出，为厦门发挥枢纽城市的作用提供了机遇。从"走出去"来看，厦门与沿线国家共建海外科技园与孵化器，为厦门优势企业"走出去"提供海外科技服务平台，促进沿线国家的跨国公司研发机构实现溢出效应，鼓励厦门优势企业通过贸易、境外上市、投资、并购、承包工程等各种形式在沿海国家开展国际化经营。从金融合作领域来看，全面深化与"海丝"沿线国家的金融合作，支持"海丝"沿线国家金融机构落户，开展离岸和跨境业务。积极推进与"海丝"沿线国家"货币流通"。探索构建厦门与"海丝"沿线国家资本市场的互联互通机制。从海洋经济合作来看，深化闽南金三角海洋城际合作，在海洋生态系统保护、跨界河流污染治理、填海造地、重大基础设施对接、跨界滨海地区开发等方面加强信息共享和沟通协调。加快建设中国－东盟海洋合作中心，加强与东南亚的海洋产业合作，积极参与东海和南海资源开发，共同打造海洋经济合作示范区。从国际贸易来看，加快集聚采用现代国际贸易运行新模式的企业，吸引国内外企业的营运中心、物流中心、分拨中心、销售中心、采购中心等集聚，提升贸易辐射效应，增强商务活动枢纽功能。建设国际贸易和海外营销促进平台，构建全球贸易网络枢纽节点，打造国际贸易组织和贸易促进机构集聚区。加快区域性的临港商品交易平台建设。

厦门港要紧紧抓住建设厦门国际航运中心的战略机遇，围绕"一带一路"和自贸试验区建设等国家战略，积极实施供给侧改革，推动港口产业转型升级，打造国际一流营商环境，使厦门港相关生产数据实现逆势增长。除继续巩固集装箱干线港地位外，相关部门企业将在"21世纪海上丝绸之路"已有41条相关航线的基础上，继续扩大与"一带一路"相关港口的合作，力促厦蓉欧班列扩大影响，为厦门港集装箱业务发展提供新的增长点。同时，厦门港还将继续发挥自贸试验区和航运区位优势，打造内贸大中转基地和两岸航运物流大通道。厦门港建设既需要"打铁自身硬"，又需要积极争取国家政策支持，内外相辅相成，在国家战略的宏观指导下，指引厦门港口建设，将港口建设作为厦门城市国际化水平提升的出海口与大通道。

（二）大力发展物流建设

物流建设是港口建设的题中之意。厦门通过发展航运总部经济，推进厦门航运交易所集航运信息、航运服务、航运电商和人才于一体的综合服务平台建设，打造承接中西部竞争力领先的出海主通道和枢纽港。集装箱枢纽港建设是港口建设的重中之重。发挥厦门集装箱干线箱的优势。厦门集装箱集团采用"新设合并 + 同步出资"方式，整合多家国有、境外、上市公司的集装箱码头资产而成立了专业集装箱码头企业。通过港口资源整合，集装箱集团吸收合并了原海天、象屿、国贸、海沧港务等四家码头公司，同时持有与和记黄埔合资的国际货柜码头51%股权，与 A. P. 穆勒合资的嵩屿码头 75% 股权，与海沧投总、法国达飞合资的新海达码头46% 股权，以及与海沧投总合资的海沧查验公司 75% 股权。集装箱集团现拥有厦门东渡港区5#～16#、20#～21#泊位，海沧港区1#～6#、18#～19#泊位，以及嵩屿港区 1#～3#泊位，专用泊位总数共25 个，岸线总长 6838 米，桥吊 61 台，岸线资源涵盖厦门港 10 万吨级以上的集装箱专用泊位，可接泊 1.8 万标箱的超大型集装箱船，年通过能力超过 1000 万标箱，占厦门全港能力的 80%。厦门集装箱集团实施"渠道、平台、网络"发展战略，推进先进信息技术的应用和优秀企业文化的建设，在服务好全球客户和区域经济发展的过程中，不断提升企业核心能力，做大做强主业，成为服务一流、具有国际竞争力的码头运营商，成为引领厦门港发展的新引擎，成为东南国际航运中心的新标杆。

建设生态型示范港口也是厦门港口建设的任务目标。厦门港将推进节能减排技术改造。完成厦门湾港口轮胎/龙门吊油改电和使用液化天然气装卸设备、拖车采用新能源动力改造；推动复制码头船舶岸电改造应用工作；刘五店等新建集装箱泊位推行环保作业、自动化装卸、船舶岸电等绿色港口设施装备；升级施工船舶 GPS 监控系统北斗导航定位，自动监控施工船舶工作状态，防止和及时处置乱倾废行为。完善厦门港指挥中心信息平台，充分发挥中心监控分析和应急保障作用。

强化航线的节点功能。从内部来看，全力打通厦门港到珠三角、长三角和环渤海海湾的航线。推动集装箱枢纽港建设。发挥厦门集装箱干线港的优势，通过加密货运航向，加强与"一带一路"倡议中所涉及国家的港口城市之间的合作，在稳固现有航线的基础上，解决远洋干线的开发和近洋航线的加密问题，力争增开东南亚、东北亚、中东、欧洲、美洲等国际直航或中转班轮航线，着力打造集装箱运输的新增长点。比如说，拓展海上通道，加强与"海丝"沿线国家和地区港口之间的互联互通，加大力度开辟或加密海上客货运航线。推进台湾－厦门－东盟航道形成，促进台湾和东盟国家的经贸往来，着力打造台湾和东盟之间货物往来的中转港口。进一步开辟与世界主要国家的直达航线，重点开辟荷兰和澳大利亚洲际航线。海港航运加快开行对中国台湾、新加坡等近洋航线，增加对日、韩航线密度。加快东南国际航运中心建设，巩固和发展厦门港现有国际集装箱班轮航线，着力开辟更多面向东北亚及美国、欧洲等发达国家和地区以及"海上丝绸之路"沿线国家的国际航线，争取远洋干线占比从目前的 65.85% 提高到 80%。尽快实施启运港退税政策，进一步增强支线、内贸线、港内过驳的运力，增加航班频次，吸引海向货源汇集厦门港中转，做大做强内支线运输及集装箱国际中转业务。

　　港口物流建设，需要吸引航运企业集聚。明确重点企业名单，掌握跟踪投资动向，组织主题招商，加大力度引进船公司、航空运输企业、现代物流企业，以及各类航运专业服务业集聚厦门。重视引进发展新的航运服务机构类型，重点引进各类航运服务中介组织及机构，吸引大型现代船舶管理公司落户厦门，吸引各类国际海事机构在厦设立分支机构，允许有实力的金融机构、航运企业等在厦门成立专业性航运保险机构，吸引国内外船东保赔协会在厦设立机构。

　　大力推动厦门与"一带一路"沿线城市缔结友城，以"海丝"沿线、国际知名城市为重点目标拓展厦门的国际友城和友好交流城市网络。在巩固现有东盟友城（马来西亚槟城、菲律宾宿务、印尼泗水）的同时，加快推进与泰国普吉府、马来西亚雪州等城市结好。促进邮轮产业发展。争取更多的境外国际著名游轮公司来厦门设立控股或独资的邮轮公司，重点吸引国际邮轮公司在厦门设立分公司或办事处，并选择厦门作为母港，重点开发挂靠航线，增加挂靠密度，大力开发中长期邮轮航线，满足邮轮市场多元化、体验化、个性化要求，全面提升邮轮旅游产品质量，打造亚太一流邮轮旅游品牌，邮轮目标市场延伸至国际国内主要客源市场。考虑到中国与金砖国家合作力度的加大，厦门积极开通与金砖国家的航线，已开通与印度、南非、俄罗斯航线，如俄罗斯的符拉迪沃斯托克、南非的德班与开普敦、印度的孟达拉航线，通过开通航线，厦门港密切了跟金砖国家的货物贸易的联系，下一步准备在近期加快巴西航线的开通，这也与金砖峰会在厦门的召开相辅相成。

（三）着力推进基础设施建设

　　基础设施建设是港口建设的配套，既是城市现代化的要求，也是城市国际化的应有之义。厦门市要立足连接东南亚、南亚、东亚、欧美的区位优势，形成覆盖世界各大洲重要城市和重要港口的航空网络和海运网络、连通国际的城市网络，打造通达国际的铁路、公路交通体系，把厦门建设成为国际交通枢纽。一是提升码头靠泊能力，推动嵩屿港区一期、二期整合提升，加快推进刘五店港区开发，做大箱量规模，巩固集装箱国际干线港地位。二是完善大型深水航道及配套锚地等公用基础设施，增强港口服务配套能力。重点建设厦门港主航道扩建四期工程等项目，把厦门湾建成满足世界最大的 20 万吨级集装箱船舶通航的深水航道。三是优化港区布局，协调港城发展。集中力量打造海沧集装箱运输核心港区，加快实施新港区规划研究工作，逐步实施东渡港区城市化改造，将东渡港区功能调整为以国际邮轮、对台客运、滚装、高端航运服务业和城市生活功能为主，并依托厦门国际邮轮母港发展以厦门为始发港的东北亚、东南亚等国际邮轮航线。四是促进国际中转发展，特别是远洋干线之间、远洋与近洋干线之间的互转，使国际中转比例从目前的 6.45% 提高到 15%，争取远洋干线占比从目前的 65.85% 提高到 80%。

厦门加快出海大通道和出市、出省通道建设，完善铁路枢纽、港口枢纽，加快航空枢纽建设，提高枢纽的区域辐射能力。厦门加快翔安机场、轨道交通、福厦高铁、快速路系统、海绵城市、综合管廊等项目建设。加强码头、公共锚地等公共基础设施建设，加大邮轮母港的政策支持力度，推动港口的集约化发展。海沧区加快南海三路、南海五路、建港路西段等 7 个路网项目建设。厦门全面建设综合换乘枢纽，增强城市互联互通功能，完善思明综合换乘枢纽，健全集美综合换乘枢纽，加快建设翔安综合换乘枢纽等。推进现代综合交通枢纽体系形成。建设由综合客运枢纽、普通客运站码头、城市公交枢纽组成的多层次客运枢纽体系，实现运输方式有机衔接。加快建设以枢纽机场、高速铁路及城际铁路客运站为主体的综合客运枢纽，提升厦门对外客运服务水平，重点推进翔安机场综合客运枢纽、海沧新城综合客运枢纽和同安新城综合客运枢纽建设，改建高崎综合客运枢纽，初步构建以海、陆、空港站枢纽为核心，以高快速道路、大容量城市公交为依托，多种运输方式有机衔接，多式联运的综合运输枢纽和全国性大型物流中心组成的"两主三辅"综合运输枢纽发展格局。

完善道路基础设施网络。加快建设高速公路及"两环八射"骨干快速路，实施畅通工程，整合完善城市内各组团快速路系统，加快推进国省道改扩建工程，基本建成湾区导向、串联六区、辐射周边、贯通组团的快速交通干道，逐步形成服务城际与城市客货集散，"以环射线为骨干、以纵横相间道路为补充"的主干路网体系，力争人均道路面积达到13平方米的国际城市标准。着力建成亚太地区重要门户枢纽机场。加快推进翔安国际机场建设，积极推进厦门机场扩大开放航权，支持鼓励航空企业新开和增开国际、地区航线航班，开通与中国台港澳及东盟国家主要城市的空中快线。提升航空运输能力，发展航空物流，带动产业发展，提升厦门空港在两岸航空往来中的枢纽节点地位，使空港年旅客吞吐量达到4500万人次以上的国际城市标准。大力推动立足厦门、辐射海西、连接台湾、深耕东盟的"一带一路"区域性航空枢纽港建设。充分发挥高崎机场的作用，做大客货吞吐量、航班起降架次、通航城市数量及航线数量等方面规模，努力打造我国对"海丝"沿线国家重要国际航空枢纽。通过基础设施的完善，既服务厦门港口发展，又提升厦门社会经济发展。

（四）加快临港产业发展

临港产业是港口建设的延伸。临港产业是指以航运货流和商务人流为支撑的产业。临港产业在经济发展中将形成具有自我增强机制的聚集效应，不断引致周边产业的调整与趋同，在港口周边形成经济发展区域与走廊、产业集群，形成独特的经济发展模式。港口经济是指以优良港口及邻近区域为中心，以港口城市为载体，以综合运输体系为动脉，以港口相关产业为支撑，以海陆腹地为依托，展开生产力布局的一种产业经济模式。

厦门市做好海港、铁路、空港等对外大通道，完善海陆空联运大动脉，建设高效、低成本的集疏运体系。积极加快海峡两岸航运物流中心项目建设，海沧区结合航运中心建设，以东南国际航运中心总部大厦为平台，大力发展大宗商品交易，创新航运物流服务，积极拓展船舶登记、航运税收、航运金融、租赁业务、物流大数据交易等项目，促进临港物流和临港产业发展。厦门充分利用侨商资源优势，加大对"海丝"沿线国家和地区的招商力度。加强与长三角、珠三角等发达地区合作，围绕主导产业发展，建立北上广深等特定区域和央企、民企、外企以及行业龙头企业等特定企业的项目信息库，加强项目对接合作，提高招商引资水平。湖里区支持有实力的企业依托资金、技术、管理等优势，赴"一带一路"沿线国家和地区投资设立主产基地，利用厦门港口优势，支持湖里区有实力的企业参与"一带一路"沿线国家和地区工业园区、港口等项目建设。厦门市充分利用中央和地方对外投资扶持资金，加大企业赴"海丝"沿线9个重点国家投资扶持力度。

推动设立"海丝"投资基金，面向厦门市产业资本募集首批海外投资子基金，促成海外投资项目落地。依托自贸试验区制度创新优势，吸引金融、法律、会计、税务等专业服务机构聚集，建设"海丝"投资专业服务平台。在沿线重点国家增设1～2个境外投资贸易联络点。支持厦门国际商会在现有18个海外联络处的基础上，在"海丝"沿线国家全面设立海外联络处。积极吸引台湾企业和商协会利用厦台合作优势，共同拓展"海丝"市场。

拓展航运服务业发展空间。以运能提升带动服务能级提升，重点集聚跨国企业采购分拨中心、营运结算中心以及国际航运企业，积极发展国际国内中转、多式联运、仓储物流、配套加工、教育培训、研发咨询、贸易展示、离岸结算、期货保税交割等业务。发挥航运金融和航运市场功能，重点集聚船公司地区总部、航运保险机构、船舶融资服务机构、船舶交易和租赁公司、航运机构以及航运法律、信息、咨询、会展、科研、教育培训等服务机构，发展海事服务总部经济、航运金融保险服务、船舶交易市场、海事组织与会展、海事科研、信息与咨询、航运人才教育培训等航运增值服务业。

（五）推进自贸试验区建设

自贸试验区建设是港口建设的先行者。促进福建自贸区（厦门片区）成为"海丝"支点城市建设的重要战略支柱，成为厦门城市国际化建设的排头兵。通过铁路和开展多式联运，把"海丝"和"陆丝"、福建自贸区（厦门片区）连接起来。向21世纪海上丝绸之路沿线国家全面深度开放市场，让沿线国家更多资金、人才、技术通过自贸区平台对接内地市场，打造国内领先的重要开放平台。同时，加大全球投资推广力度，突出高端定位、总部优先、业态先进、要素集聚，引进一批国际知名的现代服务业企业。

在投资管理领域，深入实施外商投资广告企业项目备案制、涉税事项网上审批备案、税务登记号码网上自动赋码、网上自主办税、纳税信用管理的网上信用评级、组织机构代码实时赋码、企业标准备案管理制度创新、取消生产许可证委托加工备案、企业设立实行"单一窗口"等制度或措施。在贸易便利化领域，深入实施全球维修产业检验检疫监管、中转货物产地来源证管理、检验检疫通关无纸化、第三方检验结果采信、出入境生物材料制品风险管理等。在金融领域，深入实施个人其他经常项下人民币结算业务、外商投资企业外汇资本金意愿结汇、银行办理大宗商品衍生品柜台交易涉及的结售汇业务、直接投资项下外汇登记及变更登记下放银行办理等。在服务业开放领域，允许融资租赁公司兼营与主营业务有关的商业保理业务，允许设立外商投资资信调查公司，允许设立股份制外资投资性公司，融资租赁公司设立子公司不设最低注册资本限制，允许内外资企业从事游戏游艺设备生产和销售等。在海关监管制度创新方面，深入实施期货保税交割海关监管制度、境内外维修海关监管制度、融资租赁海关监管制度等。在检验检疫制度创新方面，深入实施进口货物预检验、分线监督管理制度、动植物及其产品检疫审批负面清单管理等措施。通过福建自贸区（厦门片区）的政策引导，扩大对台贸易服务开放，推动厦台的货物贸易自由化。通过推进自贸试验区建设，参与"一带一路"建设，加强厦门与域内域外城市的互动与合作，共同打造口岸货物集散中心、大宗商品交易与定价中心、贸易营运与控制中心、国内外市场流通中心的总体格局。

改善口岸通关环境。深化"一线放开、二线安全高效管住"的通关监管模式。推动国际贸易"单一窗口"2.0版建设。完善跨境电子商务等新兴贸易业态监管机制，推动完善跨境电子商务海关监管平台的迁移与整合。支持建设以海运快递为核心的两岸快速物流通道及跨境电子商务产业园。对国际快递或邮寄方式进境的个人自用物品免予检验且采用专用通道进行申报，对无订单信息的进境商品实施入区检疫、区内集中监管、出区分批核销放行；上线跨境电商检验检疫监管平台，对直邮进口跨境电商商品采用"电子申报＋电子审单＋同屏比对＋即查即放"监管新模式，实现高、中、低风险产品的差异化监管。全面实施船舶联检"单一窗口"，推进船舶检疫全程无纸化，通过移动平台对船舶检疫"申报后即时批复、查验后即时放行"，提高出入境船舶通关效率。推动互联网金融支付和港航物流信息融合。推动ATA单证册和商事证明书使用，推行产地证通报通签，实现申领全程无纸化。探索服务贸易促进体系和投资便利化服务模式。落实口岸通关"三互"建设，实施"一地注册、全国报关"，全力推进一体化通关改革，探索建立通关便利化满意度测评体系。

厦门国际航运中心被确定为国家"十三五"规划重点建设项目，各项软硬件设施不断加速完善，为建设创新发展活力型、协调发展产业型、绿色发展生态型、开放发展国际型、共享发展信用型的"五大发展"示范港口增添助力。厦门航运交易所是全国第五家由政府设立的具有综合性、专业性特点的航交所。作为厦门国际航运中心、航运要素集聚的主平台，厦门航交所自挂牌成立以来，在船舶交易、航运金融、港口服务等方面都取得了一定的成绩。尤其是过去的一年，航运交易纪录再创新高，全年完成船舶交易量43艘次，成交量37万载重吨，交易额9.15亿元，交易额位居全国沿海港口第三。同时，在融入"一带一路"及自贸试验区建设双重利好下，航交所也正在积极丰富功能，不断发展壮大。厦门港及自贸区积极加快建设"互联网＋"港口感知、"互联网＋"港口监管、"互联网＋"码头生产、"互联网＋"港口物流、"互联网＋"港口服务、"互联网＋"港口新业态，从而提升整个港口服务能力的智能化，初步建成作业高效化、物流便捷化、管理智能化、贸易便利化、服务人性化的智慧港口，形成港航大数据生态服务体系，实现港口物流信息服务的及时、全程、可视，提升港航协同管理和公共服务能力。

四　结论与展望

2017年是党的十九大召开之年，又恰逢金砖国家领导人第九次会晤在厦门举办。厦门以"一带一路"建设为契机，积极提升厦门城市国际化水平，要把港口建设作为排头兵和重头戏。厦门需要加快港口供给侧改革和转型升级，着力建设创新发展活力型、协调发展产业型、绿色发展生态型、开放发展国际型、共享发展信用型的示范港口，为打造厦门国际航运中心、建设"一带一路"区域支点城市和"五大发展"示范市贡献力量。厦门港2017年加强硬件设施建设，保障通航能力，加强通关协调，提高危险品作业能力，争取省市扶持政策叠加，提高软件竞争力，深挖"一带一路"政策，拓展贸易金融领域，做大做强中转港，吸引航运企业扎根厦门，制定好金砖会晤对港口生产影响的应对方案等一系列积极建议。根据厦门港"十三五"发展规划确定的"一带一路"重要交通枢纽、对台航运的特色服务窗口、航运政策创新试点示范平台、航运服务产业要素集聚基地、海峡邮轮经济圈核心港等战略定位，结合当前形势要求及厦门港发展自身基础优势，初步确定的具体控制指标是：至2018年，力争集装箱吞吐量达到1200万标箱，实现赶超任务；至2020年，厦门港货物吞吐量达到3.4亿吨，其中集装箱吞吐量达到1300万标箱，综合货物通过能力达到3亿吨；至2020年，计划完成港口固定资产投资120亿元，船舶运力达250万吨。

"十三五"期间，厦门港发展机遇与挑战并存，要坚持创新发展、协调发展、绿色发展、开放发展和共享发展理念，着重做好以下七方面工作：一是完善基础设施建设——对标香港、新加坡等国际大港，全力营造国际一流营商环境，全面推进核心港区建设，完善港口集疏运体系建设；二是推进对台港航融合发展——共推海峡港口集群，共拓海上丝绸之路，建立两岸直航运输价格监测机制，着力提升对台航运服务水平；三是分类推进供给侧改革——着力扩大有效供给，提高质量效率，降低港航企业成本，注重发挥市场和政府的作用；四是加快生产经营发展——鼓励航运企业做大做强，发展厦漳海上旅游业，提升海上旅游客运品质；五是推动航运中心建设——全力提升港口管理国际化水平，完善市场风险预警机制，不断推进绿色港口、智慧港口和航运要素集聚平台的建设；六是加快发展邮轮经济——着力推进区域性邮轮母港建设，积极推动两岸邮轮经济圈建设，完善邮轮运输相关政策措施；七是打造港航专业人才队伍——合理调配和培养现有人才，不断加大高端人才的引进力度。厦门港口建设与厦门城市国际化发展相辅相成，厦门港口建设既是厦门城市国际化的出海口与大通道，又是厦门城市国际化的引擎与动力源。在建设海上丝绸之路中心枢纽城市的背景下，厦门市突出港口优势和对外交流优势，提升厦门城市国际化水平。

厦门市根据"建设国际交通枢纽"的港口发展思路，即"一带一路"重要交通枢纽、对台航运的特色服务窗口、航运服务产业要素集聚基地、海峡邮轮经济圈的核心港，厦门积极推进港口建设。厦门市根据国际化路径，发展成为世界级港口国际大都市，既具有世界级城市的发展特征，又具有物流配送功能、发挥港口的内外联结功能，对厦门城市及其腹地的经济发展起到牵引和拉动作用；既发展临港产业，又开发制造业基地。所以说，厦门城市国际化发展，特别是港口建设，应借鉴世界港口城市的成功经验，根据自身的特色、优势与基础条件，形成自己独特的风格和功能。厦门港口建设要把所有有形的实体网络（即基础设施）的节点、密度和效率联结到世界各地，也要在全球无形的网络体系中，发挥人口、知识、资金、货物和服务的全球交换作用，更要创新性和适应性去不断开发厦门港口网络中所固有的潜在协同作用，并起到超前的示范与导向作用。

第九章 厦门对台工作支点城市发展

丹 彤[*]

厦门是中国大陆对台工作前沿平台和两岸关系的支点。厦门特区建设 30 多年来，在促进两岸经济、社会、文化交流合作方面发挥了重要作用。国家实施"一带一路"倡议和自由贸易区战略，作为在海峡西岸具有重要战略地位的中心城市和 21 世纪海上丝绸之路的战略支点城市，厦门要抓住建设国际化城市的重要战略机遇期，提升城市国际化水平。多年来，厦门对台工作取得的成绩为城市国际化提供了有益积累。厦门城市国际化不仅要实现城市自身的转型升级，也要站在新的台阶上打开对台工作新局面，进一步促进两岸经济社会融合发展，在祖国统一大业中发挥好排头兵作用。

一 厦台经济社会融合发展前景

厦门是唯一"因台而设"经济特区的城市，长期以来一直是两岸交流合作的前沿平台。厦门发展建设得好，对树立大陆形象、争取台湾民心，具有重要战略意义。厦门建立了全国唯一以深化两

* 丹彤，中国社会科学院欧洲研究所博士后。

岸交流合作为主题的综合配套改革试验区，也是中国（福建）自贸试验区的重要片区，对台先行先试政策最为集中，效果也非常明显。"十三五"规划要求"深化厦门对台合作支点建设"。厦门的对台战略支点定位，主要体现为厦门在两岸交流合作中的独特优势，特别是在促进两岸经济社会融合发展中的示范带头作用，以支点撬动两岸融合发展的新局面。近几年，厦门深入实施深化两岸交流合作综合配套改革，推动两岸产业深度对接、融合发展，创新两岸金融合作，拓展人员往来、青年创业、社区治理等各领域交流合作，着力建设两岸制度性合作和一体化发展的先行试验区，取得了丰硕成果。下一步，应该以城市国际化为契机，在着力打造两岸经贸合作最紧密区域、文化交流最活跃平台、直接往来最便捷通道、同胞融合最温馨家园、民间交往最亲密基地等方面不断创新、持续发力，找准突破口，用"五最"战略支点，开创对台工作新局面，在促进两岸经济社会融合发展和两岸同胞心灵契合方面发挥更大作用。

1. 加快建设两岸经贸合作最紧密区域

当前，世界经济形势错综复杂，两岸都面临外部不利因素带来的挑战。特别是 2016 年以来，民进党当局不承认"九二共识"，导致两岸常态化联系沟通机制和协商谈判机制中断，两岸在经贸合作、产业升级、金融合作等方面的官方交流受到严重阻碍。在官方沟通机制停摆的情况下，民间的合作交流显得特别重要和紧迫。两岸经贸合作的紧密性体现在产业、金融及贸易的融合上，双方合作的利益不能是割裂的，不能形成"你的是你的""我的是我的"这种局面，而应该形成"你中有我、我中有你"的利益共同体。反思过去，台湾在与大陆的交流中获得了很大利益，但获得利益并不是为了和大陆统一，马英九执政时"不统不独不武"就说明了这个问题。习近平总书记提出的融合发展就是在深化交流的基础上，通过凝聚两岸共同利益，拉近两岸同胞心灵距离，最终使岛内支持统一的民众占多数，这样才能为实现两岸的和平统一奠定基础。融合发展是交流合作的升级版。当前大陆以启动实施"十三五"规划为标志，经济社会发展正迈向新征程，两岸经济合作面临新形势新问题，但也蕴含着新机遇新空间。厦门应该抓住机遇，创造条件，为两岸经济融合发展注入新内容、新动能，打造深化两岸经济融合发展的新高地。为此，要进一步推动厦台在光电、集成电路、智能制造、生物医药、文化创意等优势产业上的深度对接；拓展和深化金融、物流、旅游等领域的对台合作，共同提高厦台产业在国际市场上的竞争力；先行先试大陆对台金融合作的重大金融改革创新项目。通过优势互补，促进两岸共同创业、共同创新、共创品牌。以城市国际化为契机，将厦门打造成为台湾融入"一带一路"倡议的最佳跳板，积极吸引台湾企业和商协会利用厦台合作优势，共同拓展"海丝"市场。

2. 加快建设两岸文化交流最活跃平台

当前我们讲两岸融合发展主要是经济社会的融合发展，文化、精神领域的融合虽不是当务之急，但这是更深层次的融合，难度更大，需要的时间更长。文化交流是文化融合的前提，只有多交流，求同存异，聚同化异，才可能走向文化融合，只有实现了深层次的融合，才可能促进心灵契合。厦门与台湾在血缘、地缘、文缘、法缘和商缘等方面有天然连接，在搭建两岸文化交流合作方面有便利条件，也发挥着重要作用。中华文化是两岸同胞的精神纽带和共同财富。两岸要以中华文化为根，通过密切交流交往，敞开胸怀，坦诚沟通，进一步增进理解、消除隔阂。厦门应该以建设国际化城市为目标，秉持开放、包容、多元、和谐的精神品格，发扬传统文化，吸收异质文化，创新现代文化，打造在国际上有影响力的文化之城。当前及今后在与台湾的交流合作中，要以闽南文化为纽带，以两岸教育合作综合改革试验区为载体，全面深化两岸在文化、教育、医疗、卫生、体育等领域交流合作，推动两岸社会、民生、人文交流融合。为此，要进一步加快建设一批两岸文化交流合作平台和文化产业基地，拓展各种形式的双向交流与合作。除了发挥传统文化交流的优势和品牌效应外，还应该积极开拓新的文化交流形式，打造有影响力的文化品牌活动。特别是加强对以电视、音乐、网络为载体的易于传播、易于让青少年接受的流行文化品牌活动的培养和打造，培养两岸年轻人共同的文化记忆。比如，积极支持厦台合拍电影电视，开展节目合作，构建网络空间，进行网上互动，推动更多优秀的厦门或大陆影视作品在台湾播出，举办世界性的钢琴音乐节、流行音乐文化节等，吸引台湾的艺术家尤其是青年演艺明星来厦门演出，等等。同时，在教育管理体制改革、办学体制改革等方面先行先试，创新两岸合作办学模式。建立健全两岸学生交流互访、学分互认、专业认证等合作机制，推动两岸学历和技能人员职业资格互认。鼓励台资来厦开办独资、合资医疗机构或合作开办医疗机构。开展两岸医学人才交流，鼓励台湾地区医师来厦执业。

3. 加快建设两岸直接往来最便捷通道

地理和空间距离的拉近，是促进两岸交流合作、融合发展的助推剂。厦门充分发挥区位优势和国家赋予的政策优势，口岸管理服务体制机制不断创新，两岸人员往来和货物流通效率与水平不断提升。厦台"大三通"方面，不断优化空中和海上通道，做强两岸海、空直航运输体系，旅客经厦门往返两岸更加便捷。推出两岸速递业务，把厦门打造成两岸邮件往来的主要中转地和集散地。在完善厦金"小三通"方面，厦门完善旅客通关设施，提升两岸往来便利性。优化整合航线航班，提高运营和使用效率，促进厦金居民自由往来，打造了厦门与金门便捷的半小时交通圈和一日生活圈。今后，厦门应当继续推进建设两岸直接往来的综合枢纽，扩大两岸直接往来的范围，率先试行更加便利的两岸直接往来措施。建立两岸口岸部门的直接沟通渠道和互通机制，创新厦台通关合作模式，推动两岸港口互设办事机构，试行两岸海关数据共享，两岸区间货物流转采取"数据结转"监管通关模式。推动厦台旅游深度合作，以购物休闲旅游、厦金澎特色旅游、会展商务旅游为亮点，提升服务品质，在人员往来手续、物件流转、住宿服务等方面创新改进，进一步做大做响海峡旅游。支持两岸旅游服务机构联合深度开发包括邮轮旅游在内的"一程多站"旅游产品，策划推出一批双向旅游精品线路，积极开展联合宣传推广，提升海峡旅游品牌的知名度和吸引力。

4. 加快建设两岸同胞融合最温馨家园

经济社会的融合发展最终要体现在两岸同胞的交往融合和心灵契合上。把厦门建设成两岸同胞融合最温馨家园的重要意义在于，我们把争取民心的工作从台湾岛转移到大陆，鼓励台湾同胞来厦门就业、创业，并融入到当地的生活中，以台湾同胞的亲身生活和工作经历展现"两岸一家亲"的美好意涵。近年来，厦门积极鼓励在厦台胞参与社区治理，支持在厦台商、台湾专业人士和优秀人才参政议政，支持台胞创业就业，加强台胞权益保护，使厦门成为台胞在大陆创业最活跃、最集聚的城市和台胞在大陆居住生活的首选城市。以实施《美丽厦门战略规划》同胞融合行动计划为契机，在大陆率先推选在厦台商台胞担任市政协委员，率先将台企员工纳入"五一劳动奖章"评选范围，率先吸收台籍员工加入厦企工会，率先开展台湾地区居民专业技术职务任职资格评审试点，试行在厦门缴纳社会保险的台籍职工可自愿缴存住房公积金政策，率先聘任台商台胞担任社区主任助理，鼓励在厦台商台胞主动融入、积极参与美丽厦门共同缔造行动，有效促进两岸同胞的情感融合。今后的最温馨家园建设应该突出为台胞中的青年人服务，进一步完善海峡两岸青年创业基地及台湾青年大陆就业创业服务云平台和实训基地，吸引更多台湾青年来厦创业就业；加大对引进台湾专才和创业项目的扶持力度，落实扶持台资企业生产经营的优惠政策，推动更多台资人力资源企业在厦设立并开展服务，支持本土人力资源企业到台湾设立分支机构；进一步促进和吸纳台胞参与社区治理，开展两岸同胞共同参与社工项目，搭建台胞与居民互动和融入平台，鼓励和引导台胞参与社区服务；给予台湾同胞跟大陆居民相同的身份待遇，方便他们在厦门投资、工作、就读、居住和旅行，甚至可以考虑开放部分公职给他们，进一步提高他们的中国认同和国民意识。

5. 加快建设两岸民间交往最亲密基地

两岸交流交往、融合发展的根基在民间，动力在民间，生命力也在民间。厦门在拓展与台湾民间交流方面具有得天独厚的条件，要把深耕台湾基层放在对台工作的重中之重。近年来，厦门充分发挥对台战略支点作用，在与台湾民间交往特别是加强与台湾青年交往中，以来厦台湾青年的真实需求为目标，全方位加大政策扶持力度，加速释放两岸交流交往红利，努力为台湾青年在厦安心创业、成功创业创造良好环境。厦门先后出台《关于鼓励和支持台湾青年来厦创业就业实施意见》等一系列政策措施，各区、自贸区、火炬高新区等也相继配套实施细则，统筹专项资金，在创业场所、资金、住房和社会保障等方面予以贷款贴息、奖励等支持，形成了扶持政策体系。依托厦门自贸片区制度创新优势，率先放宽台湾个体工商户经营等限制，成立台湾青年创业辅导服务中心，为台湾青年提供项目对接、办公场所、资金扶持、税收减免、贷款融资及工商、税务注册登记等项目落地辅导服务，并帮助协调解决台湾工作人员子女上学、住房补贴、社保医疗等问题。积极支持海峡两岸青年创业基地的特色、差异化发展，为两岸青年提供创业乐园和圆梦舞台。同时，厦门的基层社区、社工组织与台湾更多的社区组织和义工团体建立了良好的交流协作机制，推动了厦台民间观光旅游、宗亲联谊、宗教往来等基层互访互动。下一步，要注重现有政策的精准落实，提升配套措施的精细服务，做好做实海峡两岸青创基地工作，积极搭建更多的平台和载体，为台湾青年来厦交流、学习、就业、创业提供便利平台，让台湾青年真正实现"家在厦门、业在厦门、拼在厦门、乐在厦门"的美好愿景。进一步加大厦台基层自治组织和社工组织的交流交往力度，鼓励社区工作人员互访学习，义工组织共同开展活动，在面对面的交流和相处中，增加两岸同胞的理解和信任，为建设两岸民间交往最亲密基地夯实基础。

二　促进厦台经济融合发展　构建两岸经济共同体

"一带一路"倡议和"十三五"规划给两岸经济融合发展提供

了很好的机遇和广阔的平台，从金融市场到贸易投资，从传统产业升级到新兴产业发展，从区域合作发展到开拓国际市场，都有详细的指导和规划。厦台要创新经济合作方式，加强两岸产业合作，扩大两岸经贸往来，以全球性市场为目标，支持企业合作创新、共创品牌、共拓市场。

（一）推动厦台产业深度合作，培育两岸经济发展新动能

《厦门市深化两岸交流合作综合配套改革试验总体方案》提到，"到2020年，建立充满活力、富有效率、更加开放，有利于科学发展和密切两岸交流合作的体制机制，形成两岸新兴产业、高端服务业深度合作集聚区，经济国际化水平全面提升，两岸交流合作不断加强，形成两岸共同发展的新格局"。经过近几年的发展，厦门的新兴产业规模效益凸显，厦台产业合作发展水平不断提高，产业深度合作发展前景广阔。

1. 厦台产业合作成效明显

一是园区产业合作向纵深推进。大力推进厦门自贸试验片区、两岸区域性金融服务中心、东南国际航运中心、对台贸易中心、海峡两岸青年创业基地、同安翔安高新技术产业基地和现代服务业基地等重大平台建设，引进台湾高新技术、文化创意及金融、高端服务业企业，拓展新型贸易业态，探索两岸产业合作新模式。2016年1~8月，中国（福建）自贸试验区厦门片区累计新增台资企业354家，注册资本106.99亿元人民币。厦门市已有20余个有对台特色的众创空间或台资企业，共入驻各类台湾创业团队约200个，创业和就业台湾青年700多人，为在厦台资企业转型升级增添了新动力。

二是综合施策助推台企转型升级。台资企业是厦门工业的重要支撑。2015 年，台资企业实现工业总产值 1632.9 亿元。2016 年1～8 月，全市新批台资项目（含转第三地）470 个，同比增长 1.7倍；合同利用台资 14.7 亿美元，同比增长 1.9 倍；实际利用台资4.4 亿美元，同比增长 1.6 倍。厦门主动作为、精准服务，为台企转型升级和增资扩产营造了良好环境。自 2015 年以来，厦门出台实施降低企业融资成本、物流成本和税费负担等 32 项降成本措施，累计为企业减负 54 亿元，在厦台企普遍受益。2016 年 4 月开通的台厦蓉欧班列，打造了台企货物出口欧洲新通道。台资冠捷电子等企业产品通过班列运到欧洲，比海运节省一半时间，运输成本仅为空运的 1/7。出台《厦门市台湾特聘专家制度暂行办法》，计划到2020 年累计选聘 300 名台湾特聘产业专家、管理专家、科研专家，有关行业和领域的急需人才及其团队来厦工作创业，目前已有 44位台胞获评。积极支持和推动有条件的台企在高校设立产学研基地，为台企在高校招聘牵线搭桥，引导大中专院校和职业学校设置符合台企发展方向的专业，培养更多满足企业需要的技能型人才和产业技术工人。建立市科学技术创新与研发专项资金，每年从财政预算安排资金用于支持企业技术创新、产学研合作。2015 年以来，对厦门东亚机械、华懋科技等 7 家台企的研发创新项目补助专项资金 385 万元；支持台资企业重点技改和"机器换人"项目 19 项，补助资金 2455 万元。积极推动台商投资区转型升级。集美和海沧两个台商投资区分别引进台湾生产力中心和恺华企业管理咨询公司，为辖区台资企业进行转型升级诊断辅导，政府提供适当经费补助。集美区共有 16 家企业获得深度辅导，在人均产出、生产周期、工序改造、效率提升、库存降低等方面都取得了显著成效，并获得财政扶持资金 889 万元。

三是旅游产业合作发展迅速。厦门获批实施省外游客赴金游延伸至澎湖的新政策,大陆居民到台湾离岛金门、马祖、澎湖旅游落地签注正式启动,赴台旅游更加便捷。厦门成为台湾地区民间旅游协会在祖国大陆设立代表处最多的城市。截至目前,已有金门、基隆、台南等 11 个县市及台湾观光旅游总会等共 15 个民间协会在厦设立旅游代表处。厦门成为大陆地区年接待台胞过夜数和大陆居民赴台游经由口岸人数最多的城市。

四是会展业合作深入推进。2016 年涉台会展交流合作取得新成绩,对台经贸效益及展会交流功能作用不断凸显。圆满完成 2016 厦门工业博览会暨第二十届海峡两岸机械电子商品交易会。工业博览会立足于"专业化、市场化、国际化"的办展方向,在两岸工业展中打响了品牌,更多的台湾本土厂商前来参展参会。圆满完成第十九届中国国际投资贸易洽谈会。本届投洽会进一步凸显对台特色,创新提升对台活动,受到了台湾地区各界人士的热烈响应和积极参与,吸引了包括台湾贸易中心、台湾商业总会、台湾工商建研会、台湾电机电子工业同业公会等 86 个台湾团组参会,台湾地区参会客商数达 4000 多人。举办了"第三届海峡两岸养生养老产业发展高峰论坛"等一系列两岸特色主题论坛活动,从不同的主题和产业展开互动研讨,进一步拓展两岸交流合作新领域。圆满完成 2016 厦门国际会展周,推动中国大陆和港澳台地区会展业合作交流。此外,2016 年还举办 16 场涉台重大经贸类展会,包括国际石材展、海峡旅游博览会、国际渔业展、老龄产业博览会、汽车博览会、茶博会、国际金融展、海峡两岸文博会、海峡两岸水族展等,两岸工商业人士共话商机,合作前景良好。

2. 厦台产业合作发展展望

2016 年，厦门的电子、机械两大支柱行业合计完成产值 3594.1 亿元，占全市工业总产值的 68.4%。重点培育的十大千亿元产业链中，已有平板显示、金融服务、旅游会展、现代物流、软件信息等 5 条产业链产值（营业收入）超过千亿元规模。生物医药、软件信息服务、新材料等战略性新兴产业发展势头良好，增速达 20% 以上，形成了光电、软件、生物与新医药、电力电器、钨材料、试听通信等六个国家级产业基地和产业集群。

随着"十三五"规划启动、"一带一路"倡议实施和厦门城市国际化进程的加快，厦门将加快经济结构优化和生产要素升级，这为厦台产业深度融合发展提供了契机。根据厦门自贸片区产业发展规划和厦门自身实际情况，国际贸易、航运物流、金融服务、专业服务和高端制造等产业集群应该成为厦门未来的发展重点。厦门在台湾产业向大陆转移趋势中，应着重倾向于承接其服务业转移，重点吸引制造业研发、设计等高附加值环节。台湾拥有丰富的高科技企业投融资经验，厦门可以将产业资金、科技金融、融资租赁、跨境电商及互联网金融纳入示范基地的建设。厦台应该在新一代信息技术、生物医药、新材料、新能源、海洋等产业领域加强深度合作，依托台商投资区和重点产业园区，共同建设两岸产业对接专业园区，鼓励向产业链高端延伸。新兴产业合作是厦台合作重点。面对"互联网＋"、《中国制造 2025》等面向新兴产业的战略，厦台要强化两岸产业政策协调，避免两岸在发展新兴产业时重复投资、恶性竞争，导致产能过剩。厦台可以在闽南特色旅游、旅游装备制造业和旅游信息化建设等领域开展合作，积极探索和建立旅游产业合作新模式新机制，为推动两岸旅游产业化合作发挥示范引领作用。厦门要发挥对台农业交流合作基地的窗口、示范和辐射作用，促进对台农业资金、技术、良种、设备等生产要素的引进与合作。要发挥中小企业在创新厦台产业合作中的主体作用，帮助中小企业在自贸区建设中把握商机。目前，台湾有企业133万多家，其中95%以上是中小企业。应该建立厦台中小企业交流合作平台，提供包括场地、技术、人才、信息和资金等方面的创业保障，发挥中小企业的创新能力。

3. 厦台产业融合发展对策建议

一是健全产业对接合作机制。一方面，加强政府部门的对接。建立厦门与台湾地区行政部门之间的常态沟通机制，研究比较两岸产业优惠政策，促进厦台产业合理分工和布局。另一方面，要加强行业协会的对接合作。推动两地行业协会合作的内容由联合办展、商务考察向产业对接、技术合作方面拓展；鼓励厦台行业协会、产业联盟为两地的新兴产业及众创空间发展牵线搭桥，支持台湾青年在厦门就业和创业；鼓励厦门与台湾行业协会共建研发合作产业联盟、产业链合作产业联盟等，形成"资源共享、风险分担、市场共闯"的合作机制，推动厦台产业在上、中、下游产业链开展合作。

二是拓展产业对接合作平台。促进厦门自贸区与台湾自由经济示范区对接合作。围绕台湾自由经济示范区重点产业即智慧物流、国际医疗、金融产业开展招商引资，推动台企在厦门自贸区设立总部；对自由经济示范区内重点优势产业进行招商，加大厦台产业对接合作力度。发展飞地工业园，提升空间承载力，积极推进山海协作，推动市区两级政府密切与龙海、龙岩、长泰、南平、安溪等地市商洽，加快推进共建飞地工业园，解决厦门承接台湾产业转移用地不足问题。推动厦漳泉台商投资区协同发展，加快泉州台商投资区发展，发挥漳州的后发赶超优势，借力同城化拓展对台合作平台。

三是提高产业对接合作成效。持续开展厦台研发设计合作资助计划，共同建设科技产业合作基地，吸引厦台两地企业、科研院所、高校积极参与建设合作基地，通过"项目－人才－基地"相结合的方式，开展研发设计合作。鼓励厦台企业通过产业分工合作，联合打造全球知名品牌，采用共同行销或交叉授权等方式，经营全球市场。鼓励两岸私募基金参与基于品牌的资本运作，采用"资本运营＋商标使用许可"的方式，扩张企业规模，增加产品产量。通过两岸共同研制标准，并考虑两岸产业价值链分工，推动技术、专利、产品、应用、资金、市场和人才等层面的交流合作，推动两岸在产业链、供应链、价值链方面更紧密融合，提高两岸产业在世界上的竞争力。

（二）创新厦台经贸交流机制，推动两岸贸易投资便利化

1. 厦台经贸交流现状

2016 年厦台经贸基本情况为：全年厦门对台进出口额为358.06 亿元，比上年同期下降 12.3%，其中进口额 267.19 亿元，同比下降 14.5%，出口额 90.86 亿元，同比下降 5.2%。台湾为厦门的第二大贸易伙伴、第一大进口市场、第八大出口市场。厦门口岸累计进口台湾水果货重 3.98 万吨，比上年同期增长 0.8%，进口额 6548 万美元，同比增长 12.6%。进口台湾水产品 17468 万元，同比下降 25%。大嶝市场进口量 3.76 万吨，同比减少 30.7%；货值 4810.1 万美元，同比下降 34.1%；市场客流量 135.5 万人次，

同比减少29.2%；交易额6亿元，同比下降28.4%。2016年厦台经贸运行的主要特点：一是对台贸易进出口双降。受电子产品价格下降、加工订单减少等因素影响，厦门对台贸易中占80%以上的加工料件进口持续下降。全年对台进口额累计267.19亿元，比上年同期下降14.5%。液晶显示板、集成电路、初级形状的塑料三类商品一直处于进口前三名，但除集成电路增长9.3%外，液晶显示板、初级形状的塑料分别下降22.8%和9.0%。全年厦门对台出口额累计90.86亿元，比上年同期下降5.2%。二是台湾水果累计进口量保持增长。2016年累计进口台湾水果货重与上年同期基本持平，进口额增长12.6%。三是台湾水产品进口快速下滑。受产量影响，2016年台湾冻鱿鱼累计进口比上年同期减少74.14%，进口台湾水产品从4月开始到11月，单月进口量均减少，跌幅最高达86.5%。四是大嶝市场各项指标继续下降。受平潭项目、电子商务快速发展对实体店冲击、消费结构调整、台湾商品吸引力和竞争力不断下降等不利因素的影响，大嶝市场各项指标均下降严重。

在厦台贸易交流受到影响的情况下，厦门充分发挥自贸片区政策优势，积极探索两岸经贸交流新领域、新机制、新途径，努力增强厦台经济关联度，取得了一些有益经验。打造国际一流营商环境示范区。经第三方对照世界银行营商环境评价体系评估，揭牌前，厦门片区营商环境排名是第61位，如今提升至第49位。推进通关高效便捷，建设跨境电商监管中心，落实免除集装箱查验服务费政策，厦门口岸通关效率提升50%以上。推出电子签章服务等创新举措，95%的办税事项实现全程网上办理。台湾鹿港农会正式入驻厦门跨境电商产业园，今后，这家台湾分布最广、组织最庞大、会员人数最多的农民团体，将利用厦门自贸片区在跨境电商业务所涉及的通关通检、报关物流、创业孵化方面取得的创新成果，共享自贸试验区改革利好。来自台湾中部的黑豆茶、纯手工番薯面、芋头酥等极具传统特色的农副食品，依托集跨境电商、快件、邮件"三合一"的公共管理平台，最快 3 天就能到达大陆消费者手中。率先放宽台湾个体工商户经营。厦门自贸片区已有 19 户台湾居民注册个体工商户，其中以服务贸易居多，主要从事快餐服务，果品蔬菜批发，酒、饮料、茶叶、珠宝首饰零售等。①

2. 厦台经贸融合发展对策建议

一是创新厦台贸易合作体制机制。创新贸易管理和服务体制，实行更加开放的对台贸易政策。在厦门规划建设两岸新兴产业和现代服务业合作示范区，适当放宽台湾企业在合作示范区从事现代服务业的资格限制，降低市场准入条件，鼓励开展现代服务业创新服务，积极稳妥推进有利于两岸投资、贸易、航运、物流等领域便利化的相关措施。加快在厦门建设"大陆对台贸易中心"。支持大嶝对台小额商品交易市场等载体建设，适当放宽台湾商品免税额度限制。进一步加强两岸民间经贸组织交流。

二是积极探索两岸通关便利化措施。深入推进"属地申报，口岸验放"通关模式。简化台湾商品通关手续，实现一站式通关通检退税。厦门两岸商品交易中心要率先推进两岸投资贸易自由化进程。允许台湾商品在自贸区内进行保税展示及交易。探索设立国际版交易平台，使用新台币等多币种进行交易结算。

三是拓展两岸跨境电子商务合作领域。鼓励两岸跨境电子商务

---

① 《厦门片区深化对台合作对接"一带一路"》，厦门网—厦门日报，http://fj.people.com.cn/n2/2016/0422/c234959-28201963.html。

行业组织加强交流，重点推进在创业育成、技术创新、人才交流、政策法规等方面的交流合作。探索建立两岸跨境贸易电子商务货物通关监管办法和两岸电子商务商品检验检测认证结果互认机制。探索制定两岸跨境贸易电子商务基础信息标准、数据交换等管理标准和制度规范。推进两岸数字认证、原产地认证、商业法规、金融信用等互认互通。

四是建设两岸跨境电子商务枢纽城市。充分利用台湾机场与港口的物流优势，积极向交通部申请开放两岸专用于快件和快货运输的直航航线、航权，推动厦台海运快件业务全面常态化运行。加快金门两岸海运快件专区及跨境电商进口保税仓建设，探索"周边揽货－厦门集货－海运台湾－空运国际"的陆海空联运模式，打通大陆经由台湾进出口的国际物流快件新通路，降低国际物流成本，缩短转运周期，共同开拓国际市场，将厦门打造成两岸跨境电子商务企业的枢纽城市、台湾商品进入大陆的首选通道。

（三）深化厦台金融合作，推动两岸资本市场融合

1. 厦台金融合作发展现状

2016 年，厦门加快推进两岸区域性金融服务中心建设，多领域加强对台金融合作，成效明显。一是对接引进两岸特色金融机构。2016 年 6 月，台湾富邦证股权投资公司落户厦门，为高端制造业和现代服务业发展提供有力支持；7 月，中国信托银行厦门分行正式开业，成为自贸试验区内第一家、厦门第二家台资银行；浦发银行总行对台金融服务中心，邮储银行总行两岸金融研发中心、两岸人民币业务中心，建设银行总行跨境同业金融服务中心、对公业务创新中心在厦落地。

二是推进自贸区对台金融创新试验。支持企业依托自贸试验区平台，利用境内外两个市场跨境融资，推进对台跨境人民币贷款试点。累计向 22 家企业办理厦台跨境人民币贷款 4.88 亿元。开展跨境双向人民币资金池业务，大型跨国企业集团在各家银行共开立 39 个跨境双向人民币资金池，跨境收付累计总额 412.85 亿元。

三是做大做强两岸货币合作业务。进一步扩大跨海峡人民币结算代理清算群规模。79 对厦门和境外银行机构签订了人民币代理清算协议，清算金额 784.21 亿元，清算群已经成为两岸金融机构开展结算、清算、融资、担保等综合性和全方位金融服务合作的重要渠道。

四是打造两岸资本市场合作平台。重点推进闽台合资全牌照证券公司设立事宜。金圆集团和台湾统一证券合作设立两岸合资全牌照证券公司事宜加快推进。2017 年 1 月 10 日，台湾统一证券获得台湾金管会准出批文，成为首家经金管会核准赴大陆参股投资证券公司的证券商。

五是深化两岸保险业合作。争取各大保险公司授权厦门分公司作为总部开展对台业务合作的窗口，促进两岸保险机构的股权合作。发挥君龙人寿、富邦财险等法人机构的对台优势，依商引商，鼓励两岸保险机构在再保险、共同保险、产品研发、防灾防损、客户服务等领域进行资源共享和业务合作，探索代查勘、代理赔等一体化服务，促进两岸保险业融合发展。

六是成功举办海峡金融论坛。2016 年的海峡金融论坛以"促进融合发展、扩大民间交流"为主题，聚焦两岸黄金市场建设和黄金产业发展。论坛期间，上海黄金交易所向厦门海峡金融服务公司授牌，国开行厦门分行、台联电联芯集成电路制造项目签订银企合作协议，邮储银行"两岸金融研发中心"和"两岸人民币业务中心"揭牌。

目前，厦台两地的金融合作主要集中于传统金融领域（银行业、证券业、保险业等），新型金融业态合作还比较少，在促进产融进一步结合的私募股权投资、风险投资和金融租赁等方面，以及台湾发展较好的金融配套专业服务方面的合作还不够充分。另外，厦台现在还未在金融基础建设如金融监管、金融行业标准统一及金融配套专业服务等方面展开深入合作。

2. 厦台金融合作发展对策建议

一是加强厦台金融合作平台建设。在做大跨海峡人民币结算代理清算群的基础上，探索实践两岸货币金融合作路线图，进一步充实代理清算群功能与内涵。积极引进台湾地区证券、会计、法律等配套服务机构参与厦门多层次资本市场建设，共同探索建立大陆和台湾资本市场的转板互通机制。加快搭建两岸保险业合作平台，发展离岸再保险市场，借鉴台湾经验，在厦建立巨灾保险机制等。

二是扩大厦台金融合作领域。支持自贸区内融资租赁公司开展对台离岸租赁业务，发展融资租赁、商业保理等混业经营非银行金融业务。鼓励台资风险投资和天使投资等投资自贸区内高科技企业，为企业带来低成本资金以及国际化的管理、技术等专业技能。加强互联网金融的对接合作，探索通过互联网金融促进两岸资金融通举措，设立厦台专属互联网金融产品销售平台，实现两岸金融产品的互销。同时要建立金融信息交流共享平台，健全风险监控指标，提升金融监管执法效能，防范自贸区金融风险。

三是推动厦台产业资本与科技金融合作发展。可以考虑放宽产业基金的发起人限制、两岸产业基金合作形式以及产业基金的募集对象。还可将新式基金的试点运营放在厦门自贸试验片区中，如允许在两岸贸易中心核心区设立新式融资工具。厦门还可借鉴台湾"中小企业发展基金"的运作与管理经验，建立健全"国家中小企业发展基金"的运作与管理制度，引导地方、创业投资机构及其他社会资金支持处于初创期的小型、微型企业。

四是提升金融服务经济发展的水平。支持银行、证券公司、保险公司、基金公司等机构创新金融品种和经营模式，特别是开展适合台资企业的金融服务业务，完善对大陆台资企业的金融服务体系。加强厦台两地金融专业人才的培训、业务交流和创新合作。研究持有台湾金融专业证照的人员在厦门从事金融服务业的支持政策。简化台湾金融业从业人员在厦门申请从业人员资格和取得执业资格的相关程序。

厦台经济融合发展，涉及产业合作、贸易投资、金融合作等多个领域。厦台经过多年的共同努力，各领域合作发展都取得了良好的成绩，打下了扎实的基础。现在应该好好梳理总结一下过去的成功经验和不足，对好的经验加以推广，对一些不适当的政策措施加以调整。今后的厦台经济融合发展应该以形成厦台经济共同体、厚植两岸共同利益为导向，以相互开放、互利共赢为原则，不应过分强调单方利益，更不能仅以企业生产者利益为依据，而应该让两岸经济合作的成果惠及两岸社会各界，特别是广大的两岸基层民众与消费者。这样的经济合作才能得到持续扩展和深化，形成"你中有我、我中有你"的融合发展格局，进一步巩固和深化两岸关系和平发展的经济基础。

三　深化厦台文化交流融合　厚植两岸同胞精神纽带

厦门要建设国际化城市，一方面要传承和弘扬中华传统文化及闽南特色文化，塑造与厦门发展方向相匹配的"时尚、温馨、活力"的城市形象；另一方面要培养开放的城市文化心态，对异质文化有兼收并蓄、扬弃包容的文化胸怀，在大力建设城市主流文化的同时，鼓励多元文明在厦门交融，形成多元包容、特色鲜明的城市文化形态。这样的城市文化发展战略和路径在对台文化交流合作方面同样适用，一方面要坚持自己的主流文化自信，以闽南文化为纽带，坚持民间推动与市场运作并举，创新方式方法，全面提升文化交流的层次和水平；另一方面要尊重和理解台湾的异质文化，真诚沟通，求同存异，聚同化异，努力创造新的文化，逐步走向文化认同。

（一）深化厦台文化交流合作，促进两岸文化认同

1. 厦台文化交流的成绩

近年来，厦门市紧抓对台文化交流基地建设，积极搭建文化交流平台，拓展文化交流渠道，打造文化交流品牌，对台文化交流取得明显成绩。2016 年办理对台出访项目 12 批次、355 人次；全年共引进台湾地区 33 个演出团体或个人共计 252 人次来厦门商业性演出 41 场，演出场次、档次和效益与往年相比有明显提升。

一是传统品牌活动有声有色。成功举办 2016 海峡两岸民间艺术节暨"乡音之旅"巡演活动。本届艺术节在金门举办，遍及金门岛和烈屿岛的乡镇、社区、学校、医院和安老院等，呈现多方

位、多层次和广覆盖的交流态势，在金门掀起了一股民间文化交流热潮。这是厦金"小三通"开通以来，在金门举办的规模最大、内容最丰富、参与人数最多且最接地气的民间文化活动。艺术节以"乡音唱和"为主题，举办了戏剧演出、"两岸艺术薪传与普及"研讨会、高甲戏研习营、舞蹈研习营、"美丽厦门"摄影作品展以及旅游推介会等活动，市民参与热情高涨。基于两岸共同的文化传承，大陆和台湾的歌仔戏、高甲戏、南音、豫剧、儿童剧和歌舞等演出团纷纷携手合作。组织青少年观摩经典儿童剧展演，参加闽南艺术研习营，深入基层为乡亲献演节目，通过面对面的沟通接触，拉近两岸民众的心理距离。发挥海峡两岸民间艺术节和"乡音之旅"的资源优势和品牌效应，推动厦金两地民众之间的友好往来和两地文化、教育、体育、旅游和商贸等领域的交流合作，增添和丰富"厦金生活圈"的生机活力与文化内涵，共创两岸交流、合作双赢的新局面。

二是艺术交流领域不断拓展。邀请台湾著名导演李小平与厦门市金莲升高甲剧团合作创排的高甲戏《大稻埕》，成功入围"2016年度全国舞台艺术重点创作剧目名录"，两岸合作创排闽南地方戏结出新硕果。促成厦门闽南大戏院与台湾演艺界合作创排原创音乐剧《微·信》在台北商演12场，开创了两岸舞台艺术创作合作新机制和新模式。举办海峡两岸闽南语歌曲歌手大赛，比赛范围扩大到新加坡、泰国、马来西亚、加拿大、美国等国家和地区。继成功摄制闽南话情景剧《一定爱幸福》和《幸福好滋味》之后，2016年下半年，厦门卫视积极筹划投拍"幸福"系列闽南话电视剧《幸福的脚步》，该剧以两岸为背景，在厦门拍摄，在两岸同步播出。

三是文化产业合作深入推进。持续培育两岸文化产业交流合作平台，成功举办第九届海峡两岸文化产业博览交易会、第十二届海峡两岸图书交易会等。第九届海峡两岸文化产业博览交易会在厦门举办，台湾参展商有 741 家。第十二届海峡两岸图书交易会在台北举办，两岸参展出版商及机构 300 多家，参展图书近 10 万种 30 万册，总码洋 2800 万元，交易成效比往届显著提高。重点抓好闽台（厦门）文化产业园建设，逐步推进核心二期湖里老工业厂房文创园改造及招商，海峡建筑设计文创园和华美空间文创园区等项目运营进展顺利。开展项目申报和政策扶持，推动文化与金融、科技、旅游等融合发展。推动自贸区文化贸易对外发展，"海丝"艺术品中心项目工程施工进度过半。灵玲马戏城正式开业，华强二期、神游华夏二期等重点项目建设进展顺利。

四是电视广播创出新品牌。台湾 8 县市长访问北京期间，厦门卫视密集报道访问行程，并策划推出《认同促发展》系列专题报道。第九届海峡两岸文化产业博览交易会在厦门举行期间，厦门卫视策划《最大商机在大陆"新南向"没出路》等新闻特写，采访台湾文创业者，突出他们看好大陆、希望两岸携手创赢天下的愿景。报道两岸文创商业对接会、第三届两岸大学生文创论坛、两岸文创移动课堂、两岸创意经济报告发布会等亮点，并连线台北演播室嘉宾，介绍台湾原创 IP 霹雳布袋戏的商业之路、两岸名家的文创生意经等。《两岸共同新闻》也推出两岸嘉宾互动式谈话节目《创赢两岸》，探讨创赢天下、两岸青年大有可为等议题。依托东南亚驻点记者与原有合作渠道，厦门卫视《两岸新新闻》栏目推出全新板块《东南亚观察》，关注东南亚国家参与"一带一路"建设和当地人文、经济、旅游等方面发展，以及华人华侨在地故事，成为密切闽台交流、促进福建与东南亚各国交流与合作的新窗口和新平台。闽南之声广播节目落地台湾地区及东南亚"一带一路"国家。2016 年，闽南之声广播借助与中国国际广播电台的合作，通过国际台闽南话频道，每月面向中国台湾地区及新加坡、马来西亚、菲律宾、泰国等东南亚"一带一路"国家和地区的闽南语听众播出 1800 分钟以上的自制节目，搭建起厦门与台湾地区及"一带一路"沿线闽南人的电波之桥。另外，厦门卫视于 2016 年 4 月首次实现全频道登陆台湾全华行动电视网"掌心视界"（手机 APP 移动终端），向台湾岛内手机用户实时输送厦门卫视节目，这是大陆第一个卫星频道在新媒体领域登陆台湾移动终端网。该移动网拥有约 130 万移动用户，每天即时上 APP 人数（台湾对活跃用户数的表述）高峰时段约 20 万人/小时，平均即时人数约 5 万人/小时。据了解，台湾民众对厦门卫视播出声画质量均较为满意，关注度较高。

五是流行文化交流别开生面。圆满完成"海峡两岸新年音乐盛典"、第十二届两岸大学校园歌手邀请赛等活动。音乐盛典力邀海峡两岸明星参加，其中既有经典实力唱将，又有深受年轻人喜爱的青年歌星，展现了温馨厦门以及两岸一家亲的节日情感。音乐盛典不仅吸引两万多名观众到场观看，更通过厦门卫视和台湾东风卫视在两岸实现联合播出。第十二届两岸大学校园歌手邀请赛决赛，除了厦门卫视频道直播外，厦门广电集团"看厦门"APP 也进行视频和图文直播，直播过程中还置入新媒体互动环节，许多台湾网友参与讨论。本届"校园歌手邀请赛"共吸引来自大陆 28 所高校和台湾 20 所高校共 48 组大学生选手同台竞唱，并设立 10 位梦想合伙人，共鸣两岸学子青春梦想，设计"竞合"比赛环节，促进两岸选手互动交流。

2. 厦台文化交流合作对策建议

近年来，厦台文化交流的频率加快、层次扩大、内容加深、合作意识增强，遍及文学、影视、戏剧、音乐、歌舞、摄影、新闻、广播等各个领域，已经取得一定成效，正在向广度和深度推进。两岸最大的合作基础是文化，两岸交流最难的也是文化。文化交流的成效很难用数据或者直观的形式表现出来。文化交流既是感情的交流，更是心灵的沟通。显然，当前的文化交流离实现两岸同胞心灵契合的目标还有很长的距离。下一步重点要在文化往来中不断增进思想感情的交流，在文化交流的深度上下功夫，不断化解彼此间的隔阂疑虑。把"和而不同"作为两岸文化交流的一个基本原则。正如汤一介教授所论述的，"'和而不同'的意思是说，要承认'不同'，在'不同'基础上形成的'和'（'和谐'或'融合'）才能使事物得到发展。如果一味追求'同'，不仅不能使事物得到发展，反而会使事物衰败"。不同文化的交流"是一个由'不同'到某种意义上的'认同'的过程。这种'认同'不是一方消灭一方，也不是一方'同化'另一方，而是在两种不同文化中寻找交汇点，并在此基础上推动双方文化的发展，这正是'和'的作用"。①

一是继续在"同"的文化交流上发力。中华传统文化是两岸同胞的"根"和"魂"，大多数的台湾人都承认中化传统文化的共同性。台湾一些势力企图在文化领域搞"去中国化"，力图削弱甚至切断中华文化在海峡两岸的血脉相续。我们要坚决反对"台独"势力的倒行逆施，和台湾同胞一道承担起继承弘扬中华文化的使

① 陈孔立：《两岸文化交流深化的取向》，《台湾研究集刊》2016 年第 4 期。

命。闽南文化是中华文化的一部分。厦台民众共享闽南文化传统，从姓氏、族谱到为人处世，处处洋溢着闽南情节。传承闽南文化，有利于增进厦台民众文化共同性的认知，让彼此有亲近感、亲情感。在两岸制度化联系沟通机制停摆的情况下，民间交流不能断、不能停，而要进一步加强、扩大和深化。进一步深化艺术戏曲团体合作，组织两岸歌仔戏、梨园戏、高甲戏、木偶戏等剧团互演，鼓励两岸演职人员开展各种交流。健全厦台文化交流的市场化运作机制，加强与台湾旅游业机构和文化中介经纪机构的合作。发挥闽南文化生态保护实验区的示范带动作用，建设一批两岸文化交流合作平台和文化产业基地。

二是研究和理解"异"的文化。两岸文化的根虽然同属中华文化，但由于历史原因和现实制度及社会生活的差别，文化已经有了异质发展。两岸无论在主流文化、传统文化，还是在外来文化方面都存在"本质的差异"。比如，对西方文化看法的差异，价值观、生活方式的差异，都是两岸文化交流不可回避的问题。我们不能把两岸文化存在的"异"看成两岸交流的负担，或者避而不谈。要认真研究两岸文化之"异"，在面对台湾同胞不同的声音时，应在了解历史的前提下，倾听对方的不同声音，以正确的态度开展交流，扫除交流的障碍，互不隐瞒自己的观点，坦诚相待，该交锋就交锋，不打不成交，在交锋和争论中剥掉层层负担和羁绊，让文化交流真正成为心灵的沟通和碰撞。

三是共同创造"新"的文化。两岸文化认同不是要大陆认同台湾的文化，也不是要台湾认同大陆的文化，而是要走互相整合的道路。两岸文化认同既要有中华传统文化的认同，又要有现代文化的认同。台湾的海洋文化、多元文化、创新文化等，虽然与大陆有鲜明的区别，但台湾和大陆在流行文化、爱心文化等方面也有很多交集和相通之处。这就需要秉持互相尊重、互相包容的态度，找出双方都可以接受的文化价值，扩大交集和共识，加强互动与合作，在共同推进两岸文化交流合作中，增进理解和互信。厦门作为对台文化交流的最前沿，要多创造两岸文化团体和机构互演或同台演出的机会。可以考虑开放台湾记者驻点厦门，推动与台湾报纸合作，共同打造两岸民众共享的阅读平台。制作宣传闽南民俗民风、人文地理、两岸乡情、台商故事的纪录片，与台媒合作直播。进一步探索厦台在影视领域新的合作模式，再造两岸观众同听、同看、同享、同乐、同感动的环境和内容。

四是重视新媒体在文化交流中的作用。两岸隔海的地理环境和现实交流的不便是加剧两岸之间误解甚至情感隔阂的重要原因之一。面对两岸关系更加复杂严峻的未来，利用新媒体加强互动和沟通是一种更方便、更有效的方式。厦门应该重点打造一些网络沟通平台，充分利用手机、网络等新媒体，在网络上进行文化交流与互动，讨论社会新闻，交流生活经验，举办直播活动等，拉近年轻人之间的距离，进而消除分歧，创造新的文化记忆，建构新的文化认同。

（二）厦台教育体育交流合作的现状及建议

1. 厦台教育体育交流合作现状

一是拓展厦台教育交流平台。厦台学前教育研讨会成为新的品牌。举办"2016年厦台学前教育学术研讨会"，台北市立大学幼儿教育学系林佩蓉教授等36名台湾幼教专家、园长、教师参加，两岸学前教育同仁分享理论与实践研究成果。厦门市教育学会、厦门市台湾同胞联谊会和两岸现代化职业教育协会（台湾）联合举办 2016 年厦台现代化职业技术教育论坛，探讨两岸职业教育双赢合作机制，落实与优化现代化职业教育建设方案。厦门市督学考察团赴台交流，开启两岸教育督导工作的交流工作。

二是积极开展对台教育交流活动。在厦门举办第六届海峡两岸中学生闽南文化夏令营，来自海峡两岸 12 所中学的 112 名师生共同开展了寻找闽南文化系列活动。组织 41 名厦门中职教师赴台，在台湾健行科技大学完成为期 15 天的培训。第十届海峡两岸百名中小学校长论坛在台湾举办。

三是厦台高职教育交流合作继续深化。闽台"校校企"项目有序进行，厦门市属 6 所高校的 23 个专业与 6 所台湾高校开展"校校企"合作项目，在校生共计 1357 人。厦门理工学院与联芯集成电路制造（厦门）有限公司、台湾鼎天基金会等合作建设微电子科学与工程专业，获得教育部批准。第三届厦台高校物流案例分析邀请赛暨首届龙洲行杯供应链沙盘技能竞赛成功举办。各高职院校深化与台湾合作校的合作与交流，高职院校师生赴台研修呈常态化。

四是传统涉台体育赛事办出新意。海峡两岸马拉松城市邀请赛，成为厦门国际马拉松赛配套赛事中的一大亮点，来自全国 80 个地级城市代表队和台湾地区 30 个代表队 440 名长跑爱好者参赛。已经连续举办了 17 届的新春海峡两岸冬泳活动，已成为闽台两地冬泳爱好者的重要交流活动。第八届厦金海峡横渡活动在金门水头村至厦门椰风寨圆满举行。前期举行的厦金青少年游泳大赛、厦门海上游泳活动等配套活动更加丰富了主体活动的内涵。在充分利用微博、微信公众号等新媒体平台进行宣传后，活动的影响力进一步扩大。

五是进一步拓展体育民间交流渠道。一方面继续保持和台湾田径、游泳、射击、帆船等体育项目民间团体的传统友好交流，组团观摩了金门马拉松，接待了中华台北实用射击协会来厦门开展异地训练；另一方面积极指导和支持厦门各单项体育协会开展对台体育交流工作，棒垒球、台球、啦啦操等项目均与台湾相关项目体育民间团体开展了形式不同的交流活动。另外，厦门各区积极培育开发对台体育交流品牌赛事。集美区举办了第十一届"嘉庚杯""敬贤杯"海峡两岸龙舟赛，台湾地区24支队伍参赛，赛事期间还举办了"我们的节日·端午"系列文化活动，充分体现了两岸"同文同宗一家亲"的主题。海沧区成功举办海峡两岸（厦门海沧）女子半程马拉松赛，赛事以"时尚"和"公益"为主题，邀请了两岸演艺界知名女性人士参与，打造了一场独具特色的涉台赛事活动。

2. 厦台教育体育交流合作建议

两岸教育体育各具特色，要创新交流合作方式方法，促进教育体育事业共同发展。

一是加强教育交流平台的日常管理和机制建设。继续做好海峡两岸教育交流与合作基地筹建、运作机制探索，搭建两岸教育教学资源共享平台，建立两岸教学研究共同体，在教育资源共享、教育培训、教育科研等方面寻求深度合作。

二是继续培育教育活动品牌。在精心筹划办好海峡两岸百名中小学校长论坛、海峡两岸中学生闽南文化夏令营、海峡两岸中学生手拉手夏令营等传统教育活动品牌的基础上，培育新的对台教育交流品牌，比如，进一步搭建学前教育专业交流研讨平台。

三是创新两岸合作办学模式。拓展厦台各级各类学校对口交流和校际协作。推动两岸学历和技能人员职业资格互认，促进两岸人才互相流动。探索建立两岸人才培训合作机制，鼓励台湾优质职业教育机构以多种方式在厦门与大陆其他城市合作开办职业院校和职业技能培训机构，创建职业院校与台企合作示范性实训基地，推动厦门与台湾院校合作培训专业人才。建立"厦台教育融合先行区"，建设两岸学术会议中心、两岸教育展览中心。通过举办两岸教育博览会等活动，交流两岸教育培养模式、教育改革经验等。

四是进一步拓宽对台体育交流渠道。积极创新体育交流形式，推进各区、各单项协会在体操、武术、射箭、帆船、羽毛球、乒乓球、游泳等多个项目开展丰富多彩的对台体育民间交往活动。继续办好厦金海峡横渡活动、海峡杯帆船赛和海峡两岸城市马拉松邀请赛等传统品牌赛事。

（三）厦台医疗卫生交流合作的现状和建议

近两年，厦门市积极加强与台湾的医学交流，力争建设成为海峡两岸医疗卫生交流、深度合作的集中区。一是积极加强两岸医疗交流。2015 年 11 月 13 日，慈济医疗志业、花莲慈济医院、慈济基金会等部门负责人到厦门市第五医院参访交流，并为罹患罕见遗传性疾病的个案进行两岸远程会诊。此次交流开拓了两岸爱心医疗新平台，促进两岸医疗界在医疗人文、医疗技术、医院管理等多方面深入合作。二是积极协助台资企业在厦建设医疗机构。2015 年 7 月，台湾龙邦集团申请设立厦门龙邦妇产医院，地点位于五缘湾医疗园区，预计三年后建成。2016 年 12 月，丽宝生医（厦门）生物科技有限公司提交申请，拟建立医学检验实验室。多家台资诊所也在积极建设中。三是探索两岸医疗服务合作机制。在积极扶持和推进了厦门长庚医院、翔鹭、安宝健康产业等台资医疗机构发展后，又探索在厦门市进行医疗机构设置和科学医疗、医药、中药制品、保健品准入等试点的相关特殊政策。

当前厦台医疗卫生领域合作发展中还有一些障碍，比如，两岸不同法规支持的医疗体系不对接，在厦门长庚医院使用的是台湾数据库里的医药或器材，但这些医药或器材并不在大陆医保数据库里，这种情况对在厦门长庚医院出诊的台湾医生和就医的大陆患者都是非常不方便的。再比如，台湾医生在台湾已经取得执业医师资格证，来大陆却不能通用，还需要考取大陆的医师资格证，限制了人才的交流和作用发挥。为了进一步深化厦台医疗发展合作，建议：制定台湾地区医师在厦门执业注册便利化措施，创新两岸医疗制度合作方式和途径，实现医药、器材等的有效衔接；鼓励台资来厦门设立非营利性医院或高端医疗服务机构，建立两岸病患制度化转院程序与对接机制；支持台资（含合资、合作）医疗机构按照批准的执业范围、服务人口数量等，合理配置大型医用设备；争取厦门成为台湾中药材、中成药进入大陆的指定口岸，推动两岸中药材认证工作，在厦门建设输台药材质量检测和认证中心；加强厦台医疗卫生服务机构在医疗服务监管、医疗质量和医疗安全改进、医院评价等方面的合作交流，提高医疗服务水平和管理能力。

四　加强厦台社会交往融合　促进两岸民众心灵契合

两岸关系和平发展的根基在基层，动力在民间。两岸关系形势越复杂严峻，越需要持续扩大深化两岸民众交流。厦台两地基层组织、各界人士和民众交流基础好、潜力大。要结合各自特色和民众需求，采取灵活多样、丰富多彩的形式，深入广泛交流，尤其要多举办一些体验式交流，让两岸民众乐于参与、有所收获，为两岸经济社会融合发展夯实基层和民间基础。

（一）深化厦台基层双向交流，推动两岸社区共同缔造

近年来，厦门以《美丽厦门战略规划》为引领，在拓展两岸社区交流合作上进行了持续而深入的积极探索，厦台两地一批社区、村（里）先后缔结友好合作关系，两岸基层社区在频繁热络的往来中互相汲取社区治理的好经验、好做法，为改善社区环境共同努力。目前，厦门有 38 个镇街与台湾 54 个乡（镇、区）进行对接交流，21 个社区与台湾 21 个村（里）结成对口交流社区，两岸社区工作者和基层民众交流互访趋向常态化。一系列交流互动让两岸同胞的心贴得更近、情融得更深、家建得更美。

一是两岸社区结对加深往来学习。三年前，厦门市湖里区殿前街道首次派遣社区工作者到台湾社区驻点学习，参与台湾社区工作者的日常工作。学习台湾社区营造经验后，社区发动台胞台属和其他居民一起组建了"银发加油站""巡守队"等社团，实现自我服务。一批台湾里长先后来到厦门参观交流，在考察美丽厦门典范社区的过程中收获社区治理新思路。两岸社区的合作在人员密切往来间向机制化、常态化与社会化方向发展。厦门以论坛、讲座、研讨会等形式推动两岸社区专家和优秀实务工作者互通社区建设前沿成果和先进理念，让更多社区治理好经验在两岸之间传递。

二是深化社区合作创新社区治理。在创新社区治理的实践道路上，"美丽厦门共同缔造"为厦门提供了目标方向和行动指引。近年来，不少社区在共同缔造行动中引入台湾专家的专业优势，搭建两岸专家、社区组织和居民共同参与的"共同缔造工作坊"，创新

推动社区新发展。思明区厦港街道引入台南市文化协会参与推动沙坡尾避风坞改造工作，成立社造中心，试点社区营造工作。社造中心通过"文化引导、活动带动"激发居民、商家和企业自我管理、服务厝边的热情，调整商业业态，让"老厦港"文化特色逐步转化为经济生产力。台湾的社区营造理念方式与厦门的"共同缔造"行动有许多相通之处。两岸社区在社区建设、社会工作、志愿服务等方面加强交流合作，加深互访交流活动，共同探讨社区工作中的热点、难点问题，共享双方的发展经验，共创两岸和谐社区。2016年第三届海峡两岸社区治理论坛在厦举办。来自台湾的村里长、社会组织代表、专家学者以及大陆的社区村居主干、社区治理专家260多人参加了论坛，交流社区治理经验。论坛围绕"共建、共享、共融"主题，深入探讨两岸社区治理实践融合。

三是两岸社区共同缔造如火如荼开展。厦门各区结合自身实际，主动开展和台湾基层社区的交流，特色各异，成效明显。思明区通过"走出去""请进来"的方式深化两岸基层双向交流，组织基层干部赴台开展"点对点"交流考察，邀请台湾里长来厦与社区干部分享台湾社区营造经验。鼓励社区里的台胞参与社区治理和同驻共建，成立O2O模式的台胞联谊平台，在线上开设微信公众服务号和台胞微信朋友圈，宣传政策资讯，讲述台胞故事；在线下成立"思明台胞驿站"联谊点，组织丰富活动，搭建台胞自我管理、联谊互动的载体。湖里区引进台湾专业社会工作人才为社区发展顾问，助力辖内社区建设和社会服务的发展；聘请住在社区的台胞作为社区主任助理，为社区建设建言献策；通过在台胞相对聚集的社区建立台胞服务社区组织、成立各类台胞志愿服务队，推动了台胞共同参与社区治理。集美区积极加强与台湾社区的互访交流，组织村（居）工作者先后到台北市、台中市、新北市的 20 多个社区学习有关社区营造、平安创建、志工服务、社区养老等先进理念和做法；杏林街道邀请台中市南屯区交流团来厦参观美丽厦门共同缔造成果。海沧区民政局与台湾大学建筑与城乡研究发展基金会签订社区缔造项目协议，邀请台湾专家分别深入兴旺社区、海虹社区、院前社、山后社开展社区规划师课程培训。同安区、翔安区分别利用"迎王－送王船"活动、宋江阵民俗文化节等特色民俗和民间传统文化搭起两岸社区交流之桥。①

深化两岸社区交流是打造两岸同胞温馨家园的特色工程，也是促进两岸社会融合发展的重要任务。厦门应该进一步健全完善两岸同胞交流融合的平台机制，全力建设两岸社区交流的前沿、合作的窗口、融合的试验田。一是进一步加强人员往来和组织交流。组织社区工作者赴台培训，开展驻点交流、观摩学习、经验分享等活动，邀请台湾专业社区工作者来厦体验、指导社区建设，共同探索创新社区治理模式，完善社区治理手段，推动社区共同缔造。二是进一步深化两岸社区结对共建。建立常态性沟通联系机制，推动各区开展两岸社区对口交流，力争促成更多社区与台湾社区结对共建，为把厦门打造成两岸社区交流合作最紧密区域、两岸社区文化互动最活跃平台、两岸社区治理创新最健全体系、两岸同胞心灵契合最温馨家园奠定坚实基础。

（二）加强厦台社会组织交流，促进两岸民间社会融合

厦门的民间社会力正在快速成长中，可以作为公权力的有效补

---

① 《厦台两地创新深化社区治理交流合作机制取得丰硕成果》，东南网厦门频道，http：//xm. fjsen. com/2016－06/11/content_ 17958166. htm。

充，在参与社会治理中发挥积极作用。台湾的民间组织比较发达，涉及生态环保、消费者权益、义工组织等多领域，这些民间组织的经验可以作为厦台民间交流的重点。厦台民间组织的交流将会比仅仅诉诸血缘关系、地缘关系，或基于追求经济利益的经贸活动，更有助于促进两岸社会融合发展。

2016 年厦门新增备案台湾社团 5 家，截至目前，备案台湾社团在厦代表机构 37 家。厦门海峡两岸社会组织服务中心已建成，已孵化培育社会组织 13 家，其中台湾社团 7 家，对促进两岸民间交流交往起到了积极作用。比较有代表性的是 2014 年海沧区成立的大陆首个"两岸义工联盟"。"两岸义工联盟"立足对台交流，广泛吸纳两岸公益组织、社会组织、志愿服务队，是两岸志愿服务的交流合作平台。目前已组织志愿服务活动 150 多场次，上万人次参与志愿服务活动，惠及空巢老人、残障人士、寄养孤儿、公交司机等人群。"两岸义工联盟"还通过台胞义工传帮带、座谈分享会等系列两岸交流活动，成立两岸义工交流合作工作室，推动两岸公益事业共同发展。① 海沧区还搭建了一个"台胞义工志愿行"平台，通过一系列的"微志愿"行动让两岸同胞共享志愿精神。"台胞义工志愿行"目前已有注册登记志愿者 3 万多名，两岸志愿者成为海沧城区治理的重要主体，为人们提供方便快捷的志愿服务，促使城区治理水平大幅提高。

多年来，两岸的交流交往更侧重于经济贸易、产业对接和文化活动方面，民间组织的直接交往深度不够、力度不足，在一定程度

---

① 《大陆首个"两岸义工联盟"牵起两岸民众志愿纽带》，新华网，http://www.scio. gov.cn/zhzc/8/3/Document/1395579/1395579.htm。

上使两岸的沟通互信打了折扣。不可否认，两岸社会的融合发展是一个长期的过程，需要重建两岸生活共同体，而民间组织的交往合作有助于两岸生活共同体的构建。这方面的工作应该成为下一步厦门对台工作的重点。为此，厦门应该大力培育发展有利于两岸交流合作的社会团体、行业组织、社会中介组织、志愿组织、慈善机构等各类社会组织，探索社会组织孵化培育新机制，建立和完善政府向社会组织购买服务的制度安排等。支持台湾经济、教育、科技、文化、环保、体育、慈善等领域的民间组织在厦设立代表机构，完善代表机构备案管理制度。建立两岸社会组织交流交往常态化机制，依托厦门市两岸社会组织交流协会，组织赴台交流活动。特别是要鼓励厦台共组社团，如建立厦台旅游同业公会、两岸歌仔戏研究会等。同时，厦门应扩大同台湾各地的农渔会、水利会、宗教团体、学会研究机构等的交流范围，通过深入交往和真诚沟通，使两岸各种团体之间缩小认知差距，厚植两岸关系和平发展的民意基础，为两岸社会融合发展注入持续动力。

（三）加强厦台青少年交流，塑造两岸共同记忆

维护两岸关系和平发展与台海和平稳定，需要两岸年轻人继续努力。两岸年轻人成长的环境不同，对一些问题的看法存在差异是正常的，但这并不能成为两岸交流的障碍。要进一步加强青少年交流，特别是创造条件让台湾青少年多来大陆学习、就业，与大陆青少年共同举办一些活动，通过交流，消除隔阂，才能为完成统一大业打下坚实的基础。习近平总书记指出，要"为两岸青年创业就业提供更多机会，让两岸同胞参与越多受益越多……要更多关注两岸青年成长，为他们提供更多机会和舞台，让他们多交流多交心，

成为共同打拼的好朋友好伙伴"。[①] 可以看出，我们对台湾青年一代是非常关注的，对"为台湾青少年多做工作"是非常重视的。在这方面，厦门利用其特殊优势，做了大量工作，取得了一定成效。

厦门市积极完善海峡两岸青年创业基地配套服务，打造两岸青年创业聚集区。出台《关于鼓励和支持台湾青年来厦创业就业实施意见》，吸引台湾青年来厦学习、实习、就业、创业。加快公租房和产业园区生活配套建设，完善人才和户口政策等。开展在厦台生落地结对工作，推广"结对住民宿"模式，推动每年安排台湾学生到厦门挂钩村（同名村）开展活动，努力把厦门打造成为台湾青年到大陆创业、就业、实习、学习的重要基地。厦门自贸片区率先出台政策，大陆首创允许台湾青年创业者以个体工商户且无需外资备案进驻两岸青年创业基地。两岸青年创业基地雏形初现，厦门两岸创新创业创客基地、一品威客创客空间、厦门宸鸿科技公司被国台办授牌"海峡两岸青年创业基地"。截至2015年底，全市6个区共有台湾青年创新创业集聚片区29个、众创空间92个。为吸引台湾青年到自贸试验区创新创业，厦门自贸片区在创业辅导、基地建设、融资支持、项目扶持等方面完善政策，构建了一批低成本、便利化、全要素、开放式的众创空间，推进两岸青年共同打拼、实现梦想。仅两岸青年创业基地就有93家企业签约入驻，台资企业占66%。举办海峡论坛配套活动"两岸青年创业论坛"，建立台湾青年大陆就业创业服务云平台（手机APP），组织台湾大学生和青年到市青年创业基地实习实践。2016年厦门首届两岸创客发展论坛——"日月光

---

① 《习近平总书记会见中国国民党主席朱立伦》，新华网，http：//news. xinhuanet. com/tw/2015－05/04/c_ 1115169416. htm。

华·两岸青年创客发展论坛"在厦门片区海沧园区举办，两岸创客共享创业心得，知名创业导师现场"把脉"。活动的举办对于促进两岸青年心灵和事业深度融合起到了积极作用。

不可否认，当今在台湾岛内"统独"纷争、族群分裂、"台湾主体意识"、"去中国化"等因素的交相作用下，台湾的青少年对作为两岸交流纽带的中国传统文化的认同感存在弱化趋势，两岸青年交流工作与实现两岸经济社会融合发展的目标相差甚远。厦台青年交往交流现状还存在不足，比如，交流的好经验很难扩散和持续，很多活动仅仅追求规模和"新闻效应"，办的时候很热闹，后续缺乏持久的交流与效果测评；交流的互动性还不够，目前很多交流活动是自己单方面主动而为，台湾方面举办的两岸青年交流活动很少；交流交往的深度还远远不够，对一些共同感兴趣的话题进行浅层次的交流没问题，一旦涉及更深层次的交流互动就会出现差异甚至隔阂；等等。

厦门应该在总结现有两岸青年交流经验的基础上，探索两岸青年交流的良性互动机制和途径，提供有效的制度供给来突破现有困境。一是让两岸青年交流走向制度化。通过简化审批程序、健全完善服务机构和沟通管理机制等，不断完善青年交流的组织协调、交流沟通与服务支持等工作，丰富两岸青年群体的交流与接触方式，进一步拓展两岸青年的互动交流空间。二是进一步创新对台湾青年群体的宣传、教育与服务形式。考虑台湾青年群体自身的特点、习惯与需求，研究建立一套具有针对性、适应性的宣传、教育与服务模式，以合适的方式帮助台湾青年更好地认识大陆社会、认知两岸关系、认同中华文化。开展面向台湾青少年的体验式交流，为台湾青年在厦门的学习就业创业等提供更多机遇、更加优质的平台。三是为台湾青年来厦就业提供便利。针对不少台湾青年都渴望到大陆创业、就业，但往往苦于缺乏相关资讯和渠道而颇费周折的现实，要直接对接两岸的青年创业服务平台。厦门已经成立了两岸青年创业协会，找到了一些适合台湾青年来大陆创业或者两岸青年合作创业的项目，接下来要在更广范围内的投资合作进行试验，进一步完善两岸青年创业投资合作机制。四是制定厦台青少年交流的近期、中期、长期规划和行动计划。围绕两岸青少年交流的目标细化措施，构建台湾青少年工作统一的工作体系，有步骤有系统地推进两岸青少年交流，使厦台青少年交流形成全方位、立体式格局。政府应该对两岸青少年交流工作做得较好、有突出贡献的机构、企业和社会组织等进行奖励或给予优惠政策予以鼓励。

只有当两岸的民间社会整合成为一个正常的生活共同体后，两岸人民才会有共同的认知、情感和需求。相信厦台两地通过基层社区、社会组织和青少年开展的交流交往活动，一定会给两岸民众留下共同的、美好的记忆，播下心灵契合的种子。

参考文献

黄平等：《"一带一路"倡议下厦门全方位对外开放策略与路径》，社会科学文献出版社，2016。

厦门市发展研究中心：《2015－2016 年厦门发展报告》，厦门大学出版社，2016。

张华：《美日对台政策的差异性分析》，《中国军事科学》2016 年第 2 期。

陈孔立：《两岸文化交流深化的取向》，《台湾研究集刊》2016 年第

4 期。

郑鸣、郑敏：《厦门建设对台金融合作发展示范基地研究》，《亚太经济》2016 年第 4 期。

罗筱霖：《新变局下台湾民众两岸认同异化及解决路径探讨》，《台海研究》2016 年第 3 期。

王华：《两岸文教交流的台湾民众满意度调查研究》，《台湾研究集刊》2015 年第 3 期。

唐桦：《两岸青年交流的制度化研究》，《台湾研究集刊》2015 年第 5 期。

沈惠平：《试析两岸公民共同体的构建》，《台湾研究集刊》2015 年第 5 期。

第十章 金砖国家领导人会晤与厦门国际化

徐秀军*

一 领导人峰会主场与城市国际化

（一）主场与主场外交

"主场"作为体育活动中的一个专业术语经常与"主场优势效应"相联系，"主场优势效应"主要是指运动员（队）在主场比赛时由于占据主客观方面的优势，从而取胜的概率要高于在客场比赛的一种情况。"主场外交"也主要是借鉴了体育活动中"主场优势"的这一概念，是"主场优势"在外交领域的体现。

在国际关系领域，"主场"按不同的标准可以分为不同的类型。按其固定与否可以分为固定的主场和流动的主场，固定的主场如设在纽约的联合国（UN）总部，总部设在华盛顿的国际货币基金组织（IMF）、世界银行（WBG）以及总部设在日内瓦的世界贸易组织（WTO）；流动的主场如亚太经合组织（APEC）、二十国集团（G20）等重要的国际会议和论坛的主办地。按地域划分可以分

* 徐秀军，中国社会科学院世界经济与政治研究所金砖国家研究基地执行主任，副研究员。

为全球性主场、区域性主场和跨区域性主场，全球性主场如联合国所在地美国纽约；区域性主场如博鳌亚洲论坛（BFA）所在地中国海南博鳌；跨区域性主场如亚太经合组织（APEC）、金砖国家（BRICS）。按主体又可以分为非国家行为体搭建的主场和国家政府搭建的主场，前者如夏季达沃斯论坛举办地大连、天津，后者如联合国总部和欧盟总部所在地。

领导人峰会主场作为一种外交主场，是指国际关系行为体以东道主身份举行领导人峰会并发挥主导作用的外交活动。这里的行为体既可以是拥有外交权的国家或地区，也可以是发挥外交作用的国际组织等其他行为体。由此可见，主场外交主要包含以下三个要素：一是在地理上拥有主场优势；二是在表现上发挥主导作用；三是在性质上属于外交实践。因此，主场外交既可以是双边外交活动，也可以是多边外交活动。在功能上，主场外交对国家而言既有象征意义，也能够发挥实际效用。一国能够争取到外交的主场，这本身就是一国综合实力和国际地位的重要反映，也是展示国家形象、进一步提升国家影响力的重要机会。主场外交的实际效用主要包括以下四个方面：一是发挥设置议题优势，引导国际规则制定；二是通过话语权优势，传播外交理念和价值观；三是发挥邀请权优势，增加战略自由度；四是通过利益交换权优势，增加外交筹码。①

长期以来，外交主场基本上由西方国家占据，西方主要大国一直活跃在各大重要外交主场，牢牢控制国际话语权，主导国际议程设置和规则制定。21世纪尤其是2008年国际金融危机后，随着经

---

① 陈东晓：《中国的"主场外交"：机遇、挑战和任务》，《国际问题研究》2014年第5期；蔡鹏鸿：《"主场外交"与中国的全球话语权》，《人民论坛·学术前沿》2014年第24期。

济实力和国际地位的不断提升，以中国为代表的新兴市场与发展中国家逐步成为主场外交的重要组织者和推动者。2014年5月和11月，中国分别成功主办了亚洲相互协作与信任措施会议第四次峰会和亚太经合组织第二十二次领导人非正式会议；2015年9月，31位外国领导人出席中国人民抗日战争暨世界反法西斯战争胜利70周年纪念活动；2016年9月，中国成功举办二十国集团领导人第十一峰会；2017年5月，在北京举行的"一带一路"国际合作高峰论坛吸引了包括29位外国元首和政府首脑在内的来自130多个国家和70多个国际组织约1500名代表出席。领导人峰会主场外交也因此成为中国外交的特色之一，并为中国提升国际话语权和影响力奠定了重要基础。

（二）领导人峰会主场城市的选择

在非固定的领导人峰会主场活动中，比较有代表性的是二十国集团（G20）领导人峰会。自2008年举行首届G20领导人峰会至2017年，美国华盛顿、英国伦敦、美国匹兹堡、加拿大多伦多、韩国首尔、法国戛纳、墨西哥洛斯卡沃斯、俄罗斯圣彼得堡、澳大利亚布里斯班、土耳其安塔利亚、中国杭州、德国汉堡分别主办了这一峰会（见表1）。

表1 历届 G20 领导人峰会主办地

届次	时间	主办城市	城市特征
1	2008 年 11 月	华盛顿	美国首都，世界银行、国际货币基金组织、美洲国家组织等国际组织总部的所在地
2	2009 年 4 月	伦敦	英国首都，欧洲最大城市，世界金融中心

续表

届次	时间	主办城市	城市特征
3	2009 年 9 月	匹兹堡	美国东海岸连接中西部的重要枢纽城市,曾有"世界钢铁之都"之称
4	2010 年 6 月	多伦多	加拿大第一大城市,加拿大经济、金融、航运和旅游中心
5	2010 年 11 月	首尔	韩国首都,韩国的政治、经济、科技、教育、文化中心
6	2011 年 11 月	戛纳	法国文化艺术之都,戛纳国际电影节举办地
7	2012 年 6 月	洛斯卡沃斯	墨西哥旅游胜地
8	2013 年 9 月	圣彼得堡	俄罗斯第二大城市,历史文化名城
9	2014 年 11 月	布里斯班	澳大利亚第三大城市,多次举办国际盛会
10	2015 年 11 月	安塔利亚	土耳其南海岸最大城市,历史名城,旅游度假胜地
11	2016 年 9 月	杭州	中国七大古都之一,历史文化名城
12	2017 年 7 月	汉堡	德国第二大城市,重要海港和最大外贸中心,被誉为"德国通往世界的大门"

资料来源：根据网络资料整理。

在区域性的领导人峰会中，亚太经济合作组织（APEC）领导人非正式会议因该组织成员的覆盖范围广和经济地位高而倍受关注。自 1993 年首次举行领导人非正式会议至 2017 年间，APEC 分别在美国西雅图、印尼茂物、日本大阪、菲律宾苏比克湾、加拿大温哥华、马来西亚吉隆坡、新西兰奥克兰、文莱斯里巴加湾、中国上海、墨西哥洛斯卡沃斯、泰国曼谷、智利圣地亚哥、韩国釜山、越南河内、澳大利亚悉尼、新加坡、日本横滨、美国夏威夷、俄罗斯符拉迪沃斯托克、印尼巴厘岛、中国北京、秘鲁利马和越南岘港举行了 24 次领导人非正式会议。

从现有国际合作机制的领导人峰会主场地选择可以看出，领导人峰会主办地一般拥有以下几个方面的特征。

一是较强的经济和政治影响力。从历史情况来看，在一国获得领导人峰会主办权后，往往优先考虑该国的政治和经济中心。尤其是对在国际舞台上发挥重要影响的峰会并且东道国首次主办峰会，或者对于小国而言，更多倾向于将首都作为举办城市。这是跟一国首都通常拥有无可替代的政治和国际影响力、较强的经济地位分不开的。即便没有选择在首都，峰会举办地也往往选择在一国经济和政治发展过程中拥有重要影响和作用的城市。经济与政治影响力强的是一个城市发展成就的综合反映。选择这样的城市举办峰会，既有利于展现东道国的国际形象，也有利于进一步巩固和提升其国际地位和影响。

二是稳定的社会与安全环境。社会稳定、治安良好是峰会顺利举办的基本保障。由于峰会的参加人都是国家元首或政府首脑，安保级别要求高。如果社会动荡、治安环境差，甚至突发安全事件，不仅增加安保成本，还会直接影响峰会的顺利举行。例如，原定于2009年4月在泰国海滨城市帕塔亚举行的东盟与对话国系列峰会因反政府示威者冲击会场而被迫取消并推迟到10月，举办地也变更为泰国中部的差安和华欣。泰国政府为此次峰会部署了4万多名士兵，分别驻守首都曼谷以及峰会举办地，安保人数远超以往峰会。

三是良好的地理区位和基础设施条件。尽管随着交通、通信水平的提高，地理区位优势的作用有所下降，但良好的区位优势能够将峰会的效应辐射到周边区域。同时，峰会举办地需要具备相对完善的交通、卫生、通信等硬件条件和高效的治理和应急反应机制等相应的软件设施条件，尤其是机场和城市道路以及酒店和会议场馆建设方面。这是召开国际会议、吸引高素质人才和发展成为国际化大都市的基础条件。

四是一定数量的国际化人员供给。出席峰会的领导与随行代表、媒体人员往往来自不同语种和文明的国家，语言、文化和宗教背景相差较大。除了会场工作人员需要具备一定的国际语言条件和国际知识，交通运输、邮政电信、住宿餐饮、文化娱乐、医疗卫生、零售等服务业窗口都需要满足接待外国访客的语言条件和基本的国际知识储备，甚至普通民众也得具备一定的国际公民素养。

从最近几年一些国际和区域合作机制领导人峰会的举办地来看，越来越多的东道国将发展基础好、潜力大以及有特色的城市作为峰会主场，并希望借此提升举办城市的国际知名度和国际化水平。

（三）领导人峰会主场对城市国际化的积极效应

对于东道国来说，主办领导人峰会既有政治意义也有战略意义。而对于举办城市来说，成为领导人峰会主场往往能带来实实在在的利益，并为提升城市的竞争力和国际化水平带来积极效应。具体来说，这些积极作用主要表现在以下四个方面。

一是基础设施水平的提升效应。举办高层次的国际会议是对一个城市综合实力的全面考察，更是该城市基础设施建设水平全面提升的一次重要契机。为了迎接领导人峰会的举行，峰会举办地通常会加大基础设施建设的投入力度，改造和升级已有的基础设施，并推出一些新的基础设施建设项目，以满足领导人峰会的各项接待和服务要求。例如，杭州在被选为 G20 领导人峰会的举办地后，杭州市建委统筹推进市政基础设施建设项目达 85 项，包括 48 个市政道路项目（含 16 条快速路和 32 条主次干道）、32 个河道整治项目和 5 个停车场库项目。建成后，杭州的出行更为立体和便捷，并形成了"四纵五横"的快速路网。基础设施建设的快速发展大大提升了杭州城市建设的现代化水平，并将杭州的城市国际化进程大大推向前进。①

二是国际化人才的聚集效应。领导人峰会及其一系列配套活动的举行，既有利于推进本土人才的国际化，也有利于吸引国际化人才工作和投资。这一效应不仅体现在峰会的筹办期间，城市国际知名度的提升在峰会结束还会得以延续。例如，在筹备 G20 峰会期间，杭州借势 G20 峰会，着力做好人才国际化的"内育外引"，并于 2016 年首次进入"外籍人才眼中最具吸引力的中国城市"前三强，全国人才流动大数据显示杭州市人才净流入量位居全国各大城市首位。2016 年，杭州成功创建全国首家国际人力资源产业园，引进荷兰任仕达等 14 家外国专家组织和猎头机构；"2016 浙江·杭州国际人才交流与项目合作大会"新增高端外国专家（非华裔）及组织对接洽谈活动，现场签约项目 187 个，签约金额 20.5 亿元，较上年增长 6.2%。2017 年是杭州放大 G20 峰会效应、加快城市国际化的一年，该市计划引进外籍人才 1 万人次，创历史新高。②

三是就业与消费的促进效应。为筹备领导人峰会所进行的基础设施建设需要投入资金，必然会带来大量就业岗位，同时通过峰会

---

① 李媛、王川：《见证杭州城市建设的精彩蝶变》，杭州网，2016 年 7 月 6 日，http://z.hangzhou.com.cn/2016/hzcsjs/content/2016 – 07/06/content_ 6236314.htm。
② 施佳秀：《浙江杭州 2017 年计划引进外籍人才 1 万人次》，中新网杭州，2017 年 2 月 17 日，http://www.chinaqw.com/sqfg/2017/02 – 18/127309.shtml。

带动第三产业发展，也会间接增加大量就业。同时，为举办领导人峰会，通常要对峰会筹备和服务人员进行培训，这必然会提高举办城市的人才质量，继而对当地经济发展和就业带来更长远的积极影响。举办领导人峰会对当地的消费带动也是提升城市经济实力和国际竞争力的一个重要方面。领导人峰会筹办期间的商务活动、会议来往以及各种配套消费服务，以及随行人员、工作人员和闻讯而来的游客的个人消费，包括酒店、交通、旅游、健身、购物等，还会促进商家注重产品和服务质量的提升，以满足国外游客的需求。

四是国际形象的扩散效应。作为一个有国际影响力的领导人峰会的举办地，东道城市的知名度、美誉度和国际地位将会因为峰会的成功举办而得到提升。首先，能够成为领导人峰会的举办城市本身就说明该城市有比较优越的综合条件和发展环境，是对其综合条件和国际形象的一种确认。其次，峰会筹办需要增加知识型人才的培养与引进，多元文化的融合与互动，甚至对于普通民众来说，也是提升其道德素养、扩展其国际视野的机会。而国际形象的提升，并借助各国媒体的传播和扩散，对加快城市的国际化步伐有重要的推进作用。

二　金砖国家领导人会晤与厦门城市国际化的机遇

（一）厦门城市国际化的基础与愿景

近年来，厦门城市国际化水平稳步提升。2016 年，厦门国际营商环境第三方机构评估达到全球排名第 49 的水平，比上年提升 12 位，在开办企业、登记财产、跨境贸易三个方面实现显著提升。

推动"海丝"支点城市建设，着力打造"海丝"互联互通、经贸合作、海洋合作、人文交流四个枢纽，中欧（厦门）班列开行超百列，并延伸到台湾，累计货值达 14.1 亿元。[①]

在对外经济合作方面，厦门利用独特的区位优势和产业优势，推动对外贸易、投资和劳务合作不断迈上新台阶。2016 年，厦门外贸进出口总额为 5091.55 亿元，其中出口额为 3094.22 亿元，较上年下降 6.7%；进口额为 1997.33 亿元，较上年增长 8.0%。同年，厦门新批外商投资项目 1278 个，合同利用外资 75.68 亿美元，比上年增长 81.8%；实际利用外资 22.24 亿美元，增长 6.2%；全年引进千万美元项目 211 个，合同外资 66.70 亿美元，比上年增长 93.2%，其中新批项目 189 个，合同外资 59.90 亿美元，增资项目 22 个，合同外资 6.80 亿美元。截至 2016 年，累计共有 60 个全球 500 强企业在厦门投资 109 个项目，合同利用外资 33.20 亿美元，实际利用外资 25.20 亿美元。2016 年，厦门对外协议投资项目 359 个，投资额 55.35 亿美元，较上年增长 1.5 倍，其中中方投资总额为 53.38 亿美元，较上年增长 1.5 倍，实际投资总额为 29.75 亿美元，较上年增长 4.1 倍。同年，厦门实现对外承包劳务合同总金额达 1.72 亿美元，较上年增长 41.3%；实现营业额 1.9 亿美元，较上年增长 4.7%；派出各类劳务人员 13032 人，较上年增长 17.4%。[②]

在国际城市合作方面，厦门不断拓展友好城市合作范围，并形成了覆盖亚太和欧洲等地区的友好城市合作网络。自 1983 年与英

---

① 《关于厦门市 2016 年国民经济和社会发展计划执行情况与 2017 年国民经济和社会发展计划草案的报告》，厦门市人民政府网，2017 年 1 月 10 日，http：//www. xm. gov. cn/zfxxgk/xxgkznml/szhch/gmzggh/201706/t20170622_ 1693070. htm。

② 厦门市人民政府网站，http：//www. xm. gov. cn/zjxm/cyjj/201704/t20170424_ 1624463. htm。

国威尔士加的夫市结为友好城市以来，厦门市其后陆续与日本长崎县佐世保市、菲律宾宿务省宿务市、美国马里兰州巴尔的摩市、新西兰惠灵顿市、马来西亚槟榔屿州槟岛市、澳大利亚昆士兰州阳光海岸市、立陶宛考纳斯省考纳斯市、墨西哥哈里斯科州瓜达拉哈拉市、荷兰南荷兰省祖特梅尔市、印度尼西亚泗水市、韩国全罗南道省木浦市、希腊马拉松市、德国特里尔市、加拿大列治文市、塔吉克斯坦杜尚别、法国尼斯市、泰国普吉府等外国城市建立了友好城市合作关系，厦门思明区还与美国佛罗里达州萨拉索塔市建立友好城市合作关系。

未来，厦门将更加注重提升城市国际化水平。根据《厦门市国民经济和社会发展第十三个五年规划纲要》，"十三五"期间，厦门将通过拓展对外贸易新增长点、"引进来"与"走出去"并重、扩大国际合作交流、提升城市知名度等举措为城市国际化提供支撑。其中，在扩大国际合作交流方面，厦门将着力申办和引进一批国际高端会议、常态化国际知名会议展览活动和高端专业学术会议落户厦门等；在提升城市知名度方面，厦门将拓展厦港澳侨在总部、金融、航运物流、旅游会展、文化创意等重点领域合作，提升城市软实力，推进海港、空港和信息港建设，把厦门打造成为国际会展目的地、国际旅游目的地、区域金融中心、航运中心和贸易中心等。①

由此可见，厦门城市国际化不仅拥有良好的基础，也有广阔的发展潜力。正因如此，中国接任金砖国家领导人会晤主席国后决定在厦门举办第九次会晤。对厦门而言，金砖国家领导人会晤及其一

---

① 《厦门市国民经济和社会发展第十三个五年规划纲要》（2016 年 1 月 22 日市十四届人大五次会议批准）。

系列相关配套活动，将为厦门国际化带来新的战略机遇，并将推动厦门国际化水平迈上新的台阶。

（二）金砖国家合作与厦门城市国际化

金砖国家都是综合国力增长较快和经济社会发展潜力较大的新兴经济体，在国际社会上发挥了日益重要的作用。近年来，厦门与金砖国家的经济联系与城市交往日益紧密。"十二五"期间，厦门与巴西、印度、俄罗斯、南非等除中国外的其他金砖国家之间的贸易额年平均增长率为 9.7%，其中进口额年平均增长率达 14.5%。2016 年，厦门和其他金砖国家之间的贸易额达到 330 亿元；截至 2016 年底，其他金砖国家在厦门的投资项目达到 43 个，厦门到其他金砖四国的投资项目达到 11 个。近年来，其他金砖国家每年都组团参加在厦门举办的国际投资贸易洽谈会。与此同时，厦门在其他金砖四国中的"朋友圈"也不断扩大，各领域合作不断加深。2013 年，厦门已与俄罗斯滨海边疆州首府符拉迪沃斯托克、巴西第二大旅游城市伊瓜苏签署了友好交流意向书。[1] 2017 年 4 月，厦门开通了直达俄罗斯莫斯科的中欧班列。货运班列从厦门到莫斯科的运行时间仅需 14 天，较以往厦门通过多式联运前往俄罗斯节省十余天时间。直达班列开行后，为厦门与俄罗斯的商品贸易搭建起了一条快速物流大通道，极大地便利了厦门与俄罗斯之间的贸易往来。

金砖国家城市合作能够为厦门城市国际化搭建对外交流与合作平台。早在 2008 年，在金砖国家合作框架下，俄罗斯圣彼得堡市

---

[1] 陈悦、蒋涛：《厦门欲借"厦门会晤"深化改革提升国际化水平》，中国新闻网，2017 年 5 月 22 日，http://news.china.com.cn/live/2017－05/22/content_38274447.htm。

长马特维延科就倡议与巴西里约热内卢市、印度孟买市及中国青岛市联合创建了金砖伙伴城市合作机制。2011年12月，首届金砖国家友好城市暨地方政府合作论坛在中国三亚开幕，来自中国、巴西、俄罗斯、印度和南非的友好城市及地方政府官员、协会领导人和企业代表共300余人出席论坛，并共同发表《首届金砖国家友好城市暨地方政府合作宣言》，建立并启动"金砖国家友好城市暨地方政府合作论坛"机制。金砖国家都是新兴市场与发展中国家，城市建设面临很多共同的挑战和问题，加强相互之间的交流与合作不仅能够获取城市发展与建设的经验和解决问题的对策，还有助于提升与会城市的国际影响力。对于作为中国重要海滨城市的厦门来说，金砖国家城市合作是对外交流合作的重要渠道和平台。

多层次的金砖国家合作机制为厦门提供了对外交流与合作的机遇。在机制化进程中，金砖国家之间的合作不断深化，机制建设不断完善，目前已从单一层次的外长会议发展成为以首脑峰会为中心、涵盖不同领域的多层次合作机制。除了外长会晤机制，金砖国家在领导人会晤机制的总体架构下，还建立了定期举行安全事务高级代表会议、专业部长会晤、协调人会议以及常驻多边机构使节不定期沟通等多层次合作机制，各领域合作成果丰富（见表2）。在领导人会晤期间，金砖国家还举办企业家论坛、银行联合体、合作社论坛、智库会议、金融论坛、工商论坛和经贸部长会议等多种形式的配套活动。这些机制的会议通常在金砖国家的不同城市依例举行，很多配套活动都向官商学界开放。厦门此次承办领导人峰会就是直接受益于金砖国家合作机制的成立。在其他各层次的交流与合作中，厦门各界都能发挥自身优势参与其中，既为金砖国家合作机制的发展贡献力量，也为自身发展创造更多的机遇。

表 2　金砖国家主要合作领域及其成果

合作领域	牵头部门	主要机制	主要成果
财金	财政部、央行	财长和央行行长会议	推动国际货币基金组织份额改革,签署《金砖国家银行合作机制金融合作框架协议》、《金砖国家银行合作机制多边本币授信协议》和《多边信用证保兑服务协议》,成立新开发银行,建立应急外汇储备库
外交	外交部	外长会议	推动安全、气候变化、粮食合作,筹备召开第九次金砖国家领导人会晤
经贸	商务部	经贸部长会议	成立了经贸合作联络组,发表联合新闻稿
工商	贸促会	工商论坛	签署《成立金砖国家工商联络机制谅解备忘录》,发表《金砖国家工商论坛共同声明》
农业	农业部	农业部长会议、农业合作专家工作组会议	通过《金砖国家农业合作五年行动计划(2012－2016年)》,批准《金砖国家农业合作工作组工作规程》
卫生	卫生部	金砖国家卫生部长会议	发表《金砖国家关于卫生的联合公报》
城市	中国对外友协	友好城市暨地方政府合作论坛	发表《首届金砖国家友好城市暨地方政府合作宣言》
科技创新	科技部	科技创新合作高官会议	发表《联合声明》,决定成立科技创新工作组
统计	国家统计局	统计局局长会议	每年发布《金砖国家联合统计手册》
知识产权	国家知识产权局	知识产权局局长会议	通过金砖国家知识产权合作路线图
合作社	中华全国供销合作总社	合作社领导人会议	签署《金砖五国合作社联合公报》
智库	中央外联部	智库研讨会议	推动建立金砖国家成员国研究中心网络

资料来源:根据相关部门网站资料整理。

三　金砖国家领导人会晤对厦门国际化的促进作用

从历届金砖国家领导人会晤举办城市的选择可以看出，举办会晤的城市都是拥有巨大发展潜力的城市。除了 2010 年巴西和 2012 年印度将金砖国家领导人会晤地点选为首都，其他几次领导人会晤都选在城市建设方面有基础、有特色、有潜力的地方举办（见表3）。俄罗斯的叶卡捷琳堡、中国的三亚、南非的德班、巴西的福塔莱萨、俄罗斯的乌法及印度的果阿，都并非一线的国际化大都市。巴西利亚尽管是巴西首都，但也仅仅是巴西的第四大城市，并且是最年轻的国际化大都市之一。因此，中国选择在厦门举行金砖国家领导人会晤，既看重了厦门得天独厚的城市发展基础、特色和优势，更看重的是未来厦门城市国际化的巨大潜力。

表 3　历届金砖国家领导人会晤主办地

届次	时间	举办城市	城市特征
1	2009 年 6 月	叶卡捷琳堡	俄罗斯乌拉尔联邦区中心城市，重要的交通枢纽、工业基地和科教中心
2	2010 年 4 月	巴西利亚	巴西首都和第四大城市，最年轻的国际化大都市之一
3	2011 年 9 月	三亚	中国海滨城市，国际旅游胜地
4	2012 年 4 月	新德里	印度首都，政治、经济和文化中心，印度北方最大的商业中心
5	2013 年 3 月	德班	南非第二大城市，最大的港口城市
6	2014 年 7 月	福塔莱萨	巴西东北部重要海港城市，旅游胜地
7	2015 年 7 月	乌法	俄罗斯巴什基尔自治共和国首府，经济、交通、文化、宗教中心，种族多元化的城市

届次	时间	举办城市	城市特征
8	2016 年 10 月	果阿	印度人均 GDP 最高、经济增速最快的城市,旅游胜地
9	2017 年 9 月	厦门	中国经济特区,东南沿海重要中心城市、港口及风景旅游城市

资料来源：根据网络资料整理。

在 2017 年国民经济和社会发展计划中，厦门将坚持开放发展、全面提升城市国际化水平作为年度首要任务。为了保障金砖国家领导人第九次会晤的顺利召开，厦门提出了一系列战略举措和保障措施。具体来说，主要包括以下五个方面：一是全面提升办会能力，高质量完成主要会议和活动场所及配套设施的完善提升，快速提升会务服务的国际化、专业化水平，加强会议专业人才引进和服务队伍建设；二是着力美化城市环境，结合灾后恢复重建，加快市容环境、基础设施、标识体系、人文景观等的整治提升工作，加强城市管理，优化交通组织；三是切实落实会议保障，确保水、电、气和网络通信等设施保障能力，提升社会治安、安全保卫、医疗保障、食品安全等保障服务水平；四是大力培育文明精神，展示文明形象，加强公共文明立法，规范公共场所文明行为，发动引导广大市民积极参与秩序维护、洁净家园、志愿服务等文明创建活动；五是有效提升城市知名度，强化与金砖国家间的经贸往来和文化交流，开展城市营销，提升城市品牌和国际影响力。[1]

---

[1] 《关于厦门市 2016 年国民经济和社会发展计划执行情况与 2017 年国民经济和社会发展计划草案的报告》，2017 年 1 月 10 日。

　　无论是从短期还是从长远来看，通过金砖国家领导人会晤的筹办，厦门都将在城市国际化进程方面实现跨越式发展。具体来说，金砖国家领导人会晤对厦门城市国际化的促进作用体现在以下四个方面。

　　一是金砖国家领导人会晤助推厦门提升会务国际化水平。为了迎接金砖国家领导人会晤，厦门将全面提升办会能力和高质量完成金砖会晤主要会议和活动场所及配套设施的完善提升作为提升城市国际化水平的重中之重。在会务硬件建设上，厦门决定建设新的会展场馆和高端国际会议中心、国际性酒店，提高承接大型、高端国际性展览和会议的能力，尤其是满足国际会议对高级官员和中外媒体接待的标准和要求。目前，作为一个金砖国家领导人会晤的重要场馆，厦门国际会展中心已完成改造升级，能够为参加会晤的各国政府代表和媒体工作人员提供一个安全舒适的场所。其中，服务媒体的新闻中心面积达到 1.5 万平方米，划分为公共媒体的工作区域、演播室、卫星信号演播区等 15 个区域。同时，酒店、机场、火车站、城市交通等相关配套设施建设和升级，都助推厦门会展业朝国际化、高端化大幅迈进，从而打造国际会展名城、中国会展典范。今后，厦门还将加大国内外会展资源嫁接，有针对性地争取招揽引进更多优质国际会议和展览项目、境内外专业会展机构，同时注重培育国际化会展龙头企业，整合资源，推动品牌化、集团化、国际化发展，并将培育开展会展业全球营销的国际化团队和人才以及积极引进高端会展策划创意人才、营销人才和管理人才作为一项长远规划。①

---

① 张顺和：《迎接金砖国家领导人会晤厦门将建高端国际会议中心》，台海网，2016 年 11 月 8 日，http://www.taihainet.com/news/xmnews/szjj/2016 - 11 - 08/1880932.html。

二是金砖国家领导人会晤助推厦门经济发展与城市建设迈上新台阶。厦门是中国首批经济特区之一，也是深化两岸交流合作的综合配套改革试验区、"一带一路"建设的重要节点城市和自贸试验区。在这些发展战略的指引下，厦门经济发展取得了巨大成就。金砖国家领导人在厦门举行会晤，既是对厦门经济发展成就的肯定，也为厦门经济发展提供了新的动力。2017 年第一季度，厦门的地区生产总值较上年同期增长了 8.1%，增速比上年提高了 0.2 个百分点，同时作为会晤举办地，厦门的旅游业提振显著，预计全年游客容量将突破 7000 万人次。① 同时，金砖国家领导人会晤为厦门城市建设提供了新的契机。2016 年 9 月，厦门遭遇新中国成立以来闽南地区最强台风，因此，厦门将会晤筹备相关的城市建设与"莫兰蒂"灾后重建结合起来。厦门对一些基础设施和绿化工程重新进行了规划和建设，全面动工建设了 5 条地铁线路。通过灾后重建和城市补短板的项目，厦门以更加优美、整洁、有序的城市面貌迎接金砖国家领导人会晤和来自世界各国的到访者。

三是金砖国家领导人会晤助推厦门打造国际化城市品牌。从历史经验来看，高层次的国际会议对举办城市的品牌形象、会展经济、核心竞争力都有显著的提升作用。福建省委常委、厦门市委书记、2017 年金砖国家领导人会晤厦门市筹备工作领导小组组长裴金佳认为，"举办厦门会晤为进一步提升厦门的国际知名度和影响力，也为厦门进一步展示中国改革开放和现代化建设的重要成就提供了一个契机"。以此次会晤为契机，厦门将乘势而上，从以下四个方面进一步提升国际影响力，第一，打造国际一流营商环境。厦

① 《坚持节俭务实少扰民办好厦门会晤》，《厦门日报》2017 年 5 月 23 日。

门将对标世界银行的评价体系和国际一流标准来寻找营商环境中存在的问题和不足，并且认真加以解决，努力建设成为一个投资贸易便利化、法治化、国际化的示范城市。第二，在更高起点上实施"引进来"和"走出去"战略。厦门将对接全球的优质资源，大力引进一些国际机构和跨国公司进驻厦门，同时鼓励中国企业通过厦门走向世界，加强和世界的经济合作，使厦门在世界产业价值链条布局中的地位能得到进一步的提升。第三，打造国际知名的旅游会展名城。厦门将进一步引进一些在国际上比较知名的国际展会和重大赛事到厦门来举办，同时进一步利用旅游资源，特别是打造像鼓浪屿这样一个旅游品牌，进一步提升它的国际地位。第四，打造国际交流的窗口。厦门将进一步加强与世界各国文化传播与交流工作，进一步完善和打造一批国际化的学校、社区，加强与世界各国文化交流融合。[①]

　　四是金砖国家领导人会晤助推市民文明形象与国际接轨。厦门在筹备本次金砖国家领导人会晤的一个特色是坚持广泛参与。这种策略既发挥了群策群力的重要作用，更重要的是，将举办会晤作为提升市民文明形象与国际素养的一个重要依托。在会晤筹备期间，厦门发布了以"笑迎金砖客，礼仪待嘉宾；做事守规矩，为人讲诚信；家园要洁净，你我是亲邻；携手展风采，同心铸文明"为内容的《厦门会晤市民文明公约》，并在全市各行各业、市民群众中掀起一股学习践行公约争当厦门会晤文明东道主的新热潮。同时，厦门还发动市民积极投身"树文明新风，迎金砖宾客""厦门会晤，志愿同行"等志愿活动，踊跃参与公共文明提升行动，进

---

　　① 《坚持节俭务实少扰民办好厦门会晤》，《厦门日报》2017 年 5 月 23 日。

一步营造文明友善的社会氛围。通过这些活动的开展,很多市民主动参与环境卫生整治、垃圾分类处理等,通过具体行动来促进城市的文明程度进一步提升。此外,通过参与此次会晤的筹备,市民对金砖国家以及外部世界有了更多的了解,大大拓展了国际视野。此前,绝大多数市民对金砖国家知之甚少,现在很多市民对金砖国家的概况都有所了解,甚至不少市民还能从中发现投资、贸易和旅游合作的机会。

总之,金砖国家领导人会晤是最高规格的国际会议,也是厦门城市国际化进程中最具影响力的国际性大事件。目前,金砖国家领导人厦门会晤对厦门城市国际化已产生显著的促进作用,并且随着筹办会晤经验的深入总结和一系列长远规划的出台,其长期效应和深远影响将进一步显现。

附　录

附录一：瑞典哥德堡城市国际化
发展评估报告

一　前言

　　哥德堡是瑞典较大的港口，位于西海岸卡特加特海峡，与丹麦北端相望。哥德堡港口终年不冻，是瑞典和西欧通商的主要港口。哥德堡是瑞典旅游胜地之一，还建有大学、海洋学研究所及其他各种文化设施。17世纪建造的皇家住宅，1699年建造的旧市政府，18世纪中叶建造的瑞典东印度公司以及1815年建造的大教堂等名胜之地，每年都吸引着数十万国内外观光旅客。①

　　哥德堡市面积722平方公里，城区人口48万人，包括周边城市的大哥德堡地区有85万人。哥德堡是瑞典第二大城市，也是斯堪的纳维亚最重要的港口城市。哥德堡属海洋性气候，夏季凉爽，气温一般在30℃以下；冬无严寒，气温在0℃左右。哥德堡为北欧交通航运枢纽，其中心300公里半径范围内集中了瑞典、丹麦、挪威三国50%的工业。

---

　　①　刘晓丽、李敏：《国外的旅游名景》，中国社会出版社，2006。

作为瑞典西部通往外界的门户，哥德堡历史上曾是瑞典、丹麦、挪威三国兵家必争之地。瑞典人在此屡建城池，均毁于战火。1619 年，当时的瑞典国王古斯塔夫二世·阿道夫下令在约塔河口建城，以防丹麦人侵扰。随后哥德堡城防御功能渐弱，1621 年 6 月 4 日经皇家特许开埠，其外贸、运输作用凸显，遂成为瑞典木材、铁矿等物资输出港。18 世纪，哥德堡已成为欧洲商业和贸易中心，素有"小伦敦"之美称。19 世纪，哥德堡发展迅速，成为斯堪的纳维亚最大的港口和欧洲造船中心。1922 年，哥德堡设立自由港。

作为世界上重要的港口之一，哥德堡港如今有 450 多条航线通往世界各个港口。每年进出港船只达 3 万余艘。港口拥有近 20 公里长的船坞，港口分为自由港、集装、散装、滚装、汽车、客运和油港等 12 个作业区，均采用现代化计算机管理。哥德堡主要有轴承制造、钢铁、汽车、造船、木材加工、生化医药等工业，沃尔沃公司、SKF 轴承公司、哈苏相机公司、AstraZeneca 制药公司、爱立信微波系统公司、萨博－爱立信空间技术公司等知名企业均落户于此。哥德堡制造业产品出口占瑞典出口的 60% 以上，其工业产值约占全国的 20%，仅次于斯德哥尔摩。哥德堡还是世界上最大的纸浆、新闻纸交易中心之一。该地区电子、通信、航空航天等高科技、高效益新兴产业蓬勃发展，使工业结构日趋多样化。

哥德堡有著名的查尔姆斯理工大学和哥德堡大学，还有许多从事科学、技术和未来新技术的基础研究和应用研究的研究所。哥德堡城主要按荷兰建筑风格设计，从其建立之始就是一个国际化的城市，第一届市政委员会就包括 5 个荷兰人、3 个瑞典人、2 个德国人和 2 个苏格兰人。如今，城市仍保留了许多从 19 世纪以来的古迹，如证券交易所、中心火车站、大剧院、鱼教堂等。城内人工河道与自然河道、湖泊连成一体，风光秀丽，景色宜人，是去北欧观光旅游的必经之地。

哥德堡市属西哥特兰省，辖 21 个行政区。市政委员会（即市政府）由 15 名委员组成。市议会有 81 个席位，由直接选举产生，各党派按选举获票比例分配议席。现社民党、左翼党和绿党组成的"左翼集团"在市议会占多数。议长习惯上称为市长，由安·索菲·海尔曼松出任。

二 综合分析

1. 经济

由于得天独厚的地理位置，哥德堡是斯堪的纳维亚地区最大的，也是最重要的港口基地。哥德堡是瑞典东印度公司的总部，贸易和航运在 18 世纪是最重要的经济产业。之后工业发展起来。

蓝领工业的支柱地位一直维持到 20 世纪 80 年代，航运业开始走下坡路。现在哥德堡已经发展成为一个综合性高科技工业城市，沃尔沃公司是最大的雇主，另外有大批小软件公司成立起来。

2. 教育

哥德堡有两所著名大学：查尔姆斯理工大学和哥德堡大学。

查尔姆斯理工大学（Chalmers University of Technology）是欧洲顶尖的一所理工大学，成立于 1829 年。瑞典全国大约 40% 的工程师和建筑师都是该校毕业生。该校是瑞典就业率最高的大学。该校拥有强大的环境科技、IT 科技、纳米技术、生物工程、汽车工程与建筑学系，是欧洲著名的研究型大学。

在 Times 世界大学排名中，该校与 KTH 一起被列为瑞典最优秀的理工大学和斯堪的纳维亚最优秀的理工研究所之一，该校在 Times 世界大学排名理工科排名中一直保持在前百强。

哥德堡大学的前身是一所私立学院，成立于 1891 年；1907 年，学院改为大学学院；1954 年通过与一所医学院合并，哥德堡大学正式成立。牙齿系成立于 1967 年，1971 年经济学院商务法律学院被纳入此大学。1977 年，此大学改革，一大批私立学院被合并到此大学。从那时起，就课程的广度和范围讲，哥德堡大学已成为瑞典的第二大大学。

在过去的 15 年里，哥德堡大学已经建立了许多新的建筑，而且因此成为市中心重要的一部分。各专业的接近鼓励大学内部跨学科的合作。应用艺术系临近城市的文化机构；自然科学系位于 CHALMER 科技大学附近；医学系坐落于 SAHLGRENSKA 大学医学的周围。在 20 世纪八九十年代，无论是对哥德堡大学还是哥德堡市，将大学的建筑建在市中心已成为一条重要政策。

3. 交通

哥德堡的主机场为哥德堡 – 兰德维特机场，位于东面 20 公里处的兰德维特。略小一些的哥德堡城市机场位于西北方向 14 公里处。其他主要交通枢纽是哥德堡中央车站和尼尔斯·爱立信总站，来自瑞典不同地方、奥斯陆和哥本哈根的火车和汽车汇聚在那里。哥德堡还有一些轮渡航班来往于腓特烈港、基尔、克里斯蒂安桑和纽卡斯尔。

2006年10月，英国轮渡公司（现在由丹麦DFDS航运公司承担）开往纽卡斯尔的轮渡航班终止了。[①] 这条线路开始于19世纪，公司废弃线路的原因是油价上涨和来自廉价航空公司的竞争，特别是来自瑞安航空公司的竞争。DFDS海运公司的姐妹公司DFDS Tor Line，将继续把游客通过飞机从哥德堡送到英国的几个城市，不过是小容量飞机，不是私人飞机。目前还不清楚哥德堡到克里斯蒂安桑的线路是否还将维持。

哥德堡是一个货运中心，来自瑞典和挪威的火车和卡车通过哥德堡的港口将货物运往各地，它也是斯堪的纳维亚地区最大的港口，年吞吐量为3690万吨（2004年统计数据）。[②]

哥德堡电车共150公里长，也是北欧最大的有轨电车网。

4. 体育

哥德堡拥有北欧最大的室外体育场——新乌拉维体育场（NyaUllevi）。该体育场主办过许多大型体育赛事，众多音乐明星也曾在这里举办过演唱会。斯堪的纳维亚体育馆也属于北欧地区一流的室内体育场，定期举办冰球、游泳、马术等活动。

哥德堡人酷爱运动，群众健身设施较为完善。哥德堡市21个区及各居民区均设有运动俱乐部和运动场所，一般可进行篮球、羽毛球、室内足球等活动。哥德堡还有几个较大的运动健身中心，为喜爱健美的朋友们提供相应设施和服务。

5. 环境保护

2010年哥德堡城市执行委员会决定，将全面建设哥德堡中心

---

① 本地报消息："丹麦航运公司DFDS海运终止了哥德堡到纽卡斯尔的线路，也结束了瑞典到英国的唯一航运线路。"

② 统计数据来自哥德堡港口www.portgot.com。

城区 RiverCity。董事会因此宣称成立一个专业的团队来制定策略。① RiverCity 的关键词是"绿色""兼容""动态",意味着新的城市发展要关注环境、社会和经济问题,从而达到可持续。绿色空间提高环境质量,从而提供引人入胜的游憩地区,促使人们跨域社会壁垒进行交流。最终,产生一个更加有魅力的城市,为城市发展和经济增长提供基础。②

三　产业结构分析

瑞典是世界上最重要的新技术研发国家之一,在信息通信、生命科学、清洁能源、环保、汽车等领域具有强大研发实力。根据 2005 年世界各国 PCT 专利申请量的统计,瑞典占世界第九位,是世界上人均拥有发明专利和专利申请最多的国家之一。③

1. 生命科学产业

瑞典的生物科技、医学技术、医药、医疗器械、诊断设备在国际上具有重要地位。瑞典拥有影响世界的医学发明,如心脏起搏器、呼吸器、人造肾、超声波、伽马刀等,此外在系统技术、非扩散测量技术以及生物材料的研究方面,也处于世界领先地位。目前,瑞典是欧洲第四大生物技术国,在全球排名第九。如果按人均行含量以及该产业占国内生产总值比重计算的话,瑞典居全球之冠。而哥德堡为瑞典生命科学发展做出了重要贡献。

---

① Publication_ RiverCity_ ENG_ web.
② http：//www. chla. com. cn.
③ http：//eur. bytravel. cn/art/rdd/rddyscy/index. html.

瑞典生命科学产业主要集中在三个地区，第一个位于瑞典南部的哥德堡，主要以药物研发和临床为主；第二个在隆德 - 马尔默地区，以生物技术为主，拥有全国 17% 的生物技术企业；第三个是斯德哥尔摩 - 乌普萨拉地区，这是欧洲领先的生命科学产业带之一，拥有世界知名大学和研究机构，该地区聚集了全国 58% 的生命科学企业，如法玛西亚、阿斯利康、通用医疗等知名跨国公司。从行业分布来看，瑞典的生命科学产业以药物研制为主，占行业总量的 54%；其次是生物技术器材等，占 21%，这两个行业可作为中瑞合作的主要领域。

2. 汽车产业

瑞典拥有强大的汽车制造工业，重型卡车和大型客车占其生产的绝大部分。瑞典汽车制造业同时也是一个以出口为导向的产业。每年生产的商用车中，超过 90% 出口，全球市场占有率在 20% 以上。沃尔沃和斯堪尼亚是国际知名的瑞典商用车制造商，其中，沃尔沃总部就设立在哥德堡，于 1927 年创建，历史悠久，技术雄厚，市场份额大。沃尔沃集团是全球领先的商业运输及建筑设备制造商，主要提供卡车、客车、建筑设备、船舶和工业应用驱动系统以及航空发动机元器件以及金融和售后服务的全套解决方案。凭借 85 年的深厚积淀和经典传承，沃尔沃集团以"品质、安全、环保"的核心价值铸就了享誉世界的沃尔沃品牌，在世界范围内赢得了高度的信任，成就了巨大的号召力。沃尔沃集团始终将其价值理念作为思想和行动的准则，融入产品、服务、运营和企业责任行为，在为客户创造价值的同时，推动经济、社会、环境的可持续发展。

四　文化产业

1. 电视指南

瑞典电视有四个全国性频道，其中两个由国家控制，重点播出文化和教育节目，同时也报道实事评论和新闻。瑞典现正面临有线电视和卫星电视的激烈竞争，后者能提供更多的来自欧洲大陆的频道和轻松娱乐节目，美国 CNN 和英国的 SKY 新闻已变成瑞典重要的新闻频道。

2. 建筑

城市保留下来的 17 世纪的建筑已经很少了，因为除了军事和皇家的建筑外都是木头建造的①。

第一个建筑高峰时期是 18 世纪，当时的东印度公司使瑞典成为一个重要的贸易城市。这个时期建筑的一个例子是东印度公司的房子，现在是哥德堡博物馆的所在地。

19 世纪，有钱人开始陆续搬出城墙内的地区，城墙是丹麦 – 挪威联盟还是瑞典潜在威胁的时候建立起来保护城市的。这个时期建筑的风格是中产阶级喜欢的折中的、学院派的，有点过于注重装饰。工人阶级居住在拥挤的 Haga 区的木头房子里面。

从建城以来最重要的一个城市建设计划是 19 世纪 Kungsportsavenyn 街的建造。两边的建筑是城市最典型的建筑，称作 "Landshövdingehusen" 风格，造于 19 世纪末期，例如，三层楼的一座房子，一楼是石头建造的，另外两层是木头建造的。

---

① Nationalencyklopedin（NE），瑞典自然百科全书。

20 世纪早期在哥德堡的建筑历史中是一个非常重要的时期。浪漫主义风格流行，很多有纪念意义的建筑就是那个时期建造的，如 Masthugget 教堂。

在 20 世纪 20 年代早期，当城市庆祝建城 300 周年的时候，新古典主义风格的 Götaplatsen 广场奠基。

之后，哥德堡和瑞典其他城市的建筑风格转为实用主义风格，特别体现在 Västra Frölunda 县和 Bergsjön 县。20 世纪 50 年代，乌勒维体育场（Ullevi）建成，并作为 1958 年世界杯足球赛的主体育场之一。

20 世纪 80 年代，随着 Gert Wingårdh 等建筑家的出现，后现代主义的建筑逐步矗立在哥德堡。一个值得提起的建筑是 Brudaremossen 电视塔，其是世界上极少数的半钢索塔之一。

3. 体育产业

瑞典有各种丰富多样的运动广受欢迎，如冰球、篮球、手球、棒球和花样滑冰，并且拥有许多业余爱好者及专业的体育俱乐部①。

哥德堡于 1892 年举办了第一场瑞典足球赛，成为瑞典足球的发源地②。该城市的三大足球俱乐部——IFK Goteborg、Orgryte IS 和 GAIS 共举办了 34 场瑞典锦标赛③。同时 IFK 也赢得了两次欧洲

---

① Evenemang, www. goteborg. com. Göteborgs Turistbyrå. Retrieved 3 September 2015.
② Jerneryd, Roland (1981), Hur idrotten kom till stan：Göteborgs idrottshistoria 1800 – 1950. Göteborg förr och nu, 0348 – 2189 ；15 （in Swedish）. Gothenburg：Göteborgs Hembygdsförbund. p. 154. LIBRIS 305172.
③ "Swedish champions since 1896", www. svenskfotboll. se. Swedish Football Association, Retrieved 3 September 2015.

联盟杯①。

这个城市最著名的体育场馆是 Scandinavium②、Ullevi（适用于户外运动）和最新建立的 Gamla Ullevi③（足球）。

2003 年世界多方面的速度滑冰锦标赛在 Rudhallen 举行，瑞典只有室内速度滑冰竞技场④。Ruddalens IP 的一部分，也有传播领域和几个足球场。⑤ 唯一的瑞典的世界重量级拳王英格马·约翰逊也来自哥德堡⑥。

4. 旅游

古斯塔夫阿道夫广场（Gustaf Adolfs Torg），位于哥德堡市中心。广场中间有哥德堡城的建造者瑞典国王古斯塔夫阿道夫的雕像。广场西边是完工于 1673 年的市政厅。

小博门码头（Lilla Bommens Hamn），哥德堡旧码头所在地。码头上停泊着维京号四桅白色帆船。码头旁高 86 米，红白相间的 Utkiken 塔楼，是哥德堡最高的建筑。

哥塔广场（Götaplatsen），是哥德堡的文化中心。广场中间有瑞典著名雕塑家米勒斯的作品希腊海神波赛冬雕像。广场周围的教

---

① Jump up ^ UEFA Cup. Rec. Sport. Soccer Statistics Foundation （RSSSF），18 May 2007，Retrieved 3 September 2015.

② Scandinavium Arena，www. goteborg2013. com，go：teborg 2013，Retrieved 3 September 2015.

③ Jump up ^ Gamla Ullevi，Higabgruppen，website （Swedish） http：//www. higab. se/fotbollsarenan/default. asp.

④ TT （8 February 2007），" Ny tävlingsdräkt ska ge medaljplats i skridsko - VM "，www. expressen. se. Expressen，Retrieved 3 September 2015.

⑤ Jump up ^ Ruddalens IP （plan），www. svenskfotboll. se. Swedish Football Association，Retrieved 3 September 2015.

⑥ Jump up^ Litsky，Frank （31 January 2009），" Ingemar Johansson，Who Beat Patterson for Heavyweight Title，Dies at 76 "，www. nytimes. com. The New York Times，Retrieved 3 September 2015.

主多为 1923 年世博会时所建。

阿尔弗斯城堡（Älvsborgs Fästning），在哥塔河出海口的小岛上。城堡建于 16 世纪末，用于哥德堡的军事防卫，18 世纪改为监狱。城堡里有一个小教堂，经常有人在这里举行婚礼。从小博门港有渡船前往阿尔弗斯城堡，大约需要 30 分钟。

5. 音乐

哥德堡有丰富的音乐资源。哥德堡交响乐团演奏的古典音乐举世闻名。乐队也很多，如 Soundtrack of Our Lives 和爱司基地代表了城市的流行音乐。

哥德堡的死亡旋律金属音乐也很有名气，甚至被称作"哥德堡之声"。哥德堡的死亡旋律金属音乐之所以独一无二是因为它非常优美，并改进了吉他的节奏和和弦，清澈的歌声让人回味，取代了以往的死亡金属那种低沉混浊的声音。哥德堡自己的乐队 At the gates、In Flames 和 Dark Tranquillity 是这种音乐风格的代表。哥德堡的金属音乐影响了大量的欧洲的甚至全球的金属乐队，包括芬兰、美国和加拿大。

五　文 化 活 动

1. 文化

不言而喻，海、贸易和工业历史是哥德堡文化的组成部分。城市最吸引人的地方是里瑟本游乐园，这个乐园是全球十大游乐园之一，以全世界最陡峭的木质过山车而闻名。

1923 年的哥德堡工业展见证了艺术博物馆和一大批相关机构的成立。而大批运动中心和文化机构的建立使城市的文化活动的地位越来越重要。城市里面还有很多免费的剧院如哥德堡城市剧院等。

每年举办的哥德堡电影节，是斯堪的纳维亚地区最大的电影节。

2. 博物馆

瑞典大多数文化机构、医院和大学是由当地的一些商人和企业家捐助而建成的，例如，Rohsska 博物馆①。Aeroseum 博物馆，位于哥德堡机场附近，之前是一个空军军事基地，现建成了飞机博物馆②。沃尔沃博物馆则展示从 1927 年到现在沃尔沃的历史和发展。产品展示包括汽车、卡车、船用发动机和公共汽车等③。

3. 美食和咖啡

由于紧邻海边，哥德堡有很多顶级的海鲜餐馆。哥德堡还拥有不少顶级主厨，在过去的几十年里一共有 7 位哥德堡的主厨夺得了瑞典年度主厨大奖。最出名的购买新鲜食材的地方是 Feskekôrka，一个室内的鱼市场，建筑的外观与哥特式教堂很相像。2006 年，有 4 家餐馆被《米其林指南》杂志评为星级餐馆④。

哥德堡也许是全瑞典咖啡馆最集中的城市，城市中心有大量的学生有喝咖啡的传统习惯。咖啡馆的数量在 20 世纪 90 年代大幅度增长。

---

① Caldenby, Claes (1979), Byggnader i Göteborg, Gothenburg: Sektionen för arkitektur, Chalmers tekniska högskola. p. 8.

② Jump up^ "Aeroseum", www.goteborg.com, Göteborgs Turistbyrå, Retrieved 29 August 2015.

③ Jump up^ "Volvo museum", www.volvomuseum.com, Volvo museum, Retrieved 29 August 2015.

④ Info on the Festival site.

4. 节日和重要事件

哥德堡电影节是斯堪的纳维亚半岛最大的电影节[①]。哥德堡书展在每年 9 月举行[②]。

哥德堡国际科学节是全欧洲享有盛名的通俗科学节，科学节的宗旨是用生动有趣的方式向全社会，尤其是青少年普及科学知识，宣扬科学的探索精神，从而促进全社会尊重科学研究，吸引更多的年轻人致力于高等教育和研究去。这个节日每年大约有 100000 人参观[③]。

六 宜居城市

哥德堡坐落在瑞典的西海岸卡特加特海峡，是瑞典最大的河流——约塔河的出海口，全市人口约 80 万人，是一座风光秀丽的海港城。哥德堡港终年不冻，成为瑞典和西欧通新风气主要港埠。因为哥德堡地处哥本哈根、奥斯陆和斯德哥尔摩三个北欧国家首都的中心，有 450 多条航线通往世界各地，是北欧的咽喉要道，在它方圆 300 公里以内是北欧三国工业最发达的地区，是北欧的工业中心，素有"小伦敦"之美称。

[①] "Göteborg International Film Festival 2008: Göteborg International Film Festival", Web. archive. org, Archived from the original on 24 January 2008, Retrieved 25 July 2009.

[②] Jump up^ "Göteborg Book Fair", www. svenskamassan. se, Swedish Exhibition and Congress Centre, Retrieved1 September 2015.

[③] Vartgoteborg. se-Världsrekordförsök inleder Göteborgs tolfte vetenskapsfestival, Vårt Göteborg, 11 April 2008.

七 港口建设

(一) 瑞典最大的港口——哥德堡港

1. 概况①

哥德堡港位于北纬 57°42′、东经 12′，在瑞典西海岸耶塔河口，隔卡特加特海峡与丹麦奥尔胡斯（ARHUS）港相对。哥德堡是斯堪的纳维亚运输中心，可达半径大约为 300 公里的地方，是瑞典及挪威的一部分及丹麦的全部工业地区。有 5 条铁路线、3~6 条高速公路以及与哥德堡连接的国家公路 40~45 条。班轮可通丹麦的排德烈港（Frederivi Kshawn）、西德的基尔（Kiel）、荷兰的阿姆斯特丹（Amsterdam）和英国的菲利克斯托（Felixstowe）。有 50 个航运公司与哥德堡港经常联系。由于世界航运的发展，船舶大型化、专业化、集装箱化，哥德堡港已停用了大批哥德河两岸旧的内港杂货泊位，仅保留开放的自由港，这是西、北欧各港的一个共同的发展趋势，即一方面扩建新的深水港区，另一方面大批停用或改造旧的浅水港区。哥德堡港进口以煤炭、矿产、石油、钢铁、金属、机械、棉花为主。出口以纸张、木制品、钢铁、机械、化工为主。哥德堡港所处地理位置很重要，加上它又是个运输中心，所以能吸引较多的顾客。

---

① 元林：《瑞典最大的港口——哥德堡港》，China Academic Journal Electronic Publishing House，2014（9），pp. 21 – 23.

2. 几个港区及码头情况

（1）斯堪的纳（SKANDIA）港区

斯堪的纳港区是哥德堡港最大的、最重要的港区，自 1966 年使用以来，装卸所有的斯堪的纳维亚地区的成组专货，运往世界各地。它可与世界上其他重要的港口相比美。码头岸线总长 3.5 公里，共有 20 个泊位，码头水深 13.0 米（有可能加深至 14.0 米），有 13 个斜坡道可供滚装运输作业之用，有 400 辆不同规格形式的叉车、索引车和底盘车。

①斯堪的纳码头

斯堪的纳集装箱码头，吞吐量为 15 万箱/年。码头岸线长 1600 米，有 5 台集装箱起重机。堆场约 50 万平方米，设有 3 台轮胎式龙门起重机，可跨三排箱子，起重量为 30 吨。轨道式龙门起重机 2 台，为装卸火车运来的集装箱之用。该码头的大门及检查桥为纵向布置，在大门口处检查箱子。箱子放在底盘车上，用索引车拖至码头上装船。该码头当时（1979 年）尚未安装汽车磅，准备日后增设。码头内设有集装箱修理间、集装箱交接库（面积为 1000 平方米）及设备维修车间（面积为 2016 平方米，高 12 米），跨运车可以进库修理。集装箱采用电子计算机管理。每天两班制，每班 150 人。

②艾尔夫斯堡（ALVSBORG）码头

艾尔夫斯堡码头是一个现代化的滚装运输码头，它不设起重机。该码头分为两部分，西部为短途海上运输服务，东部为远洋运输服务。有两条铁路伸进码头区内，站台长 260 米，该码头年吞吐量为 100 万吨。码头岸线长 1050 米，水深 13.0 米，设有 30 吨跨运车 5 辆、42 吨叉车 10 辆、30 吨叉车 16 辆、18～25 吨叉车 19

辆、16 吨叉车 6 辆、12 吨叉车 12 辆、1.5~10 吨叉车 114 辆、4 吨前置式叉车 5 辆、5 吨 MF 叉车 2 辆、索引车 53 辆、拖车 460 辆。码头区内设置永久仓库 12000 平方米，临时仓库 8 座，每座为 80 米×42 米。临时仓库的结构形式为可移动的半圆拱形，可抗 60 米/秒风压，用塑料布制成并可防雨。库内设有采暖及空调设备，冬季库内温度为 12~16℃。

（2）自由港（FREE PORT）

自由港是哥德堡港口的一部分，便于普通的班轮来往集中，有特别的设备为装卸新鲜水果和其他易腐的货物。有方便的铁路联系，以及高速公路连接等交通设施。共有 15 个杂货泊位，并设置门式起重机 44 台，仓库 12 座。

（3）伐吉阿斯（FARJENAS）码头

该码头是一个木屑码头，通过栈桥上的皮带机将木屑输送至堆场。堆场面积为 2 万平方米。木屑被用作纸浆工业的原材料。

（4）沙尼格坦（SANNEGARDEN）码头

该码头是一个运输场的码头。

（5）林都候门（LiNDHOLMEN）码头

该码头是 ABVoLVo 租用的，用作小汽车出口运输，可至美国的西海岸和南海岸以及中东和远东等地区。

（6）梅产比（MAJNABBE）码头

该码头是一个开展旅客和货物运输的轮渡码头，船舶来往于瑞典与西德之间。

（7）斯天阿（STENA）码头

该码头是一个开展旅客和货物运输的轮渡码头，船舶来往于瑞典与丹麦之间。

（8）托尔（TOR）码头

该码头是一个开展旅客和货物运输的轮渡码头，船舶往返于瑞典与英国、荷兰港口之间。

（9）托尔斯（TORS）码头

该码头是一个水深 20 米、能容纳 225000 吨油轮装卸原油的码头。原油装卸是用油轮上的油泵通过管线将原油输送至油罐中。为了防火，它有一套现代化的消防设备。

（10）斯卡拉威克（SKARVIK）港区

该码头是斯堪的纳维亚最大的原油产品进出口基地。国内集散采用油罐车和卡车运输。码头水深 13.0 米，可停靠 4 万吨油轮。

（11）梁（RYA）港区

最大能容纳 2.5 万吨满载油轮，品种为原油和化工产品，水深 10.0 米。

3. 港口组织与经营管理

哥德堡港设有城市管理委员会。该委员会中有两名代表负责管理港口，提供港口设施，负责航道、港池、码头、仓库、装卸设备、路面、铁路及其他设施的建设。港口当局有 80% 的股份有城市参与，港口计划由城市委员会决定，因此，港口当局能与城市密切合作。

港口装卸任务由哥德堡的装卸公司负责。在 1976 年以前，哥德堡原由若干个装卸公司分别承担各码头的装卸任务，自 1976 年起已联合起来成立一个总公司（装卸有限公司 STUVERIAB）。港口当局不接受国家和城市的补助，全部建设均由港口自行筹划或银行贷款（利息 8.5%～10%），偿还年限 10～25 年，因此港口当局在建设方面考虑得特别谨慎，以求获利。

八 智慧城市

1. 中欧绿色和智慧城市颁奖仪式

2016 年 12 月 10 日，由中国城市和小城镇改革发展中心、法国展望与创新基金会主办，深圳市政府协办的"中欧绿色和智慧城市峰会"在深圳开幕。来自巴黎、米兰、赫尔辛基、蒙彼利埃、弗里堡等 60 个欧洲城市和多个中国城市共近百个城市代表团参会，分享经验、案例，探讨合作机遇①。

中欧绿色和智慧城市先行奖：

欧洲：哥德堡市、米兰市、列日市、布达佩斯市、蓬特韦德拉市。

中国：江西省鹰潭市、江苏省徐州市、安徽省淮北市

2. 瑞典哥德堡市首条电动巴士线 55 路运行一年成效显著

2016 年 6 月 22 日，瑞典哥德堡市的首条电动巴士线 55 路投入运营一年②，共有 120 万多名乘客搭载，运行结果远超预期。电动巴士和巴士站技术运行稳定，广受司机及乘客好评。55 路巴士线是"电动城市"合作项目的阶段性成果，而全球信息及通信技术供应商爱立信公司也加入该项目。

55 路于 2015 年 6 月正式投入运行，巴士线上的三辆纯电动巴士及七辆插电式混合动力巴士全部由沃尔沃客车提供。车上配有车载 WiFi 和手机充电设施。巴士可在总站运用可再生电力设施快速充电。

---

① http：//www. nmg. xinhuanet. com.

② http：//c. 360webcache. com/c？m＝fde9011b0afadd7f7ae55581f3dbe11d&q＝哥德堡智慧城市 &u＝http％3A％2F％2Fsmartcity. juhangye. com％2F201606％2Fnews＿11397711. html。

巴士运营商法国凯奥雷斯集团（Keolis）的调查显示，巴士司机也一致反馈低噪音是电力驱动的车辆最大的优势之一，不仅显著改善其工作环境，也提高了乘客体验。同时，电动巴士还安装了路面管理装置，可以自动根据不同路面情况调整速度，更加主动和安全。

作为哥德堡市首条电动巴士线，55 路展示了最新的科技进步及日新月异的交通解决方案。来自沃尔沃集团、凯奥雷斯及 Västtrafik 对于巴士及充电基础设施收集的数据显示，电动巴士的充电功能、准时性及服务都超出之前预定的目标。

沃尔沃集团首席可持续发展官兼副总裁古天成（Niklas Gustafsson）表示："测试结果表示电动巴士技术已经成熟，可以进行广泛推广。电力驱动为城市的公共交通发展提供了新的可能，让城市朝着可持续发展的方向迈进，提高交通安全性，降低噪音，降低空气污染。"

在电动巴士线 55 路成立一周年之际，全球信息及通信技术供应商爱立信正式成为哥德堡"电动城市"项目的合作伙伴。爱立信行业与社会业务部主管 Orvar Hurtig 表示："55 路巴士已连接到了我们的平台上，使我们的研发人员可以获得数据以开发更多的智能应用。现在，我们作为'电动城市'项目的合作伙伴，将与其他合作伙伴一起开发测试适用于智能城市实际生活的可持续交通解决方案。"

参考文献

刘晓丽、李敏：《国外的旅游名景》，中国社会出版社，2006。

统计数据来自哥德堡港口 www. portgot. com。

Publication_ RiverCity_ ENG_ web.

http：//www. chla. com. cn.

http：//eur. bytravel. cn/art/rdd/rddyscy/index. html.

Nationalencyklopedin（NE），瑞典自然百科全书。

"Evenemang"，www. goteborg. com，GöteborgsTuristbyrå，Retrieved 3 September 2015.

Jerneryd，Roland（1981），Hur idrotten kom till stan：Göteborgs idrottshistoria 1800 – 1950，Göteborg förr och nu，0348 – 2189 ；15（in Swedish ），Gothenburg：Göteborgs Hembygdsförbund. p. 154. LIBRIS 305172.

"Swedish champions since 1896"，www. svenskfotboll. se. Swedish Football Association，Retrieved 3 September 2015.

Jump up ^ "UEFA Cup"，Rec. Sport. Soccer Statistics Foundation（RSSSF），18 May 2007，Retrieved 3 September 2015.

"Scandinavium Arena"，www. goteborg2013. com，go：teborg 2013. Retrieved 3 September 2015.

Jump up^Gamla Ullevi，Higabgruppen，website（Swedish）http：//www. higab. se/ fotbollsarenan /default. asp.

TT（8 February 2007），"Ny tävlingsdräkt ska ge medaljplats i skridsko – VM"，www. expressen. se. Expressen，Retrieved 3 September 2015.

Jump up ^ "Ruddalens IP（plan）"，www. svenskfotboll. se，Swedish Football Association，Retrieved 3 September 2015.

Jump up^Litsky，Frank（31 January 2009），"Ingemar Johansson，Who Beat Patterson for Heavyweight Title，Dies at 76"，www. nytimes. com，The New York Times，Retrieved 3 September 2015.

Caldenby，Claes（1979），Byggnader i Göteborg. Gothenburg：Sektionen för arkitektur，Chalmers tekniska högskola. p. 8.

"Museer"，www. goteborg. se. Gothenburg Municipality，Retrieved 29 August 2015.

Jump up^ "Aeroseum"，www. goteborg. com，Göteborgs Turistbyrå，

Retrieved 29 August 2015.

Jump up ^ "Volvo museum", www. volvomuseum. com, Volvo museum, Retrieved 29 August 2015.

Info on the Festival site.

"Göteborg International Film Festival 2008: Göteborg International Film Festival", Web. archive. org, Archived from the original on 24 January 2008, Retrieved 25 July 2009.

Jump up ^ "Göteborg Book Fair", www. svenskamassan. se, Swedish Exhibition and Congress Centre, Retrieved1 September 2015.

vartgoteborg. se-Världsrekordförsök inleder Göteborgs tolfte vetenskapsfestival, Vårt Göteborg, 11 April 2008.

Jump up ^ goteborg. com-Festivalens hemsida at the Wayback Machine Machine (archived 1 November 2006).

元林: 《瑞典最大的港口——哥德堡港》, China Academic Journal Electronic Publishing House. 2014 (9). 21 - 23。

http: //www. nmg. xinhuanet. com.

http: //c. 360webcache. com/c? m = fde9011b0afadd7f7ae55581f3dbe 11d&q = 哥德堡智慧城市 &u = http% 3A% 2F% 2Fsmartcity. juhangye. com% 2F201606% 2Fnews_ 11397711. html。

附录二：欧洲智慧城市介绍及案例

自 IBM 首先提出"智慧地球"这一概念后，"智慧城市"应运而生。智慧城市既是构建智慧地球的基础组成部分，又有利于培育和发展战略性新兴产业，创造新的经济增长点。近年来，以欧洲为代表的发达国家在许多城市都展开了智慧城市规划与建设。截至 2013 年底，我国智慧城市试点已达 193 个，预计总投资规模近万亿元。随着物联网技术的应用，它在智慧城市建设中的作用也得到了广泛关注。这里本文将介绍欧洲智慧城市的计划路线图和物联网在欧洲智慧城市建设中的应用情况，以期为我国相关领域的研究提供一些的经验与借鉴。

一 欧洲智慧城市发展蓝图

欧洲的智慧城市建设起步较早，建设智慧城市将会是欧洲实现可持续发展以及经济复兴至关重要的一步。欧盟委员会在其《欧洲数字化议程》中将智慧城市视为健康、环境以及商业等领域的创新驱动力。

欧洲智慧城市建设围绕六大主题展开——智慧经济（Smart

Economy）、智慧公众（Smart People）、智慧管理（Smart Governance）、智慧移动（Smart Mobility）、智慧环境（Smart Environment）、智慧生活（Smart Living）。其中，智慧经济主要围绕各地的经济竞争力，包括创新要素、创业、商标、生产效率、劳动力市场的灵活性以及全球市场一体化；智慧公众不仅包括市民的受教育程度，同时也受公共生活及社会的互动性和开放性影响；智慧管理包括政府参与的为公民服务的各方面管理运作；本地和国际的交流互通性、信息和通信技术的共享以及可持续的运输系统是智慧移动的重要方面；智慧环境包括宜人的自然条件（气候、绿化等）、环境污染治理以及对环保工作的努力；智慧生活包括生活质量的各个方面，如文化、卫生、安全、住房、旅行等。

2000年，英国南安普顿市启动了智能卡项目，拉开了欧洲智慧城市建设的序幕。2005年，卢森堡市金融业、电子商务等产业形成智慧化发展趋势。2006年，瑞典斯德哥尔摩市开展了颇具代表性的智能交通建设实践。

自2007年起，丹麦奥胡斯与哥本哈根、意大利萨莱诺、荷兰鹿特丹和阿姆斯特丹等城市也相继启动了智慧城市建设。2009年欧盟制订了欧盟绿色信息通信技术发展计划（Green ICT Action Plan of EU）以及欧洲电网计划（The European Electricity Grid Initiative 2010 – 2018），以区域性战略和创新打造智慧城市建设基础。同年，欧洲智慧城市计划（European Initiative on Smart Cities）给出了2010～2020年的"计划路线图"（Indicative Roadmap）。

2011年，欧盟推出"智慧城市和社区计划"（Smart Cities and Communities Initiative），着眼于未来城市能源高效利用的智慧城市和社区建设倡议，充分调动市民、企业以及科研机构的参与热情。

欧盟的智慧城市建设不局限于大城市，一些中小城市甚至是边远地区也被包含在智慧城市的建设主体中。

2012 年 7 月 10 日，欧盟委员会启动"智慧城市和社区欧洲创新伙伴行动"（Smart Cities and Communities European Innovation Partnership，简称 SCC - EIP）。SCC - EIP 旨在促进城市智能技术的大力发展。通过对能源、交通以及信息通信技术等领域的集中调研，推广相关先进技术并在特定城市展开示范项目，项目范围覆盖高效供热（冷）系统、实时能源管理、智能仪表、零排放建筑、智能交通等方面，进而促进绿色经济和知识经济的发展，推动城市生产和生活方式的转型。

2013 年起，欧盟对 SCC - EIP 预算已从 8100 万欧元提高到 3.65 亿欧元，此外，受到计划资助的每个示范项目必须同时囊括能源、交通和信息通信技术三大产业领域，以发挥协同效应。

2014 年，欧盟计划成立由相关领域的创新型企业负责人、市长以及来自欧盟及其成员国的相关管理人员和金融机构官员组成的委员会，负责"智能城市和社区欧洲创新伙伴行动"的实施工作，制定优先领域和工作计划，并面向企业发布项目招标信息。

欧洲的智慧城市建设体现出欧洲渴望建设智慧、绿色、可持续发展的新型城市形态的愿景。智慧城市建设更是欧洲振兴经济的重要举措和途径之一，但它离不开新兴高科技的全方位支撑和应用。

二　欧洲物联网应用案例

1. 智慧建筑

荷兰首都阿姆斯特丹通过"智慧城市"计划（Amsterdam

Smart City，ASC），在智慧建筑领域加强数字监控设施的市政办公楼建设，借助无线传感器网络和无线局域网技术对建筑实施全方位的安全监控。按照欧洲智慧城市计划的"2010－2020 计划路线图"，欧洲的智慧建筑将在 2017 年前后出现可广泛推广的典型。

2. 智慧交通

素有"自行车之城"之称的丹麦首都哥本哈根不断完善已有的智能交通系统。在该市最繁忙的诺尔伯格大道上建造了两条环保自行车高速公路，有效地缓解了交通拥堵现象。第三条自行车高速公路建设也于 2012 年启动。同时，政府大力完善沿途配套设施，如建立服务站点，提供便捷修理工具等。此外，自行车把手上应用了射频识别技术（RFID）或是全球定位系统（GPS），汇聚成"自行车流"。通过信号系统保障出行畅通。智慧交通也是欧洲智慧城市计划中自始至终的关键环节和重视领域。

3. 智慧医疗

欧盟的智慧医疗主要案例包括以下几个。①The Continua Health Aliance（康体佳健康联盟）：该组织成立于 2006 年，整合了医疗组织和相关科技公司，致力于通过医疗及技术领域的合作提高个人的医疗质量，该组织启用了蓝牙（Bluetooth）低功耗无线协议，用于低功耗移动设备和基于 ZigBee 技术的网络化低功率传感器设备，以此提高远程医疗的服务质量。②The Health Level Seven Standard（健康水平七标准），即 HL7：规范了电子数据及健康信息的共享框架，为组织和个人使用医疗应用信息提供了极大便利。名称来自健康环境 OSI 通信协议的第七层（应用层）。③The Health @ Home（健康之家）：该项目旨在为患有慢性器官衰竭症的病人提供基于可穿戴传感器设备的医疗健康服务。医护人员可通过患者身上的传感器设备，远程监控患者的心脑血管相关参数，以便在紧急时刻提供及时的医疗服务。④Brave Health：欧盟第七框架计划（EP7）集成项目之一，该项目设计以患者为中心，为患者提供远程监控心血管等疾病的解决方案，预防恶性事件的发生。⑤epSOS：旨在为欧洲大部分国家设计、构建和评估跨境互通电子健康记录系统，以提高安全医疗服务质量。当患者旅行到欧洲成员国时，可实现异地安全访问病人的健康记录。

4. 智慧市政

挪威的利勒桑专注于在行政管理流程上扩大 ICT（信息与通信技术）的使用，并引入数字形式和工作流程序设计作为工具，助力智慧市政建设。

5. 智能电网

位于芬兰北部的奥卢建成能源消耗监测系统，通过移动智能终端设备，用户可以远程读取住宅里的大多数仪表数据，并可以据此测量住宅每天甚至每小时所消耗的能源情况。

6. 智慧物流

欧洲是引进"物流"概念较早的地区之一，而且也是较早将现代技术用于物流管理的先锋。欧洲的大部分物流企业信息交换采用 EDI 系统，产品跟踪应用了射频标签技术（RFTags），信息处理广泛采用了物联网和物流服务方提供的软件。德国不来梅市货运中心较早应用了基于二维码技术的智慧物流解决方案，实现了货物运输的全过程跟踪，消除了数据的重复录入，加快了货物运输的数据处理速度，降低了对计算机网络的依赖程度，从而实现了物流管理和信息流管理的完美结合。

7. 智能家居

Z-Wave 是一个专用无线通信协议，适用于家庭自动化中的遥控应用。Z-Wave 设备可将低功耗 RF 无线电设备嵌入或改装成家用电子设备（包括电池供电的设备，如遥控器、烟雾报警器和安全传感器），对家居环境进行智能监控。

8. 智慧旅游

德国的不来梅港利用"七项框架计划项目"资助的"未来欧洲总线系统"项目，借助物网技术、固定和移动的（如公交车）无线访问点为游客提供适时的出行信息，提升游客旅游体验。

9. 其他应用

购物、生产制造和装配、航空行李处理、文档追踪/图书馆管理、动物身份标识、运动计时、门禁控制、电子门票、道路自动收费等方面，物联网也有很广阔的应用前景。卢森堡在欧盟委员会发布的《欧盟智慧城市报告》中位居第一，该城市在打造"智慧城市"的进程中将物联网等信息技术运用于政府、企业及公民生活的众多领域，是欧洲智慧城市建设的典范。

三 欧洲智慧城市建设的经验借鉴

1. 鼓励多方协同参与

在欧洲的智慧城市建设中，政府起主导作用，相关政策的制定、基础设施的投资、相关技术框架和规范与标准的制定、指标评价体系的制定等都离不开政府的积极主导。但是对于智慧城市这一庞大复杂的建设体系，没有企业、学术机构与城市居民等其他外部力量的有效协同参与是难以完成的。欧盟建立的"Living Lab"就是一个强调以用户为中心，充分调动多方智慧和创造力的模式。它通过科研机构、政府组织以及广泛的企业网络为欧洲智慧城市建设提供相关服务。

2. 重视战略规划与建设布局

战略规划应重视发展的连续性，城市形态相继从"数字城市"发展到"智能城市"再到"智慧城市"，存在一定的连续性和差异性。智慧城市的建设需要平稳推进，从经济性的角度考虑，应避免急于求成和盲目引用最新技术和先进智能设备。建设布局中，基础设施的匹配性、建设目标的可度量性以及建设的优先级问题都应给予重视。如巴塞罗那为提供合适的基础设施，对城市无线网络有效使用，对管理进行优化；曼彻斯特智慧城市建设中暴露出当地网络不足问题，显示建设布局的失利。扩充资金来源。政府预算资金较为有限，为保证政府在智慧城市建设中基础设施以及公共服务的效率与质量，需制定相应的配套措施来鼓励和吸引非政府资金参与智慧城市建设（如 PPP 模式）。巴塞罗那的"22@Barcelona"项目，市政府和西班牙电信运营商 Telefónica 共同开发了一种多管道光纤系统，最终收效明显，双方均得利。

3. 重视技术研发和技术标准体系建设

智慧城市是以物联网、云计算为主的新一代信息技术全面应用的体现，也是这些技术的核心载体。因此，物联网和云计算领域的相关技术是智慧城市建设的技术支撑，与此相关的技术研发、技术应用、技术推广应受到高度重视。一些先进技术如物联网技术应用潜力大，但在我国的发展时期较短，技术的标准化程度若不高，则会给物联网各种技术的融合造成难度。故建设资源共享、互联互通、统一规范的相关技术标准体系十分重要。

4. 关注绿色与可持续发展

智慧城市建设对绿色与可持续应给予充分的关注。在绿色上，重点关注如何提高不同行业领域的能源、资源使用效率以及减少二氧化碳的排放；在可持续上，在打造智慧城市中，必须有一个整合各方面的方案，需要将城镇规划、能源规划等统筹起来。零碳排放的绿色建筑和绿色能源基础设施项目，以及清洁可持续的能源支持应是智慧城市建设的重点。

附录三：欧盟信息化发展和案例综述

欧盟非常重视信息社会的测度理论研究和实践，每一个阶段的信息社会战略计划都有相应的测度体系与之配合。本文讨论了i2010的测度体系，欧洲数字进程（A digital agenda for Europe）及其测度和相关欧盟信息化案例综述。

一 欧盟的信息社会建设和信息化政策

自20世纪90年代以来，欧盟围绕实现经济社会发展的重大目标，制定了一系列信息社会发展战略和行动计划。1994年即强调利用信息技术来建设信息社会。1999年，欧盟提出eEurope行动计划，将扩大互联网普及率作为主要目的；随后，欧盟的eEurope 2002计划（2000年）提出通过降低资费、网络互联、对公众进行信息技能培训等手段，来鼓励政府、企业和公民利用网络开展经济和社会活动；2002年，欧盟发布"eEurope 2005"，该计划关注发挥信息技术对经济增长的作用，鼓励公共及私人部门利用网络创新应用和提供服务，从而创造新的市场，降低成本，最终提高劳动生产率；2005 年，欧盟推出了与"里斯本战略"相呼应的全面信息社会战略"i2010"，战略期为 2005～2010 年，旨在促进欧盟内部信息经济的发展，使信息社会成为绝大多数欧洲人的一个经济现实和社会现实。2010 年发布"欧洲数字化议程"，与以往的欧盟信息社会发展战略一脉相承，勾勒出未来 10 年欧盟信息社会发展需要实现的目标。

二 建设信息社会基础设施

欧洲信息社会的提出始于欧盟 1993 年发表的"成长、竞争力与就业白皮书"；1994 年，欧洲理事会提出"充分利用信息社会提供的可能性和机遇"来发展欧洲经济、提高竞争力和就业率，强调利用信息技术来建设信息社会。欧盟委员会也同时提出了一份行动方案——欧洲通向信息社会之路。1995 年的欧洲首脑会议上，理事会强调信息通信技术的重要性，提出扩建基础设施、实现通信现代化、建设信息高速公路和多媒体网络以及远程教育和工作等。1997 年，欧洲理事会在推动信息通信技术（Information Communication Technology，简称 ICT）发展的基础上，提出了建设知识型信息社会，旨在通过发展教育、开放式网络及其设备的利用促进欧洲增长和就业。1999 年，提出实施 150 亿欧元的欧共体第五框架计划，希望欧洲能够在信息社会中扮演领导者的角色。在新旧世纪交替之际，欧洲走上全面建设信息社会的道路。在里斯本战略提出之前，欧盟的 ICT 产业已具备相当好的基础。ICT 设备和服务业在欧洲已成为独立的重要经济部门，在 20 世纪 90 年代末期已占欧盟 GDP 的 8%、就业的 6%。该行业的研发支出占到整个欧盟研发支出的 18%。此外，它也是一个高生产力的行业，1996 ~ 2000 年年均生产力上升 9%。1995 ~ 2000 年，欧盟所获得的 40% 生产力的提高来自 ICT。

三 里斯本战略和电子欧洲

所谓"里斯本战略"，是指 2000 年 3 月欧盟成员国领导人在葡萄牙首都里斯本制定的一项 10 年经济发展规划。该规划旨在推动欧盟各国经济结构改革、促进就业增长，使欧盟在 2010 年前成为"以知识为基础的、世界上最有活力和竞争力的经济体"。这是一个涉及经济、就业、社会及环境发展的规模宏大的 10 年发展蓝图，是欧盟最重要及最高级别的经济和社会发展战略之一，是许多现行的有关欧洲信息社会计划的源头。建设"为所有人的信息社会"（Information Society for all）是"里斯本战略"的重要组成部分。在这个过程中，欧盟实施了"电子欧洲"行动计划，旨在充分利用欧洲的整个电子潜力、依靠电子业务和互联网技术及其服务，使欧洲在核心技术领域如移动通信方面保持领先地位。从 2000 年到 2002 年，欧盟连续出台了"eEurope 2002"和"eEurope 2005"两个电子欧洲行动计划。目标是"在安全可靠的基础上，建立由宽带（有线与无线）与多平台（PC、电视与移动通信）构筑的服务支持环境，以支持电子政务、电子医疗卫生、电子教育与培训及电子商务四大主要应用支柱"。欧盟通过政策的作用、制定效益评估标准、建立专家咨询组织和树立优秀典型等措施，不断影响并推动各成员国参与"电子欧洲"的建设。两次行动计划为欧洲建设信息社会打下了坚实的基础。根据欧盟资料，此阶段 ICT 行业是欧盟经济部门中最活跃的和最适合研发的经济部门，在2000～2003年大约占到总研发的25%，占到 GDP 的 5.6%。2000～2004年，欧盟所实现的生产力提升贡献率有45%归功于 ICT。数字化集中趋势已经成为一个事实。网络投资在 2004～2005 年继续上升，宽带接口数量在 2005 年增长了 60%。电信和电缆网络运营商实现了集中式服务，如"Triple‐play"和"网络电视"（IPTV）。到2004 年 7 月欧盟 15 国的宽带接入数达到人口的80%。

附录四：欧洲信息社会战略计划

  i2010 欧洲建设信息社会和实行电子欧洲计划以来所取得的成就是令人瞩目的。但是与美国相比，欧盟还是逊色不少。统计表明，欧盟无论是在 ICT 研发的投资还是 ICT 对经济的贡献方面都要低于美国。欧洲继续面临压力和挑战。2005 年，欧盟对"里斯本战略"进行了修订，将重点集中到经济增长与就业上。促进经济增长和扩大就业成为实施"里斯本战略"的新目标，2005 年欧洲理事会将知识和创新称为可持续增长的"发动机"，认为建立一个以 ICT 在公共服务、中小企业和普通家庭获得广泛应用为基础、高度包容的信息社会具有重要意义。在此认识的基础上，公布了"欧洲信息社会 2010 发展规划——i2010"。其计划目标是：建立单一欧洲信息空间，推进宽带网络发展；缩小与主要竞争者间的差距，取得信息通信技术研究和创新领先地位；扩大包容性，提供优质公共服务，提高生活质量。第一，创建一个单一的欧洲信息空间。这对于在信息社会和媒体领域中开放内部市场和提升竞争力非常必要，通过创造新的内容、服务和商业模式将会带来更多的增长和就业岗位。第二，加强 ICT 研究方面的创新和投资。通过缩小欧洲与主要竞争者间的差距，在 ICT 研究和创新方面取得世界领先的成就。第三，建立一个数字一体化的欧洲信息社会。目标是：建设具有很高的包容性、提供优质公共服务、提高生活品质的信息社会。2006 年，作为"i2010 计划"的配套计划，欧盟首部专门的电子政务行动计划"i2010 电子政务行动计划——加速欧洲电子政务，使所有人受益"出台。欧盟希望通过该行动计划的颁布实施，使全体公众从电子政务中获得最大化利益。具体目标是：加快使公众和企业从电子政务中获得切实的利益；改善各国电子政务建设的分散状况，加强互操作性，避免电子政务建设为欧洲单一市场的形成设置新障碍；通过各成员国发展规模经济以及合作应对共同挑战等措施，在欧盟层次扩展电子政务带来的利益；确保相关各方在电子政务的设计和发布工作中保持密切合作。此外，制定电子医疗服务行动方案，加速医疗体制的改革。制定关于欧洲范围的电子政务兼容性的报告，要求成员国共同参与建设欧洲范围的可互连互通的电子政务。发布了一项 eTEN 报告（跨欧洲范围电子网络报告）。还制定了关于"数字图书馆"和"智能交通"的报告。

欧洲 2020 战略和欧洲数字化进程

2010 年，欧盟委员会发布了"欧洲 2020 战略"，提出欧盟未来十年的发展重点和战略目标，这是欧盟历史上第二份 10 年经济发展规划。"欧洲 2020 战略"指出世界金融和经济危机"暴露了欧洲的结构缺陷"，为此，它为欧洲今后 10 年的发展制定了一系列目标，包括三大发展重点、五大要实现的具体目标和七大框架计划。其中，"三大重点"是指实现以发展知识经济为主的智能增长，实现以发展绿色经济为主的可持续增长，实现以提高就业和消除贫困为主的全面增长。"五大目标"是指使 20～64 岁的劳动人口就业率达到 75%；增加研发投入，把研发经费在欧盟 GDP 中所占的比重从目前的 1.9% 提高到 3%；将温室气体排放量在 1990 年的基础上削减 20%，提高可再生能源在欧盟总能源消耗中的比例，使之占到 20%；把未能完成基本教育的人数控制在 10% 以下，将 30～34 岁年轻人获得高等教育文凭的比例从 31% 提高到 40%；将生活在贫困线以下的人数从 8000 万降到 2000 万。"七大框架计划"则主要包括如下方面：实施智能增长的计划有三个，分别是面向创新的"创新型联盟"计划、面向教育的"流动的青年"计划以及面向数字社会的"欧洲数字化议程"；实施可持续增长的计划有两个，分别是面向气候、能源和交通的"能效欧洲"计划和面向提高竞争力的"全球化时代的工作政策"计划；实施全面增长的计划有两个，分别是面向提高就业和技能的"新技能和就业战略"行动计划和面向消除贫困的"欧洲消除贫困平台"计划。欧盟委员会于 2010 年 5 月发布 A Digital Agenda for Europe 计划，旨在通过建立高速互联网及单一数字市场，实现欧洲经济和社会的可持续发展。欧盟认为数字化经济的良性循环包括三个关键环节——网络、内容和服务、投资与创新。通过一连串运作良好的循环，可激发 ICT 的潜力。吸引人的内容及服务需要在可互通且无国界的网络环境上传递，于是驱动了更高速网络及更大容量的需求，相对促成了企业在高速网络上的投资。高速网络的发展，同时也推动了建立在快速网络上的创新服务发展。然而要实现这一良性循环，充分发挥 ICT 的经济和社会潜力，欧盟面临 7 项难题：分割的数字电子市场，对网络的投资不足，网络缺乏互通性，研发投入不足，网络犯罪的存在使信任度低，各部门协调不够及民众缺乏 ICT 使用技能。为了更好地解决这 7 个方面的阻碍，"欧洲数字化议程"提出了 7 个优先行动领域，这也是欧盟希望到 2020 年信息社会建设与发展能实现的 7 个目标。预计"欧洲数字化议程"在 7 个领域有 100 多项个后续行动，其中 31 个涉及立法方面的内容（见表1）。

表 1　欧洲数字进程确定的 7 大行动方案及相应措施

目标	措施
单一数字市场	开放数字内容获取
	让联机和跨国的交易更简单易懂
	建立对数字环境的信心
	强化电信服务的单一数字市场
互通性和标准	改善 ICT 标准的建立
	通过沟通协调提高互通性
	让标准更好使用
高速及超高速网络	保证全欧洲都能使用更高速的宽带网络
	开放及中立的网络
	支持下一代互联网的拓展
	高速及超高速网络
信任与安全	新信息技术产生的信任、安全问题
研究与创新	投入与效率
	通过产业带动公开的创新
	通过单一市场带动 ICT 的创新
加强数字能力及包容	数字知识与技能
	范围广泛的数字服务
利用 ICT 为欧盟社会带来利益	环境
	建立对数字环境的信心
	智慧交通系统
	电子政府
	医疗护照和 ICT 应用服务以提供独立、有尊严的生活

在欧盟看来，数字经济对欧洲经济增长和繁荣至关重要，信息通信技术和高速互联网就像 20 世纪以前的电力和交通网络，其发展给人们生活带来革命性变化和深刻影响。过去 15 年来，欧洲一半的生产率增长靠 ICT 驱动实现，而且这种趋势还有加速的可能。欧盟 ICT 领域的产值已经达到 6600 亿欧元，占欧盟内部生产总值的 4.8%，其中 ICT 服务占 80%，欧盟 ICT 研发投资占欧盟总研发投资的 25%，在私营部门工作的研究人员占总研发人员的 32%。欧洲的生产函数表明，ICT 资本的回报率高于"正常值"，ICT 资本每增长 10%，企业生产率相应地会提高 0.23%，高于理论上提出的 0.16%。2009 年，欧洲的网民已超过 2.5 亿（即 60% 的欧洲人经常使用互联网），94% 的欧洲人可获得宽带服务，56% 的家庭和 83% 的企业实现宽带接入，30% 的欧洲人通过网络与政府交流，10% 的欧洲人利用网络出售商品和服务，33% 的欧洲人利用互联网寻找有关伤害、疾病和营养问题的信息，32% 的欧洲人利用互联网积极参与在线社区网络交流，70% 的学生通过网络进行学习，8000 万人向互联网上传自制的内容。可以说，在民主参与决策、教育与学习、消费与娱乐、工作与生活、社区与家庭及健康与医疗等多个方面，ICT 对欧盟社会的影响日益显著。但是，与全球其他重要的竞争者（如美国、日本、韩国等）相比，欧盟的数字经济发展有些滞后。例如，在 ICT 研发投资方面，美国的研发商业投资是欧盟的 2.5 倍。美国发明者提交的研发专利中 50% 属于信息通信技术，相比之下，欧盟的这一比例仅为 20%。此外，由于跨境贸易在线业务面临管理和实践障碍，标准的互操作性、网上安全、信任和隐私保护有待进一步加强，以及缺乏必要的教育和数字技能，欧盟 ICT 的潜在竞争力并没有得到充分发挥。"欧洲数字化议程"就是要最大限度地发挥 ICT 对经济和社会发展的影响潜力，刺激欧盟的创新和经济增长，提高欧洲公民的生活质量，推动企业发展，并通过更广泛地部署和更有效地利用数字技术，促进欧洲更好地解决其面临的主要挑战。

图书在版编目（CIP）数据

厦门城市国际化的策略与路径／黄平等著. 北京：
社会科学文献出版社，2018.7
（中国社会科学院院际合作系列成果·厦门）
ISBN 978 - 7 - 5201 - 2233 - 7

Ⅰ.①厦… Ⅱ.①黄… Ⅲ.①城市发展 - 国际化 - 研
究 - 厦门 Ⅳ.①F299.275.73

中国版本图书馆 CIP 数据核字（2018）第 028949 号

中国社会科学院院际合作系列成果·厦门
厦门城市国际化的策略与路径

著　　者／黄　平　田德文　等

出 版 人／谢寿光
项目统筹／吴　敏
责任编辑／宋　静

出　　版／社会科学文献出版社·皮书出版分社（010）59367127
　　　　　地址：北京市北三环中路甲 29 号院华龙大厦　邮编：100029
　　　　　网址：www.ssap.com.cn
发　　行／市场营销中心（010）59367081　59367018
印　　装／三河市尚艺印装有限公司

规　　格／开本：787mm×1092mm　1/16
　　　　　印张：22.75　字数：270 千字
版　　次／2018 年 7 月第 1 版　2018 年 7 月第 1 次印刷
书　　号／ISBN 978 - 7 - 5201 - 2233 - 7
定　　价／98.00 元